KB269819

지식경제의 도래

지식경제의 도래

경제의 혁신과 사회적 포용을 위하여

THE KNOWLEDGE ECONOMY

로베르토 M. 웅거 지음 │ 이재승 옮김

Roberto Mangabeira Unger

다른백년
The TOMORROW

차례

■ 일러두기

1. 웅거는 이 책에서 주를 달지 않았다. 모든 주는 역자가 이해의 편의를 위해 임의로 작성하였다.

2. 본문 중 ( )로 표시된 것의 일부는 웅거가 직접 작성한 것이지만 다른 일부는 원서의 수많은 연결들
　　(- -, :, ;)의 번잡을 피하고자 역자가 넣은 것이다. ( )의 내용은 웅거의 문장이나 문구이다.

3. [ ]은 설명의 편의를 위해 역자가 첨가한 것이다.

4. 원서는 19개의 작은 장들로 구성되어 있으나 저자의 논의가 아홉 단계로 펼쳐진다는 점을 감안하여 각
　　단계를 하나의 장으로 편집하였다. 제1장에서 제3장까지는 원서의 작은 장들을 여럿 포함하며, 제4장부
　　터 제9장은 원서에서도 각각 하나의 장을 이룬다.

지식경제의 민주화를 위하여

웅거의 경제사상

웅거는 2017년 5월 5일 경제개발협력기구(OECD) 컨퍼런스 센터에서 "경제적 도전에 대한 새로운 접근들: 로베르토 웅거 교수와 함께 사회적으로 포용적인 경제성장과 지식경제의 미래"라는 표제 아래 특별강연을 수행하였다. 웅거는 이미 오래전부터 다양한 국제무대에서 지식경제와 포용적 전위주의를 꾸준히 전파해왔다. 그 결과물을 2019년 버소(Verso)가 *The Knowledge Economy*로 출판하였고, 『지식경제의 도래』는 바로 이 책을 옮긴 것이다. 웅거는 『민주주의를 넘어』나 『좌파의 대안』에서 전개한 대안적 경제개혁 구상을 지식경제[1]의 맥락에서 끈덕지게 펼쳐 놓는다. 지식경제는 과학과 기술 집약적인 생산과 서비스를 의미한다. 과거에는 공장제 대량생산이 가장 선진적인 생산방식을 대변하였다면 오늘

---

[1] 지식경제학(economics of knowledge)은 피터 드러커의 『자본주의 이후의 사회(*post-capitalist society*)』(Butterworth-Heinemann, 1993)를 통해 대중화되었다. 드러커는 한국인 독자를 위한 발문에서 한국의 경제성장의 요인을 인적자본의 육성과 교육투자에서 찾고 한국의 발전을 자신의 경제성장론의 가장 모범적인 사례로 평가하였다.

날은 지식경제가 그러한 지위를 차지한다. 그런데 웅거가 보기에 현대경제의 문제는 지식경제가 고립된 섬으로 존재한다는 데에 있다. 따라서 경제성장과 경제적 평등을 달성하기 위해서는 지식경제를 심화시키고 경제 전반에 이를 확산시켜야 한다고 제안한다. 오늘날 너나없이 4차 산업혁명의 이름 아래 인공지능, 로봇공학, 사물인터넷, 3차원 인쇄, 나노기술, 기계학습, 블록체인, 빅 데이터 분석 등 새로운 첨단 기술의 잠재력과 파급효과를 주목한다. 그런데 논의의 방향은 대체로 신기술에 대한 대규모 투자를 강조하거나 다가올 승자독식의 세상을 유포하면서 보통사람들에게 도리어 무력감과 위화감마저 조장한다. 이에 비해 웅거는 지식경제를 심화하고 확산시켜 보통 사람들의 사장된 역량을 계발하고 활용하여 모두가 경제적 자립과 인성적 위대함을 성취하도록 해야 한다고 주장한다. 이 책은 지식경제의 심화와 확산을 경제적 침체와 불평등을 극복하는 수단으로 삼기 때문에 지식경제에 대한 단순한 분석론이 아니라 지식경제의 민주화 이론으로 부를 만하다.

용어로서 경제학은 경세제민(經世濟民)에서 나왔다. 경세제민은 경제 공동체의 모든 구성원들이 함께 번영해야 한다는 대의를 함축한다. 공동 번영은 만인의 경제적 자립을 전제한다. 경제적 자립은 또한 인성적, 사회적, 정치적 자립의 기반이다. 기성의 경제학이나 경제정책론이 만인으로 하여금 현재의 경제제도 안에서 경제적 자립을 성취하도록 했더라면 경제 침체는 일어나지도 않았을 것이고 보통 사람들도 비루하기 짝이 없는 허드렛일로 시들어가지 않았을 것이다. 이러한 현상은 저개발국에만 한정되지 않는다. 빈국이든 부국이든 가릴 것 없이 대다수 보통 사람들은

경제적 자립을 꿈꾸지만 그 꿈과 열망은 어디에서나 무시당한다. 진보파
들 중 일부는 이러한 열망을 프티부르주아적이라고 낙인을 찍기도 한다.

웅거의 지식경제론은 주류경제학이 초래한 정치학과 경제학의 단절
을 극복하고 고전적인 의미에서 정치경제학의 전통을 부활시킨다. 웅거
의 정치경제학은 한 마디로 급진민주주의(radical democracy)의 경제적 비
전이다.[2] 이는 경제민주화와 구조개혁을 통해 보통 사람들에게 생산적 자
원과 기회를 부여하여 이들을 생산경제 안에서 자립적인 경제주체로 변
화시키려는 기획이다. 이로 인해 웅거는 종종 프루동주의자나 프티부르
주아 사회주의자로 불리기도 한다. 그러나 이러한 규정만으로는 웅거의
진면목을 전부 담아내지 못할 것이다. 이 해제에서는 웅거의 저작과 생애
를 소개하고 한국의 상황을 고려하면서 그의 경제이론의 뼈대를 간추려
보고자 한다.

웅거의 저작과 삶

로베르토 망가베이라 웅거(Roberto Mangabeira Unger)는 현재 하버드
대학교 로스쿨의 종신교수이자 브라질의 정치인이다. 웅거는 1947년 브
라질의 유명한 정치가문(외가)의 후예로 태어났다. 외할아버지는 바히아

2　웅거는 자신의 정치적, 경제적, 철학적 지향을 민주적 실험주의(democratic experimentalism), 급진
　민주주의(radical democracy), 해방된 실용주의(unbound pragmatism)로 표현한다. 다른 학자들은
　웅거의 입장을 자유사회주의(liberal socialism)로 부르기도 한다. 자유사회주의 계보에 속하는 인
　물로 프루동, 밀, 조이스, 미드, 브로델 등이 거명된다.

공과대학 천문학 교수로 출발하여 1930년대에 브라질 외무장관을 역임하였다. 그는 파시즘이 범람하던 시기에 미국으로 망명하였다가 제2차 세계대전이 끝난 후 귀국하여 상원의원을 지냈다. 작은 외할아버지는 브라질 공산당의 대표를 지내기도 하였다. 외할아버지의 망명지인 미국에서 어머니와 독일 출신 아버지가 만났던 까닭에 웅거는 유년 시절을 미국에서 보냈다. 그는 열한 살에 아버지를 여의고 어머니와 함께 브라질로 귀국하였고 리오데자네이루 대학교 법과대학을 1968년 졸업하였다. 그는 같은 해에 하버드 로스쿨로 유학하여 석사과정(LLM)을 이수한 다음 스물셋에 이 대학에서 강의를 시작하고 스물아홉에 종신교수가 되었다. 2000년에는 로스코 파운드 석좌 교수로 지명되었다.

그는 젊은 시절부터 브라질 현실정치에 깊이 관여해왔으며 2000년대 중반에는 대통령 출마를 계획하기도 하였다. 그는 브라질 노동자당이 정치적 프로그램을 제대로 갖추지 못한 부패한 정당이라고 비판하였지만, 정치연합을 통해 룰라 대통령의 2기 행정부에서 2007년부터 2년간 장기계획부장관을 역임하였고 2015년에도 재입각하여 같은 장관직을 수행하였다. 웅거는 전형적인 68세대의 학자로서 사상적으로는 토크빌, 밀, 프루동, 에머슨, 마르크스, 베버, 베르그송, 실존주의, 프랑크푸르트학파, 프랑스 구조주의, 가톨릭 사회교리와 사회운동으로부터 많은 영향을 받았다. 웅거는 비판적 제도주의자, 혁신이론가, 민주적 실험주의자, 자유사회주의자로 불리기도 한다.

웅거는 1975년 『지식과 정치』, 1976년 『근대사회에서 법』을 출간하여 근대사상의 법적, 정치적, 도덕적, 인식론적 기초를 분석하고 비판함으로써 학계의 주목을 받았다. 『패션』(1986), 『비판법학운동』(1986), 대작『정치학』(1987)을 연이어 출판하였다. 90년대 이후로 웅거는 정치경제적 프로그램을 담은 저작을 연달아 출판하였다. 『민주주의를 넘어』(1998), 『미국진보주의의 미래』(1998), 『좌파의 대안』(2005), 『주체의 각성』(2007)을 출판하였다. 최근에도『미래의 종교』(2014), 『단일우주와 시간의 실재성』(2015), 『지식경제』(2019)를 출판하였다. 그는 정치경제학과 법분석을 결합해야만 현대사회를 분석하고 대안을 제시할 수 있다고 전제한다. 일반철학, 법학, 정치학, 경제학, 종교, 심리학, 자연과학, 사회이론 등 그의 관심이 닿지 않은 곳이 없다. 웅거는 지금도 강연과 저술활동을 계속하고 있다. 그의 강연이나 저작들은 하버드 대학교 홈페이지[3]에 탑재되어 있고 유튜브에서도 쉽게 접할 수 있다.

웅거는 하버드 대학 로스쿨에서 70년대 후반에 던컨 케네디(Duncan Kennedy), 머튼 호위츠(Morton J. Horwitz)와 더불어 미국의 비판법학(Critical Legal Studies)운동을 창시했다. 대학원생 또래의 청년들이 현대자본주의의 본고장인 미국에서 자본주의 체제법학과 자유주의 법리학에 대해 도전장을 내민 것이다. 비판법학은 미국의 법학사에서 새로운 사상운동이었다. 웅거는『비판법학운동』의 수정판(2015)에서 운동의 역사를 회고하면서 진영을 네오마르크스주의, 해체주의, 제도주의로 갈래짓고 자신의 입장을 제도주의로 규정하였다. 네오마르크스주의는 종래의 마르크스주의 사회이론을 답습하면서 현실에 대한 대안을 제시하지 못한 채

---

3   The Work of Roberto Mangabeira Unger, http://www.law.harvard.edu/faculty/unger

변혁의 목표에서 심각하게 후퇴하였다고 지적한다. 해체주의는 법의 급진적인 불확정성, 법언어와 법명제의 모호성을 주목하며 현실체제를 파상적으로 공격하였지만 "무엇이든지 해석적으로 가능하다(Anything-can-mean-anything)"는 수사학적 기예로 전락하였다고 지적한다. 제도주의는 현존하는 사회경제질서에 깃들어 있는 모호성과 모순을 최대한 활용하면서 다양한 비전과 프로그램을 도입하여 현존질서를 새로운 형태로 영구적으로 변혁하려는 입장으로 규정한다. 웅거는 제도주의만이 나름의 성과를 거두었다고 자평한다.

웅거가 특유의 예언가적 풍모로 대안적 비전을 불어넣어 주었던 까닭에 비판법학자들은 웅거를 비판법학의 '예수 그리스도'로 부르기도 한다. 법률가는 권력과 법의 제사장으로 안주하지 말고 예언가가 되어야 한다고 주문한다. 예언가로서 법률가는 기성제도 안에서 대안적 해석을 제공하는 '작은 소명'과 새로운 비전과 프로그램으로 대안사회를 형성하는 '원대한 소명'을 감당해야 한다. 운 좋은 시대에는 법률가에게 예언가로서의 역할이 허락되지만 불행한 시대에는 제사장의 역할까지도 거부당한다. 웅거에 따르면, 법과 제도는 지배법학이 상정하는바 완성된 객관적 질서가 아니라 이익과 이상의 처형장이자 다양한 관점들의 보고(寶庫)이다. 법률가는 법 속에서 억압된 해법을 재발견하고 이를 주류화해야 한다.

웅거는 여러 저작에서 급진적 실용주의, 해방된 실용주의 또는 민주적 실험주의를 표방한다. 실용주의나 실험주의는 원래 시행착오와 실험을 통해서 현실의 조건을 개혁하겠다는 미국적 철학이다. 그런데 이러한 실용주의는 타협을 거듭하면서 현실 안주적인 사고방식으로 전락하였다고 지적한다. 웅거는 이러한 실용주의를 인간의 삶에 온전하게 봉사하는 급진적인 논리로 변화시키고자 한다. 그에게 실용주의는 인간을 주체로 부각시키고 현실제도를 영구적으로 혁신하여 인간의 잠재된 역량을 최고로 발휘하게 하는 사유방식이자 태도를 의미한다. 웅거는 『주체의 각성』에서 실용주의의 정신적 기원을 미국의 실용주의 철학자(퍼어스, 제임스, 듀이)나 대륙의 철학자(비트겐슈타인, 하이데거)가 아닌 중세신학자 니콜라스 쿠자누스(Nicholas Cusanus)에게서 찾는다. 쿠자누스는 인간을 신의 모상이나 소우주로 규정하고 인간에게 세계 형성적 주체의 지위를 인정하고 인간이 무한 전진을 통해서 더 높은 차원으로 상승해 나간다는 르네상스적 비전을 제시하였다. 무한 상승(ascent)의 관념은 사회적 세계에 대한 주인으로서 인간의 역동성을 고취하는 자기충족적 예언이다. 이러한 맥락에서 코넬 웨스트(Cornell West)는 『철학의 회피』에서 웅거를 예언적 실용주의자로 규정하였다.

포용적 전위주의

웅거는 제1장에서 자신의 문제의식과 정치경제학을 포용적 전위주의(inclusive vangardism)로 표현한다. 웅거를 처음 접하는 독자들은 그의 용어와 스타일에 당혹감을 느낄 것이다. 마르크스주의자라면 웅거가 자본주의의 전복이라는 혁명적 대의를 저버렸다고 속단할지도 모르겠다. 역자로서는 이 책 도처에 나타난 웅거의 마르크스주의 비판을 유의하라고 말할 도리밖에 없다. 마르크스로 시작하였으나 현재 경제의 민주화를 고민하는 독자라면 웅거의 정책적 제안들에 귀를 기울여보고 다각도로 변주하기를 권한다. 국민경제는 봉쇄수도원의 자급자족경제가 아니라 국내외적으로 끝없는 경쟁에 내몰린 개방경제이다. 경제질서는 확정적인 청사진에 따라 자체 완결성을 가질 수도 없다. 인류의 삶은 무한한 변형과 생성의 과정이었다. 우리에게 필요한 것은 실험의 방향을 잡고 속도를 올리는 것이다. 웅거는 현존하는 시장경제 안에서 출발하여 사유재산과 사회적 재산을 공존시켜 경제적 다원성을 강화하고 혁신과 협력을 북돋아주는 실험주의적인 경제를 제안한다. 웅거는 그러한 체제가 장기적으로 독자적인 성격을 갖춘 경우에는 자본주의도 아니고 사회주의도 아닌, 고도로 유연한 시장경제가 되리라 예상한다. 웅거의 다원주의적인 경제사상은 제임스 미드(James Meade)나 페르낭 브로델(Fernand Braudel)의 주장과도 상통한다.

우파 경제학자들은 웅거의 제안이 자본가의 경제적 창의와 자유, 기업가의 경영권을 침해한다고 우려할 것이다. 필경 그들은 자신들이 배운 경제학 독본에 입각해 웅거의 개혁구상을 '반시장적'이라고 낙인을 찍을 것이다. 그런데 그들이 주장하는바 시장원리에 따라 '시장적으로' 경제발전이 이루어진 나라는 자본주의 역사에서 찾을 수 없다. 한국의 역사에서도 내로라하는 산업과 기업은 국가에 의한 육성과 보호에 힘입어 성장하였다. 또한 우파들이 금과옥조로 여겨온 경제적 자유는 낙수효과를 가져다주기는커녕 경제적 침체와 격차를 심화시키고 있다. 우파는 시장경제를 자율적인 질서인양 취급하면서 그 폐해를 시정하는 일조차 등한시한다. 이들은 경제위기의 상황에서도 구조쇄신의 비전을 갖고 있지 않기 때문에 시장원리만 기도문처럼 반복할 뿐이다. 웅거는 위기가 없는 상황에서도 새로운 비전 아래서 정치, 경제, 사회의 모든 제도를 지속적으로 혁신해야 한다고 주장한다. 코로나19와 같은 대위기는 광범위한 제도개혁을 추진할 수 있는 기회임에도 불구하고 대부분의 국가들은 완화적 통화정책이나 단기부양책으로 절호의 기회를 허비하고 있다.

경제학에서 일반균형이론은 수요와 공급의 상호조정이 경제 전체에 일반적인 균형을 가능하게 한다고 가정한다. 그러나 웅거는 수요와 공급의 상호조정에 대한 고전학파의 가정을 거부한다. 공급이 수요를 창출하지 못하고, 수요도 공급을 창출하지 못한다. 수요가 공급을 확보하고 또한 공급이 수요를 확보할 수 있다면 경제란 식은 죽 먹기와 같이 쉬운 일이다. 웅거는 수요와 공급 사이에는 영구적인 불균형이 존재한다고 상정한다. 더욱 근본적으로는 인간의 잠재역량과 경제적 제도 사이에 존재하는 집요한 불균형을 전제한다. 우리는 집단적 기획과 지속적인 프로그램을 통해서만 이러한 불균형에 대응할 수 있다. 웅거는 경제생활에서의 불균형이 영구적이라는 사실에서 출발하기 때문에 자신의 경제이론을 '반어적으로' 영구적 불균형(perpetual disequilibrium) 이론이라고 부른다. 웅거는 불균형을 대처하는 수단으로서 한계주의와 케인스주의 경제학의 유용성과 한계를 검토하면서 지식경제의 심화와 확산, 시장제도의 쇄신만이 높은 수준에서 수요와 공급의 균형을 달성하도록 해준다고 주장한다.

경제활동에서 사람들, 단체들, 기업들 사이에는 기술과 지식, 신용과 자본의 활용에서 격차가 존재한다. 우리는 그러한 격차 또는 초격차를 유지하면서 잘나가는 기업을 선도기업(전위기업)으로, 뒤쳐져 있는 기업을 후위기업(낙후기업)으로 부른다. 대학이나 사회단체들의 입지에 대해서도 똑같이 말할 수 있다. 웅거는 선도기업들에게 성공을 가져다주는 특성과 관행이 특정한 기업들에게만 섬처럼 국한된 현상을 고립적 전위주의(insular vanguardism)라고 부른다. 고립적 전위주의는 현재 지식경제의 지배적인 모습이다.[4] 웅거는 고립적 전위주의에서 포용적 전위주의(inclusive vanguardism)로 이행해야 한다고 주장한다. 그런데 경쟁적이고 자본주의적인 제도에 묻혀 사는 우리에게 포용적 전위주의는 그 자체로 형용모순으로 들린다. 선도기업이나 혁신가는 합당한 보상 없이 중요한 혁신기술을 타인과 공유하지 않을 것이다. 만일 혁신기술을 보상 없이 보급하도록 윽박지른다면 인간사회에서 창조와 혁신의 엔진이 꺼져버릴지도 모를 일이다. 웅거는 전위주의를 확산시키는 열쇠를 인간의 교육, 사회문화, 생산기풍, 재산법-회사법-노동법, 정치제도에 대한 광범위한 혁신에서 찾는다.

이러한 통찰은 폴 로머(Paul Romer)의 지식경제관에 대한 비판에서도 명료하게 드러난다.[5] 2018년 내생적 성장론의 선구자인 로머는 기술혁신이 장기적으로 거시경제에 미치는 영향을 연구한 공로로 기후변화를 거시경제학에 포함시킨 윌리엄 노드하우스(William Nordhaus)와 공동으로

---

4 이 책에서 확산된 지식경제와 포용적 전위주의가 빈번히 동일한 의미와 맥락에서 사용되고 있지만 동의어는 아니다. 지식경제는 과학과 기술 집약적인 선진적인 생산방식이고, 포용적 전위주의는 모든 경제주체들이 선도부문의 생산방식을 공유하게 하는 정책적 지향이다. 지식경제의 확산은 포용적 전위주의의 하나의 조건이다. 포용적 전위주의는 지식경제의 확산을 요구할 뿐만 아니라 경제적 기회와 자원, 신용, 지원, 협력을 요구한다. 또한 지식경제의 확산을 위해서는 다양한 법적, 사회적, 교육적, 정치적 조건들의 혁신이 요구된다.

5 Unger, "The Knowledge Economy: A Critique of Dominant view", *American Affairs*, 2020 Fall, pp. 51-79.

노벨경제학상을 수상하였다. 경제성장과 관련해서 보자면, 한계주의에 기반을 둔 전통적인 주류경제학은 혁신(지식, 아이디어 또는 기술혁신)을 외생적인 경제성장 요인으로 파악하고 혁신적 아이디어가 일회적이거나 불연속적인 것으로서 성취하기가 점차 어려워지고 혁신도 하나의 투입요소로서 한계수확체감의 제약을 받는다고 상정하였다. 혁신적인 아이디어는 생산성 향상에 유용하지만 아이디어가 고갈될 때에는 생산성이 둔화된다는 것이다. 이에 비해 로머는 혁신을 내생적인 경제성장 요인으로 파악하고 지식의 확산효과(외부성)에 주목한다. 하나의 문제에 대한 해법으로서 지식이나 아이디어는 같은 문제를 고민하는 사람들이 다수 존재하기 때문에 확산될 수밖에 없다는 것이다. 지식 중에는 피타고라스 공식처럼 누구나 사용할 수 있는 비경합적인 지식이 있는가 하면, 신약 제조처럼 특허료를 지급해야만 하는 배제적인 지식도 있다. 만약 지식재산권을 적절하게 보호하지 않으면 지식경제를 위한 혁신이 이루어지지 않을 수도 있다.[6] 로머는 연구개발에 광범위한 투자를 수행하고 연구 인력을 양성하여 기술혁신을 이루는 경우 한계수확체감에서 벗어나 지수적 경제성장을 달성할 수 있다고 보았다. 로머의 지식경제학은 오늘날 경제성장을 설명하는 주요 이론의 하나가 되었다. 웅거는 로머가 경제성장에서 아이디어와 제도를 강조한 것은 옳지만 지식경제의 확산을 위한 제도개혁을 주목하

---

[6] 이 문제는 지식(기술혁신, 치료법)이 재산권이나 저작권에 의해 보호되는가, 그리고 어느 정도 보호되는가에 달려 있기 때문에 지식재산법체제를 어떻게 바꾸어야 하는지가 가장 중요한 쟁점으로 떠오른다.

지 못했다고 지적한다. 경제성장에서 연구개발에 대한 압도적인 투자는 당연한 사항이고, 문제는 제도를 어떻게 쇄신하고 지식을 어떻게 확산시킬 것인지에 있다. 지식경제의 확산을 위한 제도개혁이 없다면 어떠한 지식경제론도 고립적 전위주의에 봉사할 따름이다. 웅거는 생산문화, 경제제도, 재산권, 특히 지식재산권 제도를 혁신하여 지식경제를 경제민주화의 확고한 경로 위에 올려놓을 때 지수적 경제성장을 달성할 수 있다고 주장한다. 2019년 한국에서 행한 강연에서 로머도 교육투자와 생산과정에서의 학습을 강조하고 있기는 하지만 경제민주화와 포용적 지식경제를 위한 웅거의 처방들과는 상당한 격차를 확인할 수 있었다.

제도적 상상력

제도적 상상력(institutional imagination)은 웅거 사상의 특징적인 부분이다. 제도적 상상력은 기성제도에서 인간의 이익과 이상을 이끌어내고 동시에 인간의 이익과 이상을 제도로 구현하는 역량이다. 웅거의 제도적 상상력은 몇 가지 통찰로 이루어졌다. 첫째, 인간은 제도 없이 살아갈 수 없으므로 인간의 열망은 제도로 구현되어야 한다. 둘째, 제도는 신비스러운 성물(미국인들은 미국헌법이 그렇다고 맹신한다!)이 아니라 우연적인 인공물이다. 제도는 투쟁의 산물이며 투쟁을 멈출 때 바위처럼 경화(硬化)되어 인간에게 주인으로 군림한다. 셋째, 자본주의와 같은 제도는 불가분적인 시스템이 아니라 다양한 요소들로 분해가능하다. 우리에게 필요한 것은 전복과 개량 사이에서 양자택일이 아니라 새로운 비전 아래 해체와 재조합이다. 넷째, 제도는 가변적이고 가소적(可塑的)이다. 우리는 시민의 광범위한 참여와 거버넌스에 입각한 고에너지 민주정치를 통해 기성제도를 새로이 성형할 수 있다. 다섯째, 인류의 역사는 통찰의 보고이자 제도적 실험실이다. 여섯째, 법과 제도는 승자의 이익만을 관철한 것이 아니라 패배자의 열망도 흔적으로 간직한다. 우리는 제도의 내부에 억압된 해법을 발견하고 이를 지배적인 해법으로 전환해야 한다. 일곱째, 역사는 열려 있으므로 제도의 외부에서 새로운 비전을 도입하여 기성제도를 재발명해야 한다. 미래는 법칙들의 작용 영역이 아니라 행동을 촉구하는 가능 영역이다. 법칙이란 고작해야 과거에 대한 회고적 정리에 불과하다. 여덟째, 우리는 완성된 청사진이 아니라 일련의 프로그램으로 제도를 점진적이고 지속적으로 바꾸어야 한다. 프로그램은 전진하면서도 진로를 수정하는 군대의 행진과 같은 것이다. 아홉째, 우리는 제도를 유지하는 활동과 제도를 변경하는 활동 간의 격차를 줄임으로써 고도로 유연한 사회에 이를 수 있다. 열 번째, 고도로 유연한 사회는 인간의 상상력과 열망에 부합하는 발전경로를 창출한다. 그 경우 우리는 지금까지 법칙이 차지한 왕좌를 우리의 것으로 쟁취할 수 있다.

원래 경제학은 인간의 경제생활을 해결하려는 제도학문이다. 그러나 주류경제학은 경제를 가격기구나 수리모형으로 단순화시켰다. 심지어 로날드 코스(Ronald Coase)나 리처드 포스너(Richard Posner)와 같은 제도경제학자는 현존하는 자본주의 경제질서를 인류가 집단적으로 발견한 가장 합리적인 장치라고 변호한다. 이러한 사조가 제도적 혁신과 재발명의 가능성을 도외시하기 때문에 웅거는 이를 '반제도적 제도주의'라고 꼬집는

다. 특정한 자본주의가 최상의 경제형식이라거나 현재의 대의민주제가 민
주주의의 완성판이라면서 현존체제를 신성시하는 태도를 웅거는 제도적
물신숭배로 일축한다. 그는 보수파의 제도적 물신숭배보다 좌파의 구조적
물신숭배가 더욱 큰 폐해를 야기한다고 본다. 기성구조를 전복해야만 세
상을 바꿀 수 있다는 낡은 좌파의 필연주의적인 사고나 구조를 전복하더
라도 여전히 구조가 주인일 뿐이라는 포스트주의적 경향은 모두 제도적
재발명과 제도적 상상력을 근원적으로 부정하기 때문이다. 웅거는 제도적
물신숭배와 구조적 물신숭배를 제도적 상상력의 적으로 간주한다.

유일하고 자연적이고 완성된 제도형태로서 시장경제는 존재하지 않
는다. 인간이 투쟁을 멈추면 기성제도는 경화되고 사람들에게 족쇄로 작
용한다. 토크빌의 통찰에 따르면 현존하는 사회제도는 생각하는 것보다
넓은 변주의 여지를 갖는다. 현존제도에서 출발하더라도 방향을 정하고
속도를 올린다면 점진적이고, 연쇄적이고, 누적적인 변화를 통해 차이를
만들면서 끝내는 혁명적 변화에 이를 수 있다. 완전한 질서라는 플라톤적
청사진에 입각한 전복 대신에 지속적인 제도적 실험과 혁신이 필요하다.
사회는 인공물(artefact)이기 때문에 사회와 제도를 인간의 필요와 열망에
맞게 재발명할 수 있다. 그러나 제도의 발명과 쇄신은 정치계급이 결정하
지 않는다. 대중들이 연합하여 기성제도에 맞설 때에만 기성제도들은 위
력을 잃고 새로운 제도가 출현할 수 있다. 우리는 이른바 무솔리니식 대
중동원 정치와 매디슨식 엘리트주의 정치 간의 양자택일적 사고에서 탈
피해야 한다. 웅거는 삼권분립, 여야 대립, 정부관료제를 통해 교착상태를
만성화하고 개혁의 속도를 떨어뜨리는 보수적인 정치패턴을 '억제적 헌

정주의'로 규정한다. 웅거는 견제와 균형이라는 자유주의적 가치를 고수하되 보수주의적인 느림보 정치를 극복하고 실험주의를 가속화하기 위해서 대중의 참여에 기반을 둔 고에너지 민주정치를 제안한다. 이러한 민주주의만이 정치의 속도와 온도를 높여서 운명처럼 경화된 기성제도를 용융(鎔融)시킬 수 있기 때문이다.

경제개혁의 구상

경제민주화의 방점은 입장에 따라 달라질 수 있다. 기업가는 독점과 과도한 정부규제가 없는 자유경쟁의 상태를, 노동자는 노동자의 권익의 확충을 경제민주화로 강조할 것이다. 자유주의나 보수주의는 주로 기업가의 요구에, 사민주의와 자유사회주의는 노동자의 요구에 초점을 맞출 것이다. 그 경우에도 사민주의는 적정임금과 이차적인 재분배를, 자유사회주의는 일차적인 분배와 소유구조를 주목한다. 이러한 차이는 경제혁신 구상에서도 차이를 발생시킨다. 웅거는 『민주주의를 넘어』에서 경제개혁론을 신자유주의적 경영쇄신론, 사민주의적 제3의 길, 급진민주적 경제개혁론으로 구분하였다. 웅거 자신의 개혁론은 세 번째 유형에 해당한다. 여기에 마르크스주의 경제개혁론까지 더한다면 현대경제에 대한 큰 구상을 망라한 것이라고 할 수 있겠다. 웅거는 최근작 『미래의 종교』에서 경제의 큰 그림을 얕은 자유(신자유주의), 얕은 평등(보수화된 사민주의), 깊은 평등(마르크스주의), 깊은 자유(자유사회주의)로 분류하고 있다.

선진국이든 저개발국가이든 선진적인 산업부문과 전통적인 생계형

산업부문이 공존한다. 산업의 측면에서는 이러한 이중구조를 전위부문과 후위부문으로 부를 수 있다. 동일한 산업분야에서 활동하는 기업도 전위 기업(선도기업)과 후위기업(낙후기업)으로 구분할 수 있다. 전위부문이나 전위기업이 높은 기술, 자본, 교육, 신용을 바탕으로 국제적으로도 높은 경쟁력을 유지한다면, 후위부문이나 낙후기업은 어느 것 하나 변변하게 갖추지 못했기 때문에 쇠락의 운명을 겪는다. 전위기업이 높은 기술과 자 본에 기초한 하이테크 기업을 범례적으로 가리킨다면, 후위기업은 낡은 대량생산 공장이나 자기착취와 자가금융에 의존하는 가족기업이나 중소 기업을 가리킨다. 문제는 개도국뿐만 아니라 선진경제체제에서도 국민의 압도적 다수(70-80%)가 후위부문의 생산활동에 종사한다는 점이다. 이러 한 이중구조가 야기하는 경제적 격차를 어떻게 축소할 것인가? 세 가지 유형의 경제개혁론이 존재한다.

신자유주의 경영쇄신 프로그램은 유연전문화의 논리에 따라 기득권 자들에게는 경제적 자유(경영권)를 보장하지만 후위부문에게는 현재의 여건에서 벗어날 기회를 제공하지 않은 채 경쟁의 이름 아래 방치한다. 월마트와 아마존과 같은 거대소매기업이 얼마나 많은 가족기업들을 파 산시켰는지를 생각하면 이러한 프로그램의 파괴적 효과를 쉽게 파악할 수 있다. 물론 신자유주의 경영쇄신 프로그램도 게토화된 약자들에게 사 회적 복지와 보상을 약속함으로써 불만을 어느 정도 잠재운다. 또한 우익 포퓰리즘은 사양길에 접어든 대량생산 노동자를 정치적 우군으로 만들려 는 의도로 세계화된 경제에 어울리지 않게 이들을 위한 보호장벽을 설치 하기도 한다. 신자유주의든 우익 포퓰리즘이든 이중구조를 방치하고 더 큰 경제적 격차를 용인함으로써 구조개혁의 이상을 배반한다.

　정통 사민주의는 초기에 사회주의 경제로의 점진적 이행을 약속하며 생산과 소유의 영역에서의 변혁을 주창하였다. 그러나 20세기 중반 이래로 제도적으로 보수화된 사민주의는 생산과 소유의 영역에서 퇴각하고 조세-이전지출(부자에게 더 많은 세금을 거두어 가난한 계층에게 이전하는 방식)을 통한 재분배에 안주하는 비관적 개량주의로 전락했다. 오늘날 사민주의의 혁신프로그램도 구조개혁을 추구하지만 새로운 비전을 제시하지 못한 채 기성의 시장경제를 인간화할 뿐이다. 조세와 이전지출은 아무리 잘나가는 경제라고 하더라도 분배적 정의의 달성에 있어서 장기적으로 지속가능하지도 않고 또한 충분하지도 않다. 조세와 이전지출로 한 사회에서 분배적 정의를 충분하게 실현하려고 하는 경우에는 그 사회는 성장동력에서 문제를 일으키고 말 것이다. 사민주의는 새로운 구조적 비전을 갖추지 못했기 때문에 이중구조를 변경시키지 않으면서 구조 안에서의 상대적 약자(조직된 대기업 노동자)들을 보상하는 데에 치중한다. 현실에서 대다수 미조직 노동자들(중소기업 또는 가족기업의 종사자들, 자영업자들)[7]은

7　사민주의와 대기업노조 간의 결착현상을 웅거는 두 가지로 해명한다. 사민주의가 역사적으로 자본주의 대량생산과 함께 출현하였다는 점, 대기업노동자들이 정치에서 과잉 대표되었다는 점을 든다. 웅거는 노동하는 모든 사람들의 조직으로서의 노동자연합을 새로운 조직으로 제시하고, 전통적인 노동법제에 더하여 불안정노동을 보호하는 제2의 노동법전의 도입을 제안한다. 이러한 노동자연합은 노사정위원회로 하여금 노동하는 모든 사람들(정규직, 비정규직, 자영업자 등)을 대표할 수 있게 할 것이다. 최근에 민노총의 대표가 비정규직출신인 점은 주목할 만하다. 코로나19 아래서 '착한 임대인'이라는 다소간 도덕주의적 용어가 등장하였는데 이는 여전히 임차인을 임대인의 물권적 지배 아래 두는 관념이다. 임차인들이 조직된 노동자로서 협상력이나 대항력을 보유할 수 있게 하는 제도, 경제위기라는 위험을 공동으로 부담하는 제도가 지금 발명되어야 한다.

사민주의적 보호구상 바깥에 놓인다. 사민주의적 혁신방안(제3의 길, 유연안전성)은 후위부문에 종사하는 압도적인 다수의 보통 사람들을 일깨워 전위부문과의 격차를 줄이지 못한다. 오늘날 사민주의(유럽의 중도좌익정당)는 생산과 소유라는 전방에서 구조개혁을 포기하고 후방에서 복지의 범위를 놓고 우파정당들과 경쟁을 벌이는 형편이다.

급진민주적 경제개혁론은 사민주의가 퇴각한 생산과 소유의 영역으로 다시 진입하려고 한다. 웅거의 경제정책론은 무엇보다 개별주체의 경제적 자립을 중시한다. 격차구조 아래서 조세를 거두어 약자들에게 이전하려는 사민주의적 재분배는 자립적인 주체로 변모하려는 보통 사람들의 잠재 역량을 무시한다. 웅거는 조세와 이전소득을 통한 '이차적인 재분배'보다는 생산활동의 영역에서 합당한 '일차적 분배'를 중시한다. 경제민주화는 독점적 구조를 해체하는 것을 넘어서 보통 사람들에게 생산적 기회와 자원을 제공하는 것을 의미한다.[8] 사민주의가 경제적 약자에 대한 사후적인 보상에 초점을 맞춘다면 웅거는 시장제도의 쇄신을 통해서 사전에 생산적 기회를 제공하고자 한다. 웅거의 입장은 재분배주의가 아니라 분배주의(생산주의)이다. 사민주의가 기성제도를 그대로 놓고 결과만 수정하려는 데에 비해 웅거의 입장은 제도의 쇄신을 추구한다. 웅거는 자신의 경제개혁구상을 '40에이커의 땅과 노새 한 마리'[9]를 현대적 상황에 풀

---

8   웅거는 시장권이라는 이름으로 이를 해명한다.

9   '40에이커의 땅과 노새 한 마리'는 미국 남북전쟁 직후에 해방된 흑인들의 경제적 자립을 위해 등장했던 흑인해방국의 기획이었다. 남북전쟁 후 쓸모없게 된 군마와 경작되지 않은 공유지를 해방 노예에게 제공하려는 것이었는데 실제로 시행되지 못했다.

어가는 것이라고 말한다. 실제로 어느 사회든지 가족기업이나 중소기업을 통해 경제적으로 자립하려는 프티부르주아적 열망으로 넘쳐난다. 포용적 전위주의는 이러한 열망을 지원하고 활용할 것을 주장한다. 또한 노동자는 영원한 임노동자로 그치는 것이 아니라 독립적인 사업가로, 기업지분의 소유자로 나아가야 한다. 웅거는 동일한 경제질서 안에서 다양한 재산권체제를 공존하게 하는 경제적 다원주의를 주장한다. 단기적으로 동일한 경제체제 안에서 이질적인 요소들을 공존시키는 정책을 전개한다면, 장기적으로 이러한 이질성들이 착근하게 됨에 따라 기성의 경제체제와 다른 성격의 경제체제가 발전하게 될 것이다. 이것이 자유사회주의 비전이다.

생산문화, 교육, 사회제도의 개혁

두 명의 위대한 경제학자(애덤 스미스와 카를 마르크스)에 따르면 경제현상을 이해하는 데에 가장 좋은 방법은 당대의 가장 선진적인 생산방식을 연구하는 것이다. 스미스와 마르크스 시대에는 기계화된 제조업이나 대량생산 제조업이 가장 선진적인 생산방식이었다면, 오늘날의 가장 선진적인 생산방식은 지식경제이다. 지식경제는 고도의 과학과 지식집약적인 생산활동이다. 웅거는 지식경제의 특성을 다섯 가지로 꼽는다.[10] 첫째,

---

10 　웅거는 『민주주의를 넘어』에서 제3 이탈리아(볼로냐 등)나 스페인의 카탈로니아의 협동기업의 특성을 네 가지로 유형화하였다. ①표면적 특성(생산의 탈규격화, 첨단기술, 자본집약형 근로환경, 고도숙련기술, 세계시장 지향성) ②정신적 특성(과업규정과 과업집행 사이의 역할구분의 완화, 과업집행 역할들 간의 구분완화, 협력적 경쟁, 시행착오를 통한 학습관행) ③사회문화적 특성(장인적 전통

지식경제는 규모에 맞는 생산과 제품 및 서비스의 탈규격화를 조합한다. 둘째, 지식경제는 생산의 일관성과 추진력을 유지하면서 생산활동의 기회를 분산시킨다. 셋째, 지식경제는 영구혁신의 잠재력을 활용함으로써 경제학에서 보편적 법칙으로 여겨진 한계수확체감의 법칙을 전복하거나 이완시키겠다는 약속을 견지한다. 넷째, 지식경제는 생산 활동과 상상력의 활동을 밀접하게 결합한다. 그래서 전위기업은 좋은 학교를 닮는다. 다섯째, 지식경제는 생산의 도덕적 문화에서 변화(생산참여자의 재량권과 신뢰의 제고와 참여자들 간의 협동적 관행의 심화)를 요구한다. 이러한 지식경제는 모든 산업분야에서 존재한다. 오늘날 국제적인 경쟁력을 갖춘 기업들은 대체로 이러한 특성들을 보여준다. 현대경제의 문제점은 이러한 지식경제가 고립된 섬으로서 존재한다는 사실이다. 고립된 섬의 주인들(자본가와 혁신적 노동자)은 지식경제가 낳는 수익의 알짜배기를 확보하고, 지식경제의 변방 하청업체들은 수익의 나머지를 차지한다. 지식경제와 관련을 맺지 못한 사람들은 생산성이 더욱 낮은 분야에서 연명한다. 많은 학자들이 앨빈 한센의 장기침체를 끌어다가 20세기 말 전환기의 신경제 이후의 침체를 설명하면서 오늘날의 기술혁신이 150년 전의 대발명 시대의 기술혁신보다는 혁명적이지 않다고 주장한다. 이에 대해 웅거는 인공지능만큼 혁명적인 기술은 역사상 존재하지 않았다고 반박한다. 웅거는

과 대학에 기반을 둔 기술엘리트훈련, 고도의 자발적인 결사체와 공동체생활) ④발전경로상의 특성(기업내부의 확산, 기업 간의 협력적 경쟁, 초기업적 협회의 조직, 지역공동체 · 지역정부 · 중앙정부와 연계성 구축) 등이다. 포용적 전위주의자들이 조합하고 추구할 특성들이 모두 망라되어 있다.

지식경제의 고립성을 탈피하여 지식경제를 경제 전반에 확산시키는 것만
이 경제적 불평등을 해결하는 방법이라고 제안한다. 그러나 지식경제의
확산은 누구나 주장할 수 있다. 어떻게 실현할 수 있는가? 웅거는 포용적
지식경제의 요구사항을 인지적-교육적 요구사항, 사회적-도덕적 요구사
항, 법적-제도적 요구사항으로 나누어 제시한다. 먼저 앞의 두 가지 요구
사항을 해명하고, 법적-제도적 요구사항은 항을 바꾸어 다루어 보겠다.

첫 번째 요구사항은 교육에 관한 것이다. 대량생산 시대에 노동자의 자
격조건은 반장의 지시사항을 이해할 정도의 기본적 문해력이다. 노동자들
은 미숙련 노동자들이다. 지식경제는 생산활동 참여자들에게 더 높은 교
육적 역량을 요구한다. 생산혁신은 상부의 일회적 지시에 의해 발생하는
것에 그치지 않고 생산과정 내부에서 작업자들 사이에서 항구적으로 일어
나야 하기 때문이다. 지식경제는 대량생산 시대에 탄생한 독일식 직업교
육 방식을 버리고 일반교육과 기술교육의 혼합을 요구한다. 특정한 기계
와 직종을 겨냥한 맞춤식 교육은 지식경제의 시대에는 불필요하다. 다양
한 새로운 기술혁신들이 직종과 산업을 넘어 확산되고 있기 때문이다. 지
식경제의 노동자는 대량생산 라인의 미숙련 노동자가 아니라 모든 기계들
을 자유자재로 활용하는 숙련된 기술자여야 한다. 노동자는 기계의 단순
한 이용자가 아니라 작업과정에서 발명가처럼 기계 자체를 혁신할 수 있
어야 한다. 교육의 목표는 반복적인 업무를 수행하는 기계로서의 정신에
대해 반기계로서의 정신(상상력)이 우위를 차지하게 하는 것이다.

웅거는 교육의 방향과 관련해서 네 가지 원칙을 제시한다. 첫째, 정보
의 전달과 숙지보다는 정보를 분석하고 종합하는 능력과 상상력을 중시

해야 한다. 둘째, 교육에서 콘텐츠는 필수적이지만 백과사전식 정보보다는 선별적 심오함을 중시해야 한다. 셋째, 교육현장에서 전통적인 권위주의와 개인주의의 혼합보다는 협력적 교육과 학습을 중시해야 한다. 교사와 학생 간의 학습뿐만 아니라 학생들 간의 상호교육도 강조한다. 이는 생산현장에서 지식경제를 가능하게 하는 상상력과 협동을 교육현장에서 수행하는 예행연습이라고 할 수 있다. 넷째, 대조적인 관점이 제시되는 경우 학습이 가장 효과적으로 이루어지므로 교육방식은 변증법적이어야 한다. 학교는 국가나 가족의 목소리가 아니라 미래의 목소리가 되어야 한다. 학교는 학생을 혀가 묶인 예언자로 파악해야 한다. 지식경제 시대의 교육은 드러커의 용어로 하면 과목 지식(subject knowledge)이 아니라 과정 지식(process knowledge)을 목표로 한다. 이러한 교육은 모든 사회구성원에게 기초교육, 고등교육, 직업교육, 평생교육의 형태로 지속되어야 하고, 무엇보다도 교육은 공적 비용에 의해 설계되어야 한다.

두 번째 요구사항은 사회적이고 문화적인 것이다. 포용적 전위주의에 어울리는 생산문화를 조성해야 한다. 종래의 대량생산 산업에서 노동자는 규율과 위계제에 따라 동일한 역할을 천편일률적으로 반복하는 기계와 같았다. 기계로서의 노동자상은 혁신과는 동떨어져 있다. 웅거는 도요타 자동차 생산라인에서 일어난 협력적 생산방식을 생산적 실험주의로 주목한다. 생산적 실험주의는 과업규정적 역할과 과업집행적 역할의 구분을 이완시키고 과업집행적 역할들 간의 구분도 상대화한다. 이는 노동소외의 해묵은 원인이었던 육체노동과 정신노동의 분리를 극복함으로써 노동자에게 생산과정의 주체로서의 지위를 강화한다. 이러한 협력적 생산문화는 기업 내부를 넘어 기업들 사이에서 나아가 기업과 정부 사이에서도 강화되어야 한다.

노동자들은 동시에 혁신의 결과에 대한 응분의 몫을 향유해야 한다. 그렇지 않은 경우 노동자들이 경영자나 소유권자를 위해 혁신에 진력할 까닭이 없다. 심지어 기술혁신과 고용간의 디커플링이 발생한다면, 노동자들은 혁신을 거부하고 기계를 파괴할지도 모른다. 소유권자와 경영자의 권력에만 봉사하는 재산법제나 회사법제 아래서는 실험주의적 생산문화는 더 이상 확산될 수 없다. 재산체제의 다각화를 통해서 노동자들에게 생산적 자원에 대한 접근기회를 제공하거나 기업에 대한 지분을 확보할 수 있게 하는 대안적인 재산법과 회사법을 발명하거나 쇄신해야 한다. 전위주의가 확산되기 위해서는 경제제도뿐만 아니라 비경제적인 제도까지도 변혁해야 한다. 이 문제는 항목을 바꿔 논의한다.

세제, 재산법, 지식재산권의 개편

웅거는 이 책에서 분산적 재산 관념, 세제개편안, 사회상속제, 시장권, 대안적 지식재산권체제를 거론한다. 오늘날 소유권을 권리의 범형으로 생각하지만 이러한 습성은 19세기 자유방임적 자본주의 시대의 산물이다. 계약의 모형으로서 쌍무계약도 19세기 들어와 공서(public order)나 신뢰를 강조하던 법문화를 밀쳐냈다. 이러한 통일적인 재산권(unified property)으로서 소유권이나 채권발생의 주요원인으로서 쌍무계약은 재산소유자와 경영자에게 강력한 통제권력을 부여한다. 이러한 제도들을 배제할 필요는 없지만 경제의 민주화와 전위주의의 확산을 위해서는 대안적 제도를 활성화해야 한다. 웅거는 통일적인 재산 관념에 맞서 관계들의 묶음(bundle of relations) 또는 권리들의 묶음(bundle of rights)으로서 재산 관념을 주목한다. 권리의 묶음으로서 재산 관념은 재산을 점유권, 사용통제권, 배제권, 향유권, 처분권과 같은 권능들의 집합체로 파악한다. 이러한 분산적 재산 관념은 물건에 대한 소유자의 지위가 아니라 사람 대 사람의 관계, 즉 소유자와 여타 이해관계자들의 관계에 주목한다. 관계들의 묶음으로서 재산은 19세기 이전의 서양법제사에서 재산의 일상적인 모습에 가까웠다. 게다가 이와 같은 재산의 분해양상은 오늘날의 경제와 법에서도 존재한다. 토지에 대한 소유권과 이용권을 분리하는 관행[11]이나 옵션, 풋옵션, 콜옵션의 기본 목록을 포함한 금융파생상품도 이러한 분산적 재산(disaggregated property) 관념을 구현하고 있다.

재산의 다양한 권능들이 분해되어 다양한 사람들에게 배정된다면 이제 이해관계자들은 동일한 자원에 대해 일시적이고, 조건적이고, 여타 제약된 권리를 보유할 수 있게 된다. 권리들의 묶음으로서 재산 관념은 더 많은 사람들에게 자원에 대한 접근기회를 제공함으로써 경제민주화를 촉진한다. 노동자들은 생산성이 허락하는 한도에서 높은 급여를 요구한다. 그러나 그들은 대체로 임노동자로서의 삶에 만족하지 않고 창업을 하거나 기업의 지분보유자가 되는 것을 꿈꾼다. 분산적 재산 관념은 생산활동에 종사하는 사람들에게 생산자원과 생산수단에 대한 지분을 확보해주는

---

11 토지소유권은 국가가 보유하고 주택에 대한 소유권이나 이용권을 개인에게 분양하는 방식도 그러한 예이다.

다양한 제도를 낳을 수 있다.

웅거는 또한 기업활동에서 쌍무계약 이외에 관계적 계약[12] 관념을 새로운 지식경제에서 협력적 생산 체제의 바탕으로 중시한다. 관계적 계약은 높은 신뢰관계에 기초한 장기적 거래로서 오랜 역사를 가지고 있다. 물론 웅거는 통일적 재산권을 분산적 재산권으로, 쌍무계약을 관계적 계약으로 대체해야 한다고 주장하지 않는다. 양자의 공존을 통해 경제전반에 다양성을 부여하고 협력적 실험주의의 토양을 마련해야 한다고 주장한다. 세상 어디에서든지 오로지 자신의 계산으로 자신의 책임으로 사업을 벌이려는 혁신적인 기업가들이 존재하기 때문에 그들에게는 통일적 재산권이 여전히 필요하다.

웅거의 제안 중에서 세제개편방안과 사회상속제가 흥미롭다. 웅거는 증세 측면의 평등보다 세수규모가 중요하다고 보기 때문에 역진성이 강한 높은 소비세(부가가치세)[13]를 제안하고, 많은 경제체제에서 일반화된 소득세 대신 니컬러스 칼도어가 제안한 누진소비세를 지지한다. 누진소

---

12 관계적 계약(relational contract) 이론은 법학자 맥네일(Ian Roderick Macneil)과 매콜리(Stewart Macaulay)에 의해 발전된 이론으로서 계약당사자 간의 신뢰관계를 중시하는 계약관념이다. 전통적인 쌍무계약(백화점에서 상품구매계약)과 대비된다. 관계적 계약은 단순한 거래가 아니라 관계를 중시하고 쌍무계약의 사무적 거래 관계 대신에 협력관계(신뢰, 투명성, 양립가능성의 토대)를 수립하고 이러한 관계 속에 사회규범들(호혜성, 자율성, 정직성, 충실성, 형평, 진정성)을 포함시키고 이해관계의 결속을 통해 위험을 회피하고 완화시키며 공정하고 유연한 틀을 창조한다. 포스트포드주의적 거래나 변호사와 사건의뢰인의 관계를 관계적 계약의 예로 꼽을 수 있다.

13 부가가치세에서 한국이나 일본(10%)은 유럽 국가들의 평균치(20%대 중반)보다 훨씬 낮다. 웅거는 30% 정도를 제안한다. 30% 정도의 부가가치세는 우리나라에서는 과도하다고 여겨질지 모르지만 재정수입규모가 지나치게 작은 국가에서는 적절한 방안이라고 볼 수 있다.

비세는 개인의 수입(임금소득 및 자본소득 등)에서 저축을 공제한 나머지 소비에 대해 고율의 누진적 세금을 부과하는 제도이다. 물론 저축이 생산적 투자와 연결되지 않는다면 저축은 경제 침체의 원인이 될 것이다. 웅거는 저축과 생산적 투자를 단단하게 연결하는 것을 경제성장에서 매우 중요한 과제로 상정한다.

실험주의적 충동을 사회에 확산시키기 위해서는 사회상속이나 일련의 안전장치들이 매우 중요하다. 개인이 실험을 시도하려고 해도 안전장치가 없다면 기업가적인 야성적 충동(animal spirit)을 발휘하지 못한다. 사회상속제는 보통 사람들을 실험적인 인간으로, 도전하는 인간으로 변화시킨다. 1830년대에 토머스 스킷모어(Thomas Skidmore)는 개인이 성년에 이르면 선거권을 얻듯이 사회로부터 상속을 받아야 한다는 발상에서 당해 연도 사망자들의 재산 전체를 당해 연도 성년에 이른 모든 사람에게 균등하게 분배하는 방안을 제시하였다. 웅거는 개인상속의 한도를 상속인의 생활의 필요범위로 한정하고 나머지 재산을 사회상속의 대상으로 상정한다. 일종의 부유세로서 상속세는 오늘날 사회상속제의 역할을 부분적으로 수행하고 있다. 혁신과 성장의 동력을 해치지 않으면서 세대를 넘어 부의 불평등을 완화하는 것은 중요하다. 국가는 상속세수를 기반으로 신규진입자들에게 사회상속계좌(social endowment account)를 열어서 생애의 전환점(대학입학, 창업, 주택구입)에서 경제적으로 지원하게 된다. 웅거는 사회상속을 『비판법학운동』에서 재산소유 민주주의(property-owning democracy)로 다룬다.[14] 이러한 요구들은 현재 한국경제에서 기본소득제나 기본자산제로 활발하게 논의되고 있다. 정부는 지금도 상속세나 증여세를 공통의 사회상속기금으로 삼아 개인상속을 받지 못한 신참자들에게 배분하는 연결고리를 만들 수도 있다. 역자는 한국의 저출산은 한국사회의 구조화된 경제적 격차와 불평등의 결과이기 때문에 고도산업국가단계에서 사회상속제야말로 저출산에 대한 근본적인 해법이라고 판단한다.

웅거는 보통 사람들에게 생산경제에 진입할 기회와 자원을 제공하려는 시장권(market rights)[15]을 제안한다. 시장권은 생산경제에 진입할 의향을 가진 보통 사람들을 지원하기 위한 정책적 권리이다. 유사한 방침을 한국사회의 중소기업이나 벤처기업의 육성방식에서도 찾아볼 수 있다. 대기업들은 혁신사업을 수행할 자본의 80% 이상을 사내유보분에서 조달한다. 좋은 사업구상을 가진 보통사람들은 이렇다 할 자금조달 기회를 갖지 못한다. 국가는 보통사람들에게 자본, 기술, 지식에 대한 접근기회를 제공하기 위해 사회자본(social capital)이나 사회적 벤처캐피탈을 설치한

---

14 존 롤스도 『공정성으로서 정의』와 『정의론』 수정판에서 사회상속제와 유사한 재산소유 민주주의(property-owning democracy)를 공정성의 관념 아래서 전개하였다. 재산소유 민주주의는 노벨상을 수상한 영국 경제학자 제임스 미드의 용어로 알려졌다.

15 웅거는 대안적 사회경제질서를 발전시키기 위한 정책적 권리를 네 가지로 제시한다. 면제권(immunity rights), 탈안정화권(destabilization rights), 시장권(market rights), 연대권(solidarity rights) 등이다. 이것은 자유사회주의로 가는 국가정책의 평가기준이라고 할 수 있다. 면제권은 기본소득과 같은 경제적 최저치와 고문금지, 모든 경제활동인구의 안식년에 관한 권리로서 기본권이라고 할 수 있으며, 시장권은 공적인 지원을 통해 시장경제에 진입할 권리를 의미하고, 탈안정화권은 기성의 독점적 구조와 다양한 억압적이고 특권적인 제도를 해체하거나 조정하는 권리를 의미하며, 연대권은 공동체주의적 이상을 구현하는 권리를 뜻한다.

다. 여기에 민간저축을 끌어들일 수도 있다. 국가는 중소기업이나 벤처사업을 육성하기 위해 정부저축(정부세입에서 정부지출을 공제한 잉여부분[16])과 강제적인 민간저축(연기금 등)의 일정 비율을 공적 기금으로 편성하여 생산적 투자(스타트업)에 활용한다. 사회자본기금은 지원을 신청한 사업팀의 구상을 심사하고 이들에게 사업자금을 배정한다.

사회기금(사회자본)은 작업팀들에게 투자를 하면서 사회적 공기업을 육성할 수 있다. 사회기금은 이러한 기업들에게 영업확장, 이윤축적, 비정규직 고용, 종업원 구성에서 일정한 제약을 부과하는 가운데 영업이윤에서 기본이자를 거두고 나머지 이윤을 작업팀의 임금으로 분배하게 할 수 있다. 그러나 기업들에 대한 이러한 제한을 획일적으로 적용할 필요는 없다. 기업은 당면한 상황과 규모의 경제에 따라 거듭 혁신해야 하기 때문이다. 웅거는 경제적 지원 및 조정의 모형을 동북아시아 국가들이 채택한 전지적이고 중앙통제적인 규제 모형과 지원을 하되 개입하지 않는 미국식 팔길이(arm's-length) 규제 모형으로 나누고, 이에 대한 대안으로서 전략적, 협력적 조정 모형을 제시한다. 그것은 시장권의 실행을 위한 민관기구로서 협력센터 모형이다. 19세기 미국에서 시행된 가족농업 육성제도들을 대표적인 사례로 제시한다. 중앙정부보다는 지역정부와 각지에 분산된 민관매개조직(지원센터들)이 기업의 육성과 지도를 담당하게 하는 방식이다. 사업이 대체로 지역적 기반을 갖고 있다는 점에서 이와 같은 권한이양은 바람직하다. 권한이양은 그 자체로 혁신적 실험에 우호적이고, 기초

---

16 자치단체의 재정잉여를 지방공기업의 육성자금으로 활용할 수도 있다.

단체의 역량도 강화하고, 위험을 분산시키면서 현장지식을 활용하는 장점도 갖는다. 지원만 해도 기업이 생존가능한지, 적극적으로 지도감독을 해야만 생존할 수 있는지는 기금과 그 협력센터들이 기업과 팀원의 역량을 고려해 판단할 사항이다. 국가나 사회가 생산적 전위주의를 확장하고 기업가적 집단적 창의를 적극적으로 장려한다면 이러한 방식으로 자본주의 경제 안에서 개인적 재산 이외에도 사회적 재산과 사회적 기업들의 비중은 점차 커지게 될 것이다.

이 경우 사회기금이 제공하는 지원금의 성격이 문제된다. 전체적으로 기업이 필요한 자금을 사회기금이나 정부저축(중앙정부, 지방정부)에 의존해야 하는 상황이라면 해당기업은 사회기금기업이나 지역공기업이 될 것이고, 부분적인 사업자금의 융통이나 지원 정도라면 그 기업은 여전히 민간기업(때로는 노동자소유기업)으로서의 성격을 띨 것이다. 기업의 흥망성쇠, 기업적 실험의 비용을 오로지 개인들에게 지울 것인가 아니면 사회가 공동으로 분담할 것인가는 정책적 결단의 문제이다. 사회기금은 후자의 입장에서 좋은 아이디어와 기업가적 역량이 있음에도 자본이 없어서 꿈을 실현하지 못하는 사람들을 조력하는 제도이다. 물론 사회기금은 해당 기업이 성공하는 상황을 예상하여 지원금의 다양한 회수방법(부채, 지분형식)을 마련해 두어야 한다.[17] 이렇게 회수된 자금은 신생기업에 순환적으

---

17 2015년에 설립된 장발장은행은 벌금형을 선고받고도 생활고 등의 어려운 형편으로 이를 내지 못해 교도소에 갇히는 빈곤 취약계층에게 최대 300만원까지 무담보 무이자로 대출해주고 있다. 장발장은행의 대출금의 회수율이 비교적 높다는 사정에 비추어볼 때 아무런 회수부담이 없는 지원이 인간의 품위에 합당한 것인지는 의문이다. 특히 기업활동이 성공적인 경우에는 회수방안이 마련되어야 한다.

로 다시 투자된다.

웅거는 기업형식의 다양성에도 주목한다. 사회적 재산은 주로 협동기업의 형태로 등장한다. 그러나 모든 기업이 자주관리기업이나 종업원지주기업이 되어야 하는 것은 아니다. 그는 『민주주의를 넘어』에서 노동자들이 기업경영에 영향력을 행사할 수 있는 정도의 지분을 보유하는 것으로 충분하다고 제안하였다. 웅거는 전형적인 주식회사뿐만 아니라 다양한 기업형식들의 공존상태를 선호하고 그들 간의 경쟁을 장려한다. 노동자기업이 민주주의의 이상에 부합하는 것처럼 보이지만 기업에서 중요한 것은 기업의 지속적인 혁신과 존속이다. 기업은 시장에서의 경쟁과 도태를 피할 수 없고 혁신을 일상적으로 수행해야 하기 때문에 소유형태를 다각화해야 한다고 제안한다.

지식경제의 확산과 관련해서 지식재산권의 혁신에 대한 웅거의 제안은 매우 주목할 만한 대목이다. 지식재산권이 소유권처럼 절대적으로 작동한다면 신기술이나 혁신의 확산을 추구하는 포용적 전위주의는 공염불로 그칠 것이다. 이제 지식재산법 체제의 변화가 필요하다. 지식재산법 체제의 혁신은 국내법제를 넘어서 국제저작권협약까지도 아우르는 문제처럼 보인다. 지식재산권을 국부의 원천으로 삼는 선진국들은 이러한 제안을 달가워하지 않을 것도 같다. 어쨌든 인류의 동반성장을 추구한다면 웅거의 제안은 정치경제적 대안으로 사유할 만하다. 현재의 지식재산권법제는 신기술의 혁신과 발명을 촉진할 수는 있지만 이를 널리 확산시키거나 다양한 이해관계자들의 요구를 만족시키기에는 경직되어 있고 또한 높은 비용을 부담시킨다. 우선 웅거는 저작권의 공유를 추구하는 카피레프트 운동을 지지하지 않는다. 카피레프트는 이미 발명된 기술을 공익적으로 활용하는 데에는 간편하지만 장래의 발명과 혁신의 분위기를 저해할 공산이 크기 때문이다. 막대한 비용이나 시간을 들여 신기술을 개발한 사람에게 경제적 보상수단으로서 지식재산권은 불가피하다. 웅거는 그 대신 현재 소유권과도 같이 역할하는 지식재산법의 위상을 하향조정하는 방안을 제안한다. 아마도 그의 제안 중 두 번째와 세 번째 방안은 여러모로 음미해볼 만하다.

웅거는 현재의 지식재산법에 대한 대안을 세 가지로 논의한다. 첫 번째 대안은 21세기 들어와 정착된 저작물이용허락표시(CCL)이다. 이 제도는 유용하지만 저작권자의 일방적인 주도권과 허락에 의존하기 때문에 약점을 안고 있다. 이러한 방식은 발명의 비영리적 이용에는 적합하지만 지식경제의 확산에 그다지 기여하지 못한다. 두 번째 대안은 현재 확립된 지식재산법체제 이전에 존재했던 19세기 법제를 발전시키는 방안이다. 이 방식은 타인이 혁신가의 신기술이나 발명을 자신의 생산활동에 자유로이 이용하고 대신에 그 이용으로 인해 발생한 세수(稅收)의 일정비율을 혁신가에게 보상해주는 방식이다. 이는 고립적인 발명가의 활동에 적합한 방식이다. 여기서도 이용권과 수입권을 분해하는 재산 관념이 작동한다. 이 방안을 운용하기 위해서는 혁신기술의 수입유발효과를 공정하게 평가하고 그 보수를 확정하는 각계의 전문가로 비국가적인 공공기관을 조직해야 하며, 그것으로 충분하다. 세 번째 대안은 현재의 승자독식의 지식재산권체제를 포용적 지식경제에 부합하도록 재구성하는 방안이다. 지식경제가 확산될수록 신기술이나 혁신적 발명은 많은 사람들이 관여한

성과물일 공산이 크다. 이 경우 정부는 특수목적기구(공공신탁기구)를 설치하여 혁신가에게 비례적 지분을 인정하고 새로운 혁신적 기술에 대한 신규성의 정도와 다수의 이해관계자들의 기여도를 평가하고 권리의 범위와 존속기간을 각기 다르게 정하여 혁신가나 공동발명가들의 지위를 보호한다. 앞서 거론한 통일적 재산으로서 소유권이 아니라 분산적 재산 관념과 유사하게 지식재산권에도 다양한 이해관계가 조건부 권리로 설정된다. 웅거는 특히 플랫폼 기업과 관련해서는 독점금지법이나 독점적인 저작권의 문제[18]로 접근할 것이 아니라 이용자 공동체의 기여도를 고려하여 기업지배구조에서 시민사회를 대표하는 위원회들을 설치해야 한다고 제안한다. 지식경제는 사회와 문화의 산물이므로 지식재산 자체에 대해 사회의 몫을 인정하자는 입장이다.

경제성장

웅거는 좌우를 불문하고 현대 경제학이 보여주는 네 가지 잘못을 지적한다. 첫째로, 이들은 시장경제가 안정적인 법적 제도적 구조를 갖는다고 그릇되게 상정한다. 둘째로, 공급측면에 대한 변혁적 접근을 할 수 없기 때문에 좌파들은 공급측면을 포기하고 수요측면에 주력하며, 우파

---

[18] 플랫폼 기업을 독점금지의 문제로 접근하면 플랫폼 기업을 분할하는 결론을 피할 수 없다. 그러나 이러한 방식은 황금알을 낳는 거위를 죽이는 것과 같다. 웅거는 지배구조에 대한 시민사회의 감시와 통제를 허용하는 방안을 제안한다. 그러나 페이스북이 아예 인스타그램을 합병하는 것과 같은 행위는 독점금지법의 적용사안이라고 본다.

들은 공급측면에 대해서 기성질서를 고수할 뿐이다. 셋째로, 구조적 대안이 없기 때문에 철 지난 대량생산을 지식경제에 기초한 제조업과 서비스업으로 전환시키기보다는 이를 방어하는 데에 급급하다. 넷째로, 이들은 경제성장의 기본전략으로 완화적 통화정책을 관행적으로 사용함으로써 확장적 재정정책의 역할과 특히 물리적 인프라에 대한 대규모 공공투자의 전망을 위축시킨다. 웅거는 이러한 주류의 가정과 관행을 모두 거부하고 수요 및 공급 양 측면에서 경제민주화론에 입각한 경제상장론을 전개한다.

웅거는 현대경제의 과제를 세 가지로 제시한다. 지식경제를 매개로 전위부문과 후위부문의 격차를 줄이는 과제, 국민소득에서 자본소득분배율 대비 노동소득분배율을 향상시키는 과제, 저축과 생산적 투자를 탄탄하게 연결시키는 과제 등이다. 이러한 과제들을 제도개혁에 입각하여 생산주의적으로 수행하자는 것이 웅거의 경제성장론이다. 그 핵심적 제안들은 이미 거론한 시장권(사회적 재산의 증식), 노동자의 공유지분강화, 스타트업을 위한 사회적 벤처캐피털 및 연기금의 투자활성화 등 시장제도의 쇄신이다.

다음으로 현 정부가 제시한 소득주도성장론을 웅거의 큰 그림 속에서 논의해보겠다. 소득주도성장정책은 주로 노동소득분배율의 제고와 간접적인 관련성을 가진다. 소득주도성장론은 임금인상(특히 최저임금인상)을 통해 소비수요를 견인하여 경제성장을 유도하려는 케인스류의 소비주도성장론이다. 그러나 법에 의한 강제적인 임금인상이 생각만큼 수요증가를 통해 성장효과를 유발할 수 있는지는 의문이다. 사업자가 고용관계를 변화시키지 않으면서 단기적으로 이윤감소를 감수하거나 장기적으로 기술혁신을 달성하여 난관을 극복하는 경우에 임금인상은 정(正)의 성장효과를 낳지만, 즉각적으로 폐업이나 해고를 선택하는 경우라면 임금인상은 부(否)의 성장효과를 유발할 수 있다. 장기적으로 노동소득분배율을 개선하면서 경제성장을 낳지 못한다면 소득주도성장은 빛을 잃을 뿐이다.

임금인상의 적절성은 유사한 경제여건을 가진 나라와 비교하여 판단할 수 있다.(노동생산성이 비슷하지만 노동소득분배율이 나라마다 상당한 편차가 존재한다는 사실도 관찰할 수 있다). 래퍼(Laffer)와 같은 공급측 경제학자는 임금소득을 성장의 결과로 생각하기 때문에 소득주도성장론을 난센스로 취급하는 것 같다. 국내의 많은 경제학자들은 정책 시행초기에 최저임금의 급격한 인상이 경제성장에 역효과를 초래하였다고 분석하였다. 우선 임금인상의 성장효과는 한계기업의 도태와 기술혁신, 산업구조의 변화와 맞물려 있으므로 단기적으로 평가할 사안인지는 의문이다. 일부 사업가들이 임금인상을 감당할 수 없어 사업을 폐지하더라도 신규로 사업을 시작하는 사람들은 법에 의해 강제되는 임금인상을 주어진 여건으로 고려할 수밖에 없으며 모든 사업가는 기술혁신의 압박 아래 놓이게된다. 웅거도 임금인상이 역사적으로 생산성향상을 위한 지속적인 혁신에 거의 필수적인 조건이었다고 평가한다. 그럼에도 불구하고 임금인상이 그 자체로 경제성장을 유발한다고 생각한다면 단순하다. 임금인상은 수요제약의 돌파구로서 중요한 역할을 하지만 결코 충분조건이 아니다. 생산자는 수요증가에 곧바로 반응하여 생산을 증대시키는 조치를 취하지 않는다. 기업가는 돈을 벌려는 사람이지 사회사업가가 아니기 때문이다. 예컨대, 주식시장에서 투기로 돈을 더 벌 수 있다면 제품생산에 열의를 갖지 않는다.

웅거는 케인스 이론이 유효수요의 부족을 다루는 특수사례의 이론에 불과하며 시장경제에 대한 대안적인 비전을 근본적으로 결여하고 있다고 지적한다. 동시에 수요공급의 상호조정에 대한 지배적인 가정의 결함도 명료하게 지적한다. 첫째, 경제성장은 수요공급의 제약들에 대한 연속적인 돌파구들을 요구하지만 수요공급의 돌파구들 간의 자동적인 일치나 연속은 존재하지 않는다. 그런데도 지배적인 관점은 경제에서 공급측면의 진전과 수요측면의 진전이 자동적으로 일치한다고 오인한다.[19] 둘째, 공급과 수요의 제약들에 대한 돌파구들은 불연속적이다. 하나의 공급단계에서 다음 공급단계로의 이행이나 하나의 수요단계에서 다음 수요단계로의 이행은 자동적으로 확보되지 않는다. 셋째, 수요와 공급의 제약들에 대한 돌파구들은 타율적이다. 즉 수요증가가 공급증가를 자동적으로 유발하지 않고 공급증가도 수요증가를 자동적으로 유발하지 않는다. 넷째, 수요공급의 상호조정에서 불연속성과 타율성은 경제불안의 주요 원인이다.[20] 다섯째,

---

19　정부가 코로나사태에서 지급한 재난지원금은 소비활동에 주로 소비된다는 가정은 유지되기 어렵다. 재난지원금을 받은 가계의 부채유무나 경제적 여유에 따라 소비가 결정되기 때문이다.

20　임금인상이 소비증가를 낳고 생산과 투자의 증가를 낳고 다시 임금과 소비의 증가를 낳는 선순환 구조를 보장하지 못한다는 것이다. 저소득층은 인상된 임금을 소비하기보다는 부채를 갚는 데 쓰거나 저축할 수도 있으며, 고소득층은 오로지 비축하거나 금융카지노에서 투기자금으로 활용할 수도 있고, 기업가도 사회봉사활동가가 아닌 이상 수요증가에 즉각적으로 반응하여 생산시설투자를 확대하려고 하지 않으며, 재고만 정리하고 추가수입으로 금융카지노에서 투기행위에 몰두할 수도 있다. 이와 같이 경제활동에서 생산적 투자활동을 저해하는 요인들이 경제행위의 각 단계에서 존재한다. 수요공급의 불연속성과 타율성으로 인하여 임금인상은 성장기대치를 충족시킬 수 없다.

만일 우리가 수요공급의 확대에 대한 제약들을 극복하는 데에 더욱 파급력 있고 더욱 지속적인 방식들을 채택한다면, 우리는 공급확대 수단을 수요확대 해법(생산의 자원, 기회 및 역량에 대한 접근의 제도적 확장)으로 활용할 수 있다. 여섯째, 앞에서 제시한 여건들 중 특히 유력하고 전도유망한 부분집합이 존재하며, 가장 선진적인 생산방식으로서 지식경제가 수요공급의 가장 큰 확대 잠재력을 가진다. 첫 번째에서 네 번째까지의 항목이 주류경제학에 대한 비판이라면, 다섯 번째와 여섯 번째 항목은 웅거의 성장론의 핵심주장이다.

웅거는 경제성장을 위한 수요측면에서의 제약을 돌파하는 과정을 네 단계로 제시한다.[21] 마지막 단계의 돌파구가 가장 큰 성장효과를 내포한다. 제1단계는 기업, 특히 가계의 부채증가를 통해 수요를 확대하는 것이다. 이는 바람직하지는 않지만 자연적인 수입증가가 없는 경우에는 불가피하다. 제2단계는 누진세, 사회권, 이전지출과 같은 회고적인 보상적 재분배를 통한 부와 소득에서 불평등을 완화하는 것이다. 제2단계는 제1단계 방식보다 낫지만 기성의 경제제도를 전혀 수정하지 않는다. 제3단계는 생산의 자원, 기회, 능력에 대한 접근을 확대함으로서 제도를 혁신하는 것이다. 이는 생산자원에 대한 접근권의 민주화로서 노동법, 회사법, 재산법의 혁신을 요구한다. 국민소득 중 임금 몫을 인상하는 조치(소득주도성

---

21 웅거는 공급제약의 돌파구들의 스펙트럼도 여섯 단계로 제시한다. 기업가가 수요증가에 대응하는 방식이라고 할 수 있다. 수요제약에 대한 돌파구와 대조하면서 이해해야 완전하지만 해제에서는 거론하지 않겠다.

장론)는 제3단계의 조치들 중에서 가장 초보적인 조치라고 여겨진다. 제4단계는 지식경제를 심화하고 이를 경제전반에 확산시키는 것이다. 지식경제는 생산에서 한계수확체감의 제약을 완화하거나 전복하는 것을 약속하고, 영구혁신을 이상으로 삼기 때문에 특별한 잠재력을 갖는다. 물론 지식경제의 심화와 확산은 사회적, 문화적, 정치적 환경의 전반적인 변화까지도 요구한다. 이러한 여건에서 경제성장은 극대화될 것이다.

소득주도성장정책을 다음과 같이 평가할 수 있다. 국민소득에서 자본소득분배율 대비 노동소득분배율을 개선하는 임금인상은 경제성장을 촉진한다.[22] 그러나 최저임금인상은 노동소득분배율을 간단히 개선시키지 못한다.[23] 웅거는 노동소득분배율의 개선방식을 높은 최저임금, 연대임금, 이윤공유제 등 세 단계로 논의한다. 첫째로, 높은 최저임금은 경제민주화의 초보적인 요구사항이므로 굳이 경제성장의 마중물이라는 시각에서만 접근할 문제가 아니다. 그것은 적정한 임금에 대한 헌법적 노동인권의 사항이기 때문이다. 노동소득분배율을 본격적으로 개선하기 위해서는 자본에 대한 노동자의 대항력과 노동자간의 연대를 강화하는 것이 필요하다. 이 경우 노동조합은 조직 노동자뿐만 아니라 미조직 비정규직 노동자, 임차인 자영업자까지도 포괄해야 한다.[24] 노사정위원회가 이러한 포

22　OECD 평균 노동소득분배율은 70%인 데 비해 우리나라는 60% 정도에 그친다.

23　최저임금인상이 노동소득분배율을 직접적으로 개선시킬 수 있기 위해서는 최저임금 이하로 노동을 매각하는 집단이 존재하지 않아야 한다. 해외송금을 목표로 노동허가권을 받지 못한 다수의 이주노동자 집단이 존재한다면 정책의 기대효과는 제한적이다.

24　착한 임대인제도가 아니라 건물주단체와 임차인단체 간의 집단적 협상틀로서 노사정위원회가 작

괄적인 노동자 연대조직 입각할 때 자본가에 대한 협상력을 높여 노동소
득분배율을 개선할 수 있을 것이다. 둘째로, 연대임금은 동일업종에 종사
하는 노동자들의 임금격차를 해소하는 방편이다. 스웨덴과 같이 산별노
조가 임금협상을 수행한다면 연대임금은 동일한 산업에서 통일적으로 정
착될 것이다.[25] 그러나 노조가 기업별로 조직되고 조직율도 매우 낮은 우
리나라에서 연대임금(동일노동에 대한 동일임금)을 보장하기 위해서는 제2
의 노동법[26]이 필요하다. 정규직과 비정규직 노동자, 자영업자 간의 소득
격차를 줄이면서 노동소득분배율을 개선하는 것이 연대임금의 목표이다.
셋째로, 이윤공유제는 노동자와 자본가가 이윤을 공유하는 방식이다. 이
윤공유제가 상여금의 변종이 아니라 지속적인 제도로 정착하려면 지분공
유제로 발전해야 한다. 노동자가 영원히 임노동자로 살아야만 한다는 전
제는 잘못된 것이다. 그도 독립적인 사업가가 되거나 지분보유자가 됨으
로써 전체 경제구조 안에서 안정적인 지위를 확보해야 한다. 존 스튜어트
밀은 『정치경제학원리』에서 노동자와 기업가가 기업지분을 반분하는 형
태와 노동자들이 지분 전체를 보유하는 형태를 미래의 기업소유방식으로

동하게 될 것이다.

25 최근에 민주당에서 기업활동의 결과로서 기업이 일정한 목표 이상의 이윤을 달성하는 경우에 협
력업체들과 이익을 자발적으로 나누는 이익공유제를 제안하였는데 이는 산업별 연대임금제도의
맹아적 형태라고 할 수 있다.

26 웅거는 비정규직 불안정 노동자들 위해 제2의 노동법을 제안한다. 제2노동법은 불안정노동자나
비자발적 자영업 종사자들을 조직하고 대표할 수 있으며 이들의 고용관계에 개입할 수도 있다. 불
안정노동자를 위한 가장 중요한 보호형식은 가격중립성(임금동일성)이다. 비정규직 노동자가 동
일직종의 정규직 노동자와 동일한 임금을 받아야 한다는 원칙이다.

상정하였다. 웅거는 독립 자영업과 협동기업이 지배적인 노동방식이 되어야 한다고 제안한다. 종속적인 임노동이 자유노동의 고차적인 형태로 장기적으로 발전하게 됨으로써 단순히 노동소득분배율을 개선하는 것을 넘어 노동자를 지분보유자로서 더 큰 경제민주주의와 경제성장에 참여시키게 될 것이다.

최저임금인상은 수요제약의 제3단계 돌파구 중 노동법제 개혁의 일환이다. 연대임금이나 이윤공유제는 노동자간의 소득불평등을 완화하고 나아가 노동소득분배율을 개선함으로써 경제성장에 더욱 긍정적인 효과를 발생시킬 것이다. 또한 앞서 거론한 회사법과 재산법의 개혁은 종속적인 임노동자의 지위를 탈피하도록 하면서 파급력이 더 큰 성장효과를 유발할 것이다. 웅거는 경제성장을 위한 수요제약의 제4단계의 돌파구를 지식경제의 확산에서 찾는다. 장기적인 경제성장을 달성하기 위해서는 지식경제의 심화와 재산법제의 변화까지도 요구한다. 소득주도성장정책은 경제성장에서 수요측면의 논의로 한정된다. 공급측면에서 저축(민간저축, 연기금과 같은 강제저축)[27]과 정부저축은 생산적 투자로 전환시키는 문제와 결부시킬 수 있다. 웅거는 시장권, 사회투자기금, 사회적 벤처캐피탈

27　국민연금은 포트폴리오에 따라 국내외 우량기업에 투자한다. 해외투자수익율이 국내투자수익율보다 높은 경우 국민연금을 해외에 더 많이 투자해야 하는지 의문이다. 연금가입자가 고립적 존재라면 수익률만이 관건적이겠지만 사회적 존재라면 국내에서 새로운 고용을 창출하는 자금으로서 국민연금이 사회적 역할을 수행하는 것에 동의할 것이다. 즉 사적 이익보다 사회적 이익이 장기적으로 더욱 중요한 것일 수 있다. 웅거는 국민연금의 일정비율, 정부저축, 민간저축을 기반으로 사회적 투자기금(벤처 캐피털)을 조성하여 우량대기업이 아니라 스타트업-기업에 투자해야 한다고 제안한다.

을 통해서 경제적 재원과 기회에 대한 접근을 새로운 창업자들에게 제공함으로써 경제민주화와 경제성장을 달성할 수 있다고 주장한다. 지식경제의 심화와 확산은 바로 이러한 높은 경제성장의 전도유망한 촉진수단이라는 것이다. 지식경제의 심화와 확산은 제도개혁을 매개로 수요증대의 수단이자 동시에 공급증대의 수단으로 작동하기 때문이다.

* * *

우선 독자들에게 역자의 부족함을 고백할 수밖에 없다. 2019년 5월 이 책이 나오자마자 다른백년의 이래경 이사장이 번역을 권유하셨다. 경제학의 문외한으로서 제대로 번역할 자신이 없었지만 웅거의 다른 저작을 번역한 경험을 방패삼아 2020년 한 해를 이 책으로 보내기로 작정하였다. 이 책도 웅거의 다른 저작과 마찬가지로 저자의 주가 없다. 웅거의 고유한 용어나 개념어들이 친절한 설명 없이 이 책에서 자주 등장하기 때문에 그러한 사항을 설명하고자 번잡스럽지만 주를 첨가했다. 이 책을 이해하는 데 역자가 번역한 『민주주의를 넘어』가 많은 도움을 줄 것이라고 생각한다. 이 책의 출판과정에서 감사의 뜻을 표해야 할 분들이 있다. 건국대학교 법학전문대학원에서 교분을 쌓아온 강희웅 변호사가 이 책을 읽고 교정작업을 도와주었다. 그의 남다른 학구적 관심이 조만간 결실을 맺기를 기원한다. 마지막으로 편집과 교열작업을 맡아준 다른백년 김일수 선생님의 수고에 감사를 표한다. 지식경제의 조건 중 보통사람들의 교육수준과 관련해서 보자면 우리 사회는 세계적으로 가장 앞서는 그룹에

속한다. 우리 사회는 포용적 지식경제를 구현하기 적합한 사회이다. 그런데 우리 사회는 저출산으로 인해 그 존속 가능성이 위협받고 있다고 국제사회가 우려를 표한다. 유산자들은 주택투기와 금융가지노를 통해 불노소득자가 되고자 하지만 가난한 사람들은 의지할 곳이 없다. 보통의 청년들에게는 꿈을 실현할 생산적 자원과 기회가 제공되지 않는다. 그들에게는 부모세대가 고도성장기에 자녀에 대해 품었던 대리만족의 기대가 허락되지 않는다. 한 마디로 이 사회가 비전이 없기 때문에 저출산 현상은 논리적이다. 따라서 비출산은 경제적 불평등에 대한 청년세대의 가장 정의로운 집단적 대응조치이며, 주어진 여건 아래서 가장 합리적인 행동이다. 되돌아보면 100여 년의 짧은 기간 동안 그 어떤 나라도 우리처럼 식민지배, 전쟁, 독재를 겪으면서도 민주국가의 면모를 확립하고 선진산업국으로의 입지를 구축하지 못했다.

지금 우리 사회는 저출산으로 인해 쇠락의 위협을 받고 있다. 저출산의 문제는 특정 정당이 집권하는 5년 또는 10년 동안 다룰 수 있는 수준을 넘어선다. 문제를 해결하는 역량을 발휘해야 할 시간이 왔다. 기성제도를 땜질하는 방식이 아니라 근본적으로 쇄신하는 방식이 필요하다. 침체와 불평등을 극복하고 균질적이면서 활력 넘치는 사회경제를 만들려는 저자의 비전은 우리에게 새로운 경로가 되지 않을까 생각한다. 이 책이 한국의 경제개혁담론에서 하나의 읽을거리가 되었으면 더 바랄 것이 없겠다.

일감호를 바라보며
옮긴이

가장 선진적인 생산방식

새로운 생산방식[28]은 세계의 주요한 모든 경제체제에서 출현해왔다. 이 새로운 생산방식을 일컫는 많은 이름 가운데 가장 간명하고 가장 널리 회자되는 것이 지식경제이다. 우리는 또한 지식경제 나름의 작업에 대한 가장 특징적인 태도를 부각시킨다면 지식경제를 실험적인 경제라고 부를 수도 있다. 지식경제는 경제생활의 가장 깊이 착근한 보편적인 특성들의 일부를 우리의 이익이 되도록 변화시킴과 동시에 생산성과 성장을 극적으로 향상시키겠다는 약속을 견지한다.

그러나 지식경제의 효과는 아직까지 눈에 띄게 드러나지는 않았다. 지식경제는 널리 확산되지 않고 소수의 노동자를 채용하는 생산의 전위들에 국한되어왔다. 기업적, 기술적 엘리트들이 지식경제를 통제한다. 소수의 세계적 대기업들은 지식경제가 산출한 이윤 중 알짜배기를 차지해왔다. 지식경제는 생산체계의 많은 부분에서 출현한다. 따라서 지식경제와 첨단기술 산업을 동일시하는 것은 타당하지 않다. 그러나 경제의 모

---

28 practice of production의 번역어로 생산관행과 생산방식을 두고 고민하다가 생산방식을 선택하였다. 그러나 pracice라는 말이 단순히 기계적, 기술적, 물리적 측면뿐만 아니라 정신적, 상상적 측면까지도 포함한다는 점에 유의해야 한다.

든 부문에서 지식경제는 노동자의 대다수를 배제하면서 좁은 프린지
(fringe)[29]로 머문다. 지식경제의 제품들이 더욱 더 널리 사용되는 경우에
도 지식경제의 혁명적 방식은 지속적으로 고립된다.

우리가 이러한 고립된 전위들로부터 사회적으로 포용적인 전위들로
넘어가는 경로를 발견할 수만 있다면 우리는 경제성장의 강력한 원동력을
확보할 수도 있을 것이다. 그 경우 우리는 또한 기성의 시장체제들 안에서
발생하는 불평등에 대하여 누진세와 재분배적 사회지출을 통한 사후적 교
정책보다 훨씬 더 강력한 해법을 제공하게 될 것이다. 새로운 생산방식의
진정한 성격과 잠재력은 가려져 있다. 즉 지식경제는 고립성으로 인해 마
찬가지로 정체되어 있다. 로봇, 인공지능과 같은 지식경제와 가장 최근에
결합되어온 기술들은 세계적인 주목을 받아왔다. 그럼에도 불구하고 우리
는 경제적 사회적 생활에 대한 지식경제의 중요성을 인식하기 시작했거나
지식경제의 가능적 미래들에 대한 통찰을 겨우 획득했다.

이 책에서 나는 지식경제, 즉 지식경제의 국한성의 원인과 결과 나아가
그 현재적 고립성에서 가능적 포용성으로의 이행을 제시해보겠다. 경제적
관념들의 기성체계는 유용하고 심지어 불가피하지만 이러한 문제들을 이
해하는 데 여전히 충분하지 않다. 전통적인 경제이론은 현재의 고립적 지
식경제에서 포용적 지식경제로 전진하는 데에 요구되는 제도적 및 정책적

---

29 fringe는 가장자리, 주변부, 변두리를 의미한다. 그런데 가장자리나 변두리는 흔히 낙후되고 버려진
   경제부문을 연상시키지만 이 책에서는 배타적인 성격을 지닌 경제의 전위(vanguard)를 가리키므
   로 혼선을 피하기 위해 불가피하게 프린지를 원어대로 쓴다.

변화를 이끌기 위해 우리가 필요로 하는 통찰을 제공하는 데에는 부족하다. 포용적 전위주의의 의제를 통해 사고하려는 노력은 우리에게 경제학의 대안적 미래들과 경제의 대안적 미래들을 재평가하도록 자극한다.

경제적 현실과 경제적 사유에서의 이러한 상황은 모든 나라들, 특히 개발도상국들을 현재 실천적인 정치경제학의 전면에 나타난 딜레마에 빠뜨린다. 전통적인 산업화[전략]은 경제성장과 가장 부유한 경제체제들의 수준으로 수렴하는 데에 대한 보증으로서 더는 작동하지 않는다. 그러나 대안, 달리 말하면 넓은 저변을 가지고 경제 전반에 퍼진 지식경제 형태의 발전은 접근할 수 없는 것처럼 보인다. 가장 많이 교육받은 인구를 가진, 가장 부유한 국가들조차도 이러한 대안을 성취하지 못했다. 그렇다면 이러한 대안은 그렇지 못한 국가들로서는 의당 닿을 수 없는 목표가 아닌가?

경제사의 모든 국면에서 가장 선진적인 생산방식은 존재한다. 가장 선진적인 생산방식이 처음 출현하여 확산되기 시작할 때 그 방식이 가장 효율적인 방식(필요한 투입에 대비하여 가장 큰 산출을 낳는 방식)은 아닐지도 모른다. 그러나 그러한 방식은 가장 전도유망한 방식(생산성의 최전선에 도달하고 경제 전반에 변화를 고취하는 가장 큰 잠재력을 가진 방식)이다. 이러한 방식에는 경쟁적인 생산방식보다 월등하게 다산성과 융통성의 속성들, 즉 다양한 여건에서 다양한 형태를 취하는 속성들이 있다.

과거에 가장 선진적인 생산방식은 경제의 특정 부문, 예컨대 농업이나 서비스업보다는 제조업에 연결되어왔다. 그러나 가장 선진적인 방식은 단지 한 부문과 동일시되기보다는 오히려 많은 부문들의 부분으로서 출현할 수도 있다.

경제학의 역사에서 가장 위대한 두 명의 사상가(애덤 스미스[30]와 카를 마르크스[31])는 경제학의 가장 심오한 진리를 발견하는 최상의 방법은 가장 선진적인 생산방식을 연구하는 것이라고 믿었다. 두 사람에게 가장 선진적인 생산방식은 18세기 말 산업혁명의 초기에 나타난, 기계화된 제조업(매뉴팩처)이었으며 이는 19세기 후반의 공장제 대량생산으로 이어졌다. 스미스와 마르크스가 가장 선진적인 생산방식의 연구를 경제적 통찰에 이르는 관문으로 간주한 것은 옳았다.

가장 선진적인 생산방식은 우리의 역량을 가장 완전하게 드러내는 경제활동의 형태이기 때문에 그러한 방식에 대한 연구는 경제의 작동방식과 경제의 가능한 미래들에 대한 통찰을 얻는 데 가장 큰 성과를 내는 원천이다. 가장 선진적인 방식이 또 다른 생산방식을 계승하는 식으로 시간의 흐름에 따라 가장 선진적인 생산방식이 변하는 것과 마찬가지로 어떤 방식을 이전의 방식보다 선진적인 것으로 만들어주는 것에 대한 관념도 변한다. 우리는 우리 시대의 가장 선진적인 방식의 관점에서 어떻게 경제들이 작동하고 작동할 수 있는지에 대한 관념들을 변화시킨다. 이제 우리는 경제사 전체를 성찰하게 된다.

나는 오늘날 가장 선진적인 생산방식을 지식경제라고 부르고 그 특성들을 논의하고 해명하면서 지식경제의 대안적 미래들을 탐구해 나갈 것

---

30 애덤 스미스(Adam Smith, 1723-1790)는 스코틀랜드 출신의 정치경제학자이자 도덕철학자이다. 『국부론』을 통해 자본주의와 자유무역이론을 심화하여 경제학의 아버지로 불린다.

31 카를 마르크스(Karl Marx, 1818-1883)는 독일의 철학자, 사회이론가, 경제학자, 정치이론가, 공산주의 혁명이론가이다. 『자본』 등을 통해 자본주의 경제에 대한 체계적인 분석을 시도하였다.

이다. 지식경제와 우리의 만남은 어떤 생산방식을 가장 선진적으로 만드는 것에 대한 새로운 기준을 시사한다. 어떤 의미에서는 생산방식이야말로 정신, 특히 우리가 상상력이라고 부르는 정신생활의 부분에 가장 근접한다. 다른 한편으로는 가장 정신적인 방식은 경제활동의 모든 활용 가능한 형태 중 자연을 이용하고 변형하는 경험과 사람들 간의 협력하는 경험을 가장 밀접하게 지속적으로 연결시키는 방식이다. 가장 정신적인 방식은 그러한 일련의 각 경험들을 다른 경험을 자극하는 데에 사용함으로써 개별적인 경험들을 연결시킨다. 기술에 대해 생각하는 최상의 방법 중 하나는 기술을 그러한 두 가지 유형의 경험들(자연을 바꾸는 경험과 우리가 함께 작업하는 방식을 바꾸는 경험)을 결합한 표현으로 이해하는 것이다.

지식경제의 관점에서 경제사를 회고할 때 우리는 이전의 가장 선진적인 생산방식을 새로운 안목으로 볼 수 있다. 그러한 방식들 또한 각기 그 시대의 가장 정신적인 방식으로서 우리의 이익을 위해 자연을 활용하는 경험과 생산에서 우리의 협력방식을 변화시키는 경험을 가장 긴밀하게 결합하였다. 가장 선진적인 생산방식이 누렸던 탁월함의 이와 같은 이유들은 그러한 방식이 왜 우리의 특징적인 역량들(우리를 우리답게 만드는 역량)을 최상으로 드러내는지를 보여준다. 가장 선진적인 생산방식을 연구하는 것이 경제이론의 발전으로 향하는 가장 빠르고 믿을 만한 경로라는 점에는 의문의 여지가 없다.

우리는 경제활동의 역사를 희소성, 필요, 종속성, 강제가 주요한 역할을 하는, 냉혹한 통제의 영역으로 보는 데에 길들여져 있다. 그러나 지식경제의 부상이라는 시각에서 보자면 경제생활도 역시 항상 상상력이 소란스럽게 진보하는 역사였다.

　이 책의 중심적인 생각은 현재 가장 선진적인 생산방식은 인간생활을 근본적으로 변화시킬 잠재력을 가진다는 것이다. 이러한 생각은 경제활동의 특징에서 중요한 변화를 드러낼 수 있다.

　우리는 이러한 잠재력을 인식하지 못하거나 정보, 통신, 인터넷과 연결된 새로운 기술의 영향과 같은 매우 피상적인 형태로만 파악한다. 새로운 가장 선진적인 생산방식의 성격과 파급 범위를 제대로 이해하지 못하는 이유는 우리가 이러한 방식을 국한된 형태로만 알고 있기 때문이다. 새로운 가장 선진적인 생산방식은 경제에서 아직은 널리 퍼져 있지 않고 기업적, 기술적 엘리트의 통제를 받는 고립적인 생산의 전위들에 머물러 있다. 따라서 그러한 선진적인 생산방식은 그 모든 잠재력을 드러낼 수 없다.

　선진적 생산방식의 깊이(선진적 생산방식이 그 잠재력을 계발하고 실현하는 정도)는 선진적 생산방식의 파급 범위(경제 전반에 대한 이러한 선진적 생산방식의 확산 정도)와 관련된다. 생산방식은 다양한 환경에서 출현하지만 이러한 환경에서 비롯되는 특징적인 기회와 제약들에 적응하는 경우에만 출현한다. 그럼으로써 생산방식의 더 일천한 형태들의 표층 아래서 더 심층적이고 더 파급력이 큰 속성들을 우리가 알아챌 수 있게 한다.

　지식경제는 국한되어 있지만 더 이상 생산의 어떤 특정한 부문에 묶여 있지 않다. 지식경제는 기계화된 제조업과 공장제 대량생산이 그랬듯이 서비스업이나 농업과 대비되는 제조업 분야와 특권적인 연관을 갖지도 않는다. 지식경제는 모든 부문, 즉 지식집약적인 서비스업과 정밀공학, 과학적 영농, 첨단기술 산업에도 존재한다. 그럼에도 불구하고 각 부문에서 지식경제는 프린지로서 출현하고 대다수 노동자들은 여기에서 배제된다.

지식경제의 작동은 점차적으로 세계적인 입지를 확보한 소수의 대기업들의 통제를 받는다. 그러한 기업들은 생산활동의 많은 부분을 규칙화하거나 상품화하고 이윽고 그 부분들을 세계의 다른 지역에 기업들과 공장들에 하청을 주는 방식을 택하였다. 결과적으로 고유한 지식경제 또는 내가 나중에 탐구하게 될 잠재적으로 혁명적인 특성들을 가진, 정신적으로 풍요로운 생산방식은 점차 더욱 제약된 이너 서클, 즉 왕국 안의 왕국으로 변한다.

현재 국제적이되 고립적인 지식경제 형태의 이너 서클과 그 일상화된 주변부[32]는 자신의 제품과 서비스뿐만 아니라 자신들의 플랫폼과 네트워크에 대한 접근 기회를 광범위하게 판매한다. 사회의 전 영역에 존재하는 기업들과 개인들은 이러한 상품을 이용한다. 그러나 그러한 제품과 서비스를 이용하는 것으로는 기업이나 개인은 가장 선진적인 생산방식에 참여하지 못한다. 기업은 가장 선진적인 생산방식을 공유하지 않으면서 자신의 일을 더욱 효과적으로 수행하기 위해 예컨대, 복잡한 정보를 처리하기 위해 컴퓨터 네트워크와 관련 소프트웨어를 활용함으로써 제품이나 서비스를 이용할 수 있다. 기업은 심지어 자신을 지식경제의 주인공으로 전환시키게 될 변화에 착수하기보다는 변화를 예측하는 방편으로서 효율을 제고하는 장치들을 채택할지도 모른다.

32　일상화된 주변부는 핵심첨단기업(이너서클)과 연결되어 상품을 생산하는 기업들을 의미한다.

이 책의 중심 테제는 지식경제(현재 가장 선진적인 생산방식)를 경제의
각 부문에서 고립적인 전위들, 즉 발전된 프린지들로 지속적으로 국한시
킬 것인지 아니면 확산시킬 것인지에 따라 우리의 가장 중요한 물질적 도
덕적 이익들의 많은 부분이 달라진다는 것이다. 지식경제는 고립적 전위
보다 포용적 전위로 변할 수 있다. 지식경제의 확산은 어쨌든 기본적인
경제적 제도들과 가정들, 즉 현행제도 아래서 경제를 규제하거나 사업을
수행하는 다양한 방식에서 변화를 요구하고 나아가 다른 종류의 시장경
제를 요구한다. 이제 우리는 시장과 국가의 상대적 비율에 관한 논쟁[33]이
아니라 우리에게 익숙하지 않은 논쟁, 즉 분산적인 경제활동의 조직을 위
한 제도적 안배들에 관한 논쟁[34]을 착수해야만 한다.

나는 지금처럼 선진적인 프린지에 국한되어 번창하는 지식경제를 고
립적인 혹은 국한된 전위주의(insular or confined vanguardism)로, 널리 확산
된 지식경제를 포용적 전위주의(inclusive vanguardism)로 부르겠다. 고립적
전위주의와 포용적 전위주의 사이에서의 선택은 피할 수 없다. 그러한 선

---

33 웅거는 지금까지의 경제정책이 '시장에 더 많은 자유를 줄 것인가, 시장을 규제할 더 많은 권한을
   국가에게 줄 것인가', 간단히 말하자면 '더 많은 시장인가, 더 많은 국가인가'의 다툼으로 규정한
   다. 웅거는 이러한 논쟁은 기존 제도를 당연시하고 있다고 지적한다.

34 웅거는 경제주체들의 법적 다양성과 다양한 재산법제 및 계약법제를 바탕으로 매우 활기찬 경제
   를 추구하자고 제안한다. 웅거는 『민주주의를 넘어』와 『비판법학운동』에서 자신의 입장을 사회주
   의도 아니고 자본주의의도 아닌 경제적 다원주의 또는 실험주의적인 경제로 규정한다. 그는 재산
   체제의 다양성을 지속적으로 확보하여 재산을 갖지 못한 보통 사람들에게 경제적 활동의 기회를
   제공하는 데 주안점을 둔다. 물론 우리가 희소성을 대체로 극복하고 풍요로운 물적 조건에 도달한
   다면 우리는 당연히 생산의 혁신보다는 재분배에 초점을 맞추어야 할 것이다. 그러나 웅거는 인간
   의 욕구가 충족불가능하다는 전제에 서기 때문에 희소성의 극복상태를 섣불리 말하지 않는다.

택은 우리의 경제적 관심들 전체와 관련되고 다수의 정치적인 심지어 영적인 관심[35]들과도 관련된다. 그러한 선택은 세계에서 가장 큰 권위를 지니면서 동시에 민주주의와 가장 강력한 연결성을 지닌 이상, 달리 말하면 행위주체성, 즉 각자의 실존조건을 변화시키는 만인의 능력에 관한 이상을 더욱 완전하게 실천할 기회와 관련된다.

포용적 전위주의(가장 선진적인 생산방식이 경제전반에 확산된 형태)를 수립하는 목표는 실천적인 정치경제학의 두 가지 압도적인 관심사인 경제적 침체와 불평등에 직접적으로 관련된다. 지식경제의 확산되고 발전된 형태는 사회적으로 포용적인 경제성장을 촉진하고 경제적 불평등을 감소시키는 가장 전도유망한 방법을 제공한다.

많은 경제학자들은 최근에 앨빈 한센[36]의 "장기침체"라는 케케묵은 상표 아래서 경제성장의 지속적인 둔화를 해명하려고 시도해왔다. 생산성의 증가를 측정하는 수치들은 이러한 둔화를 도표화한다. 상세하게 연구된 미국 경제를 고려해보자. 1947년부터 1972년까지 노동생산성(대략 총요소생산성으로 치자면)은 미국에서 매년 평균 2.8 퍼센트 증가하였고,

---

35 웅거는 고차원적인 삶으로의 상승(ascent)를 논한 쿠사누스를 유념하고 있는 것 같다. '만인에게 나의 영을 부어주리라.' 요엘(2:29).

36 앨빈 한센(Alvin Hansen, 1887-1975)은 미국의 케인스로 불린다. 그는 하버드대학 경제학 교수로 케인스의 일반이론을 해명하고 확장하여 미국의 각종 경제 현안에 답하였다. 그는 1938년에 『완전한 회복인가 침체인가?』라는 저작에서 '장기침체 테제(secular stagnation thesis)'를 제시하였다. 그의 가장 주목할 만한 경제이론적 기여는 경제학자 존 힉스와 공동으로 제시한 IS-LM 모델이다. 저축-투자(IS) 곡선과 유동성선호-통화공급(LM) 곡선의 관계를 보여줌으로써 금융정책과 재정정책이 GDP에 어떻게 영향을 미치는지를 설명하기 위한 모델로서 주류 경제학에서 널리 활용되고 있다.

1972년부터 1994년까지는 매년 1.5 퍼센트, 1994년부터 2005년까지는 매년 2.8 퍼센트, 2005년부터 현재까지는 매년 1.4 퍼센트 증가하였다. 저성장 시기 이후에 생산성은 1994년부터 2005년 사이에 꼭짓점을 찍었고 이윽고 다시 하락하였다.

한 세기 전환기의 꼭짓점에서 잠시 중단되었지만 1972년 이래로 지속된 생산성 증가의 둔화는 1930년대에 한센이 강조한 많은 요인들, 즉 인구성장의 후퇴, 총수요 부족 그리고 "과잉저축"(소비를 초과하는 저축)으로 설명되었다. 그러나 장기침체에 대한 해묵은 논쟁에서 전반적으로 빠져 있는 하나의 요소가 이제 중심적인 무대를 차지하기 시작하였다. 즉 100여 년 전의 기술혁신들과 대비할 때 특히 정보통신에서 현대 기술들의 변혁적 효과가 더 제한적이라는 추정이다.[37] 이러한 논의방향에 따른다면 우리는 1994년과 2005년 사이의 생산성 증가에서의 일시적 상승을 한시적 현상[38]으로, 즉 광범위하고 다양한 거대기업, 대기업, 중소기업들이 컴퓨터 및 디지털 기술을 채택한 결과로 설명할 수 있다. 컴퓨터와 디지털 기술을 채택하지 않았더라면 그러한 기업들은 현재 가장 선진적인 생산방식을 따라가지도 못했을 것이다.

장기침체 테제의 효과는 일반적으로 경제성장의 쇠락에, 특수하게는 생산성성장의 쇠락에 자연성과 필연성의 부당한 후광을 더해주는 것이었

---

37 현대의 컴퓨터나 인터넷이 2차 산업혁명기(1860-1900)의 대발명들에 미치지 못한다는 주장에 대해서는 Gordon, Robert J., "Does the 'New Economy' Measure Up to the Great Inventions of the Past?", *Journal of Economic Perspectives*, Vol. 14 No. 4(2000), 49 – 74쪽 참조.

38 미국에서는 이를 신경제(New Economy)라고 불렀다.

다. 현대기술이 1세기 전의 기계적 혁신들보다 잠재력에 있어 덜 혁명적이라고 믿어야 할 근거는 없다. 실제로 우리는 이제 겨우 현대기술의 잠재력을 활용하기 시작했으며 이를 활용함으로써 그러한 기술이 일깨운 혁신들을 장려하기 시작했다고 생각하는 쪽이 더 타당하다. 어쨌든 기술의 결과들은 그 기술들이 발생하는 제도적, 문화적 여건들에 의해 항상 매개된다.

나는 1970년대 초반 이래로 경제침체의 주요 원인은 지식경제가 경제 전반에 확산되지 않고 상대적으로 고립적인 전위 부문들에 국한되었다는 점에 있다고 추정한다. 이러한 현상에서 자연적인 것이라곤 전혀 없다. 이러한 현상은 해명되어야 할 수수께끼이다.

과거에 가장 선진적인 생산방식(기계화된 제조업과 공장제 대량생산)은 제조업 분야와 밀접하게 관련되었음에도 불구하고 경제생활의 모든 부분에 흔적을 남겼다. 지식경제는 원칙적으로 더욱 더 광범위하게 확산되어야 한다. 지식경제의 어떠한 특성도 지식경제를 경제의 특정한 부문에 국한시키지 못한다. 바로 이러한 이유로 지식경제는 비록 프린지로서만 출현하지만 실제로 경제의 모든 부문에서 나타났다.

그러나 상반된 현상도 발생해왔다. 많은 부문들에서 지식경제가 출현했음에도 불구하고 지식경제는 심지어 가장 부유한 국가들과 교육받은 인구층이 가장 많은 사회에서도 지식경제를 둘러싸고 있는 경제생활의 주요한 기조에 대해 이질적인 군도(群島)로 머물러왔다. 이러한 현상은 결과적으로 경제와 노동자들에게서 생산성 향상을 위한 가장 강력한 자극을 제거하였다. 생산성 향상을 위한 자극은 기계에서만 나오는 것이 아니라 혁신하고 동시에 협력하는 우리의 능력을 급진화하는 데에서 나온다. 이것이 포용적 전위주의의 약속이다. 현대적인 기술의 개발과 이용에서의 성공은 그러한 전진의 수많은 측면들 중 하나의 측면에 그칠 것이다.

이러한 시각에서 보자면 장기침체 테제는 가장 선진적인 생산방식이 번창하는 협소한 경제활동 분야들과 제한된 기업들에 갇혀 있는 조건에서 그러한 생산방식을 해방시키지 못한 상태를 대체로 자연화(自然化)하려고 시도한다. 우리가 이러한 고립성을 부당하게 자연적인 것으로 생각하고 가장 선진적인 생산방식의 더 심층적인 특성 자체를 이러한 특성을 가장 두드러지게 표현하는 특정한 경제 분야(첨단기술 산업)의 특성들로 오인함으로써 우리는 얼마나 많은 것을 놓쳐버리는지도 깨닫지 못한다.

생산의 모든 부문들에서 프린지로서 지식경제의 국한성은 불평등에 대해서도 비슷하게 강력한 결과를 함축한다. 고립적이지만 다양한 부문에서 등장하는 전위와 경제의 나머지 부분(후위들 전체) 간의 분할은 기회와 역량의 불평등뿐만 아니라 소득과 자산의 불평등의 강력한 원인이 되어왔다.

모든 나라에서 심지어 교육수준이 가장 높은 노동자를 보유한, 가장 발전된 나라에서도 서비스와 소매업에서 퇴행적인 소기업(경제활동 인구의 상당한 비율이 농업에 종사하는 곳에서는 어디에서든지 낙후한 소규모 자작농과 더불어)은 이러한 경제적 주변의 가장 큰 부분을 대표한다. 그러한 소기업(small business)은 수억 명의 사람들에게는 여전히 이상이자 피난처로 여겨진다. 소기업은 고용의 최후 기반일 뿐만 아니라 또한 종종 어느 정도의 번영과 자립을 성취하려는 거의 보편적인 요구를 충족시키는 유일한 접근로이기도 하다. 거의 모든 곳에서 소기업, 특히 가족기업은 가계저축과 자기착취로 연명한다. 지식집약적인 엘리트 전문직 서비스를 논외로 하고 전통적 기술업종을 부분적 예외로 한다면 소기업은 거의 항상 선진적인 생산방식의 특성들과 전반적으로 무관하였다.

소기업이 경제적 후위의 첫 번째 주요한 구성 부분이라고 하면, 두 번째 구성 부분은 사양길의 대량생산 제조업이다. 이러한 제조업과 전통적으로 이와 연관되었던 서비스업은 한때 가장 선진적이라고 간주되었던 생산방식의 거점이다. 이러한 제조업과 서비스업은 소기업이 전통적으로 받았던 무관심과 비교한다면 그 중요도[39]에서 어울리지 않을 정도로 큰 관심을 유발한다.

사양길에 들어선 대량생산 제조업은 몇 가지 이유에서 관심을 받는다. 첫 번째 이유는 20세기 후반의 발전경제학[40]이 제시한 고전적인 발전공식이 노동자들을 생산성이 더 낮은 부문에서 더 높은 부문(이 경우 전자는 농업으로, 후자는 제조업으로 이해된다)으로 이동시키는 것이었다는 점이다. 두 번째 이유는 노동운동과 정치에서 제조업 노동자의 대표들이 세

39　실제로 선진산업국가나 개발도상국에서 인구의 7할 이상이 소기업이나 가족기업에 생계를 의탁하고 있다.

40　발전경제학(development economics)은 저소득 국가들의 발전과정의 경제적 측면을 다루는 경제학의 한 분야이다. 발전경제학은 경제발전, 경제성장, 구조변화를 촉진하는 방법뿐만 아니라 보건, 교육, 근로조건을 통해 대중의 잠재력을 향상시키는 데에 주안점을 둔다. 웅거의 포용적 전위주의는 구조개혁에 초점을 맞춘 발전경제학의 한 사례라고 여겨진다. 그가 경제문제를 넘어 정치, 교육, 문화, 인성의 변화와 발전에 역점을 두기 때문에 그의 이론은 또한 좁은 의미의 경제발전론의 범위를 넘어서는 정치경제사회발전론이라고 할 수 있다.

계의 좌파 성향의 정당에서 지도적 역할을 수행했다는 점이다. 어쨌든 또 다른 이유는 우익 정당들이 대량생산 제조업에서 노동자들의 배제와 불안정을 자신의 사회적 기반을 확장하고 재형성할 기회로 인식했다는 점이다.

세계에 걸쳐 공통적인 경향은 소기업의 이익을 위해 소소한 양보들의 갑옷을 제공해주었음에도 불구하고 소기업 관행들의 퇴행적이고 상대적으로 비생산적인 성격을 자연적인 것 혹은 심지어 필연적인 것으로 받아들이면서 소기업을 각자도생하도록 포기하는 것이었다. 또 다른 공통적인 경향은 국가적 대량생산 제조업을 지식경제의 관행으로 전환하거나 그러한 요구조건에 부합하도록 하는 어떠한 계획도 없이 임금경쟁을 포함한 해외경쟁에서 그러한 제조업을 보호하는 것이었다.

지식경제에 새로운 부가 쌓임으로써 지식경제와 생산의 넓은 주변부 간의 격차는 불평등을 완화시키는 전통적인 장치들이 극복하기에는 벅찬 불평등을 낳는다. 전통적인 장치들은 전통적인 소기업의 보호 및 조세와 이전을 통한 보상적 재분배(누진세와 보상적 사회지출)를 의미한다. 그러한 장치들은 1차적인 분배를 형성하는 제도들과 달리 경제적 편익의 2차적인 분배를 담당한다.

그와 같은 사후적 교정은 경제조직과 특히 생산구조에 뿌리내린 불평등에 대해서는 주변적인 효과만을 발생시킬 공산이 크다. 이러한 교정 활동은 경제의 수요측면만을 변화시키고 공급측면과 생산제도를 방치한다.[41] 결과적으로 이러한 활동은 저축, 투자, 고용을 위한 기성의 유인책들을 동요시키지 않고서는 결코 만족스러운 상태에 이를 수 없다. 효율성에 입각한 논거와 공정성에 입각한 논거들 간의 익숙한 대립은 불평등을 완화하는 과업과 과업의 수행을 위해 선택한 방법들 간의 불균형에 관한 수사학적 성찰에 불과하다.[42]

경제의 수요측면과 공급측면에서 동시적으로 편익의 불평등을 다루는 포용적 전위주의의 발전은 극단적인 불평등에 대한 가장 효과적인 해법일 뿐만 아니라 생산성성장의 둔화에 대한 가장 전도양양한 해답을 대표할 수도 있다. 새로운 교육양식의 확산, 생산의 정신적 기풍의 쇄신, 경제제도의 재성형 등에서 이러한 지식경제의 요구사항의 비상한 성격은 불평등에 대한 지식경제의 심층적인 효과를 확보해줄 수도 있다. 포용적 전위주의는 회고적 재분배(제도적으로 보수적인 사민주의의 본질적인 방법)가 아니라 우선적으로 경제적 편익의 1차적 분배를 형성하고 불평등을 낳은 제도들을 수정함으로써 그러한 역할을 수행할 수도 있다. 포용적 전위주의는 침체를 극복하는 데에 사용하는 바로 그 수단을 통해 불평등을 타파할 수도 있다.

---

41 웅거는 여기서는 케인스류 전통을 비판하지만, 동시에 한계주의 경제학은 공급측면을 중시하는 강점을 갖지만 기성제도를 당연시하기 때문에 경제적 다원성을 촉진하는 구조개혁을 달성할 수 없다고 비판한다. 웅거는 두 가지 경제학을 비판하면서 경제의 전 과정에 존재할 수밖에 없는 영구적인 불균형을 타파해야 한다는 이른바 '영구적인 불균형이론'을 제안한다.

42 웅거의 경제정책에서 지도원리는 2차적인 분배(세후 국면)가 아닌 1차적인 분배(세전 국면)에서 균질적인 경제적 성과를 달성하도록 경제적 제도를 혁신하는 것이다. 2차적인 분배는 웅거의 사유에서는 보조적이다. 그러나 대부분의 사민주의적 또는 사회자유주의적 정의론은 기성의 경제제도를 그대로 두고 그 결과만 조정하는 데에 주안점을 둔다. 웅거는 1차적인 분배를 혁신하려는 구조개혁 없이 2차적인재분배를 옹호하는 규범적 철학의 성향을 "인간화"라고 꼬집는다.

이 책에서 나는 포용적 전위주의에 대한 논의를 9단계로 전개하겠다. 제1장(제1단계)에서는 현재 가장 선진적인 생산방식으로서 지식경제의 특성을 포착하려고 한다. 제2장(제2단계)에서는 지식경제가 고립적인 전위들로 국한된 수수께끼, 이러한 국한성의 주요한 원인, 나아가 그러한 지식경제가 경제적 침체와 불평등에 끼치는 광범위한 효과를 논의하겠다. 제3장(제3단계)에서는 가장 선진적인 생산방식을 경제 전반에 확산시키기 위한 조건들을 논의해보겠다. 이러한 요구사항들은 세 가지 범주, 인지적-교육적 요구사항, 사회적-도덕적 요구사항, 법적-제도적 요구사항(시장질서의 제도적 틀의 변화)으로 구분하겠다. 제4장(단계)에서는 이러한 세 가지 요구사항들을 충족시키는 데에 가장 우호적인 환경을 형성하는 문화와 정치의 특성을 논의하겠다.

종합하면 제3장과 제4장은 포용적 전위주의의 기획을 제공하며, 이러한 기획은 청사진이나 체계가 아니라 누적적 변화의 궤도로 이해된다. 각 장에서 나는 현대경제의 여건에서 우리가 이러한 방향으로 운동을 시작할 수 있게 하는 활동과 개혁의 일부를 제시할 것이다. 포용적 전위주의의 프로그램은 가능할 뿐만 아니라 필수적이다. 이러한 프로그램을 전개하는 일에 착수할 수단들은 이미 확보되어 있다. 프로그램의 전진은 경제적 침체와 경제적 불평등에 대한 최상의 답을 의미한다.

제5장(제5단계)에서는 고전적인 발전경제학의 관심사, 즉 상대적으로 생산성이 더 낮은 농업에서 상대적으로 생산성이 더 높은 제조업(최근까지 가장 선진적인 생산방식을 대표하였던 대량생산 형태의 제조업)으로 노동자와 자원을 이동시킴으로써 경제성장을 촉진시켜야 한다는 발전경제학

의 주요한 권고사항에 비추어 국한적 전위주의와 포용적 전위주의에 대한 논의를 재검토해 보겠다. 지구적이고 변화무쌍한 거대기업뿐만 아니라 개발도상국의 저임금 대량생산(철 지난 포드주의)으로부터의 경쟁을 포함해서 내가 검토하게 될 다양한 이유로 발전경제학의 공식은 현재 무너졌다. 그러나 공장제 대량생산의 낡은 공식이 더 이상 작동하지 않는다면, 포용적 전위주의라는 대안은 도달할 수 없는 것처럼 보인다. 가장 부유한 경제들 중 어느 나라도 이러한 대안을 실행하거나 심지어 상상하지도 못한다면, 전통적인 대량생산을 위해 비교적 덜 까다로운 교육적, 제도적 요구사항들조차 종종 충족시키지 못한 사회에서 어떻게 대안들의 수립을 기대할 수 있는가?

제6장(제6단계)에서는 이 책에서 제시된 지식경제와 그 미래들에 대한 견해를 부유한 나라의 정치경제에 적용해보겠다. 경제활동 인구가 가장 생산적인 관행을 널리 활용하도록 만드는 경제성장 전략을 발전시키지 못한 것은 가장 부유한 사회들의 많은 정치적, 경제적 문제들의 핵심(주춤거리는 경제성장, 경제의 위계적 분절화를 방치하는 불평등을 완화하려는 시도의 부족, 박탈의 경험에 발언권을 주지만 구조변화의 전망을 제공하지 않는 정치인들과 정치운동의 출현)에 닿아 있다.

포용적 형태의 지식경제 프로그램은 시장질서의 제도들을 혁신하는 것뿐만 아니라 교육, 문화, 정치를 변화시키는 운동의 일부로서만 전진할 수 있다. 이러한 프로그램은 따라서 20세기 중반 이래로 이러한 사회에서 우세한 지위를 차지해온 제도적, 이데올로기적 안배들과의 단절(비록 단절이 점진적이고 분절적인 수단을 통해 성취된다고 하더라도)을 요구한다.

제7장(제7단계)에서는 경제이론의 가장 기본적이고 친숙한 문제(수요와 공급의 관계)의 시각에서 국한적 전위주의와 포용적 전위주의에 관한 나의 설명을 재고해 보겠다. 공급제약들에 대한 돌파구들이 자동적으로 수요제약들에 대한 상응하는 돌파구를 보장해주지도 않고 그 역도 성립하지 않으므로 경제성장은 반복적인 중단, 실패, 침체에 빠지게 된다. 헨리 포드가 반농담조로 자신의 노동자들에게 제시한 약속(노동자들이 자신의 자동차를 살 수 있도록 임금을 후하게 지급하겠다)을 기업의 수준이 아닌 경제 전체의 수준에서 계약을 통해 실행할 방법은 없다.

완전고용을 위한 수요와 공급의 적응에 관한 해법은 계약적인 것이 아니라 제도적이다. 현대 경제체제들의 여건 아래서 포용적 전위주의(수요와 공급의 제약들에 대한 가장 급진적이고 포괄적인 돌파구의 형식)만이 공급의 증가가 수요의 증가를 지지해주고 수요의 증가가 공급의 증가를 지지해주는 것을 보증해줄 수 있다. 케인스[43]의 교리는 고용의 침체된 수준에서 공급과 수요의 적응(균형)의 실패라는 특수한 사례만을 다루고 있다.

제8장(제8단계)에서는 포용적 전위주의의 의제를 관통하기 위해 우리가 필요로 하는 경제적 관념들의 성격을 토론해보겠다. 나는 경제이론의 주류, 즉 19세기 말 한계주의 경제학자[한계효용학파][44]들이 전개한 경

---

[43] 존 메이너드 케인스(John Maynard Keynes, 1883-1946)는 케임브리지 대학 킹스 칼리지에서 공부하고 인도성에 근무한 후 케임브리지 대학에서 금융이론을 강의했다. 케인스는 마셜의 제자로서 피구와 쌍벽을 이루며 케임브리지 학파를 이끌었다. 『고용, 이자 및 화폐의 일반이론』을 저술하여 정부의 재정정책을 중시하는 이론적 틀을 제공하였으며, 그의 사고와 정책론은 현대경제학에서 거시경제학으로 자리 잡았다.

[44] 경제학에서 제번스, 발라, 멩거 등이 19세기 후반에 등장하여 경제학의 고질적인 문제(가격과 가치)를 해명하면서 수학적 경제이론모형을 제시하였다.

제학의 유용성과 한계를 검토함으로써 이 과제를 수행하겠다. 지식경제의 대안적 미래(오늘날의 고립적 전위주의를 넘어서는 미래)는 한계주의자들이 제공한 강력한 분석적 도구들보다 더 많은 자원을 가진 경제학을 필요로 한다. 이러한 경제학의 설명적이고 변혁적인 야망은 한계주의자들의 야망과 달라야만 한다.

마지막 제9장(제9단계)에서는 포용적으로 변모하고 자신의 잠재력의 한계까지 전진해가는 지식경제의 더 높은 목적, 즉 더 원대한 삶을 실천하고 모두 함께 더 큰 존재로 변모할 더 좋은 기회의 약속을 논의해 보겠다.[45]

이 책은 경제적 분석에서 하나의 프로그램이자 동시에 하나의 연습으로서 일종의 스케치이다. 이것은 지식경제의 대안적 방향을 상상하는 시도이자, 그러한 방향이 의존할 수 있는 사유방식을 범례화하는 시도이다.

국한적 전위주의와 포용적 전위주의의 주제 혹은 지식경제의 대안적 미래들에 관한 주제는 다양한 경로를 통해서 오늘날 정치경제학의 중심적 쟁점들에 이른다. 이 주제는 우리로 하여금 이용할 만한 기성 방법이나 모형이 존재하지 않는 문제영역에 대해 사유하도록 촉구한다. 프로그램으로서의 보상은 오늘날 세계에서 가장 널리 공언된 정치적-경제적 목표(사회적으로 포용적인 경제성장)를 실천하는 우리의 능력을 향상시킬 수 있다는 전망이다. 사유방법으로서의 보상은 스미스와 마르크스처럼 우리

---

[45] 웅거의 경제적 구상은 현재 방치되고 있는 보통 사람들의 사장된 잠재력을 최대로 이끌어내는 구조를 만들어 함께 성장하자는 포용적 상생경제론으로 요약할 수 있다.

도 가장 선진적인 생산방식의 연구를 활용하여 경제와 그 변혁에 대한 더
깊은 통찰을 얻을 수 있다는 약속이다.

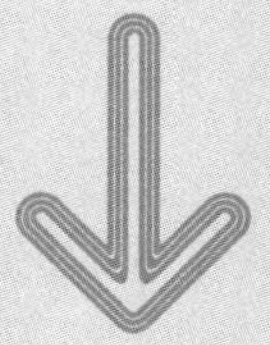

제1장

지식경제의 표층적 특성과 심층 구조

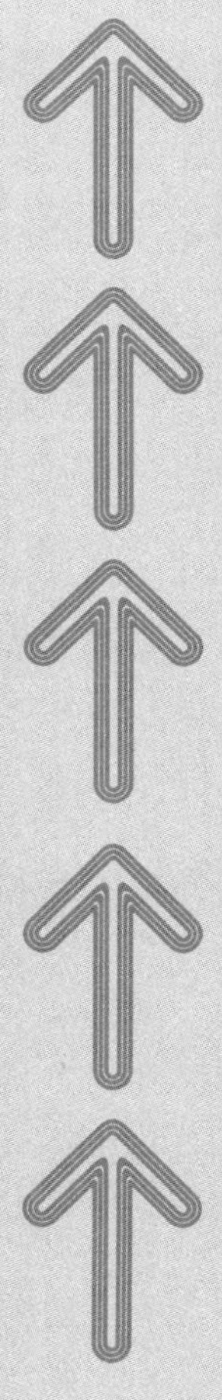

1.
경영과 생산 공학의 수준에서 본 지식경제의 특성들

우리는 현재 지식경제가 경제의 각 분야에서 섬과 프린지의 형태로 제약되어 있다는 점을 알고 있다. 흔히 지식경제와 그 가장 친숙한 형태(소수의 세계적인 거대기업들과 주변부의 신생기업들이 추진하는 첨단기술산업)를 동일시하려는 경향이 있다.

한편으로는 규모와 상관없이 어떤 기업이 그 운영방식을 달리 변경하지 않으면서 지식경제의 제품과 서비스, 특히 컴퓨터와 기타 정보기술을 사용하여 복잡한 정보를 조직하고 업무의 효율성을 향상시키는 경우에도 우리는 지식경제와 그 제품 혹은 서비스를 혼동한다. 지식경제의 제품과 서비스의 사용이 새로운 생산방식의 잠재력 중 극히 일부를 포착할 뿐이라는 명백한 신호는 그러한 사용이 반짝했다가 곧 사라질 생산성의 일시적인 상승을 제공할 공산이 크다는 점이다. 그것은 1994년부터 2005년까지 미국에서의 생산성의 일시적인 상승[신경제]을 해명하는 데에 유용한 변화동향이었다. 즉 정보관리를 통해 효율성을 제고하고자 디지털 기술을 채택하는 흐름이 일회적인 상승을 낳았다.

우리는 가장 선진적인 생산방식의 참된 성격을 파악하려면 가장 선진적인 생산방식이 널리 보급되고 이러한 보급을 통해 심화되고 급진화되는 것을 상상해야만 한다. 가장 선진적인 생산방식은 넓고 다양한 경제활동 영역을 가로질러 펼쳐짐으로써 그 성격과 잠재력을 보여준다.

우선 개략적으로 말하자면 지식경제는 생산활동의 수행에서 자본, 기술, 기술관련 역량 및 과학의 축적이다. 지식경제의 특징적인 이상은 제품과 기술뿐만 아니라 절차와 방법의 영구혁신(permanent innovation)[46]에 있다. 지식경제는 특징적인 기술적 장비를 통해서 상품과 서비스의 또 다른 생산방법으로 그치기를 원하지 않는다. 지식경제는 자체적인 재발명을 지속하는 생산패러다임이 되기를 원한다. 우리는 이러한 지식경제의 이상이 의미하는 바를 우선적으로 경영, 조정, 생산의 좁은 수준에서, 이윽고 세 가지 더 심층적인 속성들에서 볼 수 있다. 이와 같은 특성들은 지식경제를 지금 존재하는 모습 그대로가 아니라 보급되고 급진화된 다음 존재할 수 있는 모습으로 기술한다.

경영과 생산 공학의 제약적이고 상대적으로 피상적인 관점에서 보자면 지식경제는 대규모 생산과 '탈규격화'나 맞춤제작을 조화시키고, 생산계획의 일관성 및 추진력의 유지와 기업활동의 분산화를 조화시키는 관행이다. 이러한 성과들은 얼마나 많이 성취되는지에 따라 사소한 의미를 갖거나 혹은 중대한 의미를 가질 수 있으며, 기업 안에서 재산과 권력을

---

46 웅거의 정치철학의 핵심적 개념이다. 웅거는 경제, 사회, 정치의 기성제도에서 출발하지만 기성제도와 기성구조에 대한 물신숭배를 거부하고 제도와 구조를 영구적으로 극복하고 재발명하려는 급진적 실용주의, 실험주의 사상을 견지한다. 그는 영구혁신(permanent innovation), 영구창조(permanent creation), 영속혁신(perpetual innovation), 영구혁명(permanent revolution)을 번갈아 사용한다.

재편하지 않은 채 개인적 주도성과 팀워크를 위한 더 큰 여지를 노동자들에게 제공함으로써 효율성의 부수적인 향상과 노동자들에게 동기를 부여하기 위한 전략을 재현할 수 있다. 혹은 이러한 성과들은 업무조직과 궁극적으로는 재산체제에서 누적적이고 중요한 변화의 일부를 구성할 수 있다. 그러므로 생산방식의 이러한 더 피상적인 특성들의 재현과 발전은 모두 내가 나중에 논의할 더 깊은 특성들의 진보에 따라 달라진다.

적층제조(3차원 프린터), 로봇 공학 및 더 일반적으로 유연하고 수리적으로 제어되는 기계도구는 가능한 변형을 탐구하면서 제품의 다각화를 가능하게 하고 또한 엄청난 다각화와 생산규모를 조합할 수 있게 한다. 생산활동과 실험과학 사이의 격차를 줄이는 다양한 능력을 동원하고 발전시키지 못한다면 기술적인 역량은 무용지물이 될 수도 있다. 예를 들어 3차원 프린터는 사용자가 제품의 개념과 실현 사이에서 신속하고 부단히 움직이는 것과 구체화 과정에서의 발견에 비추어 개념을 수정하는 것을 허용한다. 인공지능은 기계가 우리 대신에 수행할 수 있는 일(아직 반복 방법을 터득하지 못한 영역으로 우리가 전진할 수 있도록 이미 반복 방법을 터득하였기에 기계의 도움으로 할 수 있는 모든 일)을 명료화함으로써 한 걸음 더 나아간다.

생산규모와 탐험적인 제품 차별화 및 변형과 조화시키는 것만큼이나 사람들이 함께 작업하는 방식(기술적인 노동분업)을 변화시키는 것은 중요하다. 요체는 일관성과 추진력을 잃지 않고서 주도권을 분산시키는 것이다. 어떤 식으로 업무를 조직하든지 간에 개인이나 집단에 의한 분권적이고 재량적인 주도권의 장점들과 그러한 추진력과 일관성의 유지 사이에는 완전한 모순은 아닐지라도 녹록치 않은 긴장이 존재하는 것처럼 보일지도 모른다. 지식경제의 방식은 현재의 고립된 형태에서도 이러한 긴장을 해소시키지는 못하지만 최소한 이를 완화시킨다.

지식경제의 한 가지 방식은 업무의 조직방법에 대한 포괄적인 재량을 누리는 작업반에게 업무를 할당하는 방식이다(예컨대, "도요타 생산방법"[47]). 또 다른 방식은 이러한 팀들의 활동을 조정함으로써 작업반들과 반장들에 의한 생산계획의 협력적인 개발과 수정으로 중앙의 경영권을 조절하는 방식이다. 이는 결과적으로 더 훌륭하게 개선의 기회를 확인하고 경험에서 배울 수 있는 더 고차원적이고 더 유연한 형식을 낳는다.

기술만으로는 규모와 차별화의 결합 나아가 조정된 전진운동과 분산적인 주도권의 결합을 충분히 보장하지 못한다. 기술의 사용은 작업방식에서뿐만 아니라 궁극적으로는 경제의 제도적 안배와 생산작업 참여자들의 교육과 문화에서 더 심층적인 변화 방향을 가리키는 관행과 태도로 밑받침되어야만 한다.

거의 무제한적인 제품 차별화 또는 맞춤제작과 규모의 결합은 자사제품의 수요를 외생적이고 불변적인 여건으로 간주하기보다는 신규수요, 신규소비자층, 신규시장의 창출을 추구하는 기업을 이해하고 발전시키는

---

47 도요타 자동차의 생산과정은 협력적 혁신의 사례로서 민주적 실험주의자들의 주목을 받았다. 이러한 협력적 방식은 개념수립과 집행의 구분을 완화하고, 집행역할들 간의 엄격한 구분도 완화하여 생산과정에서 발생하는 문제를 피드백을 통해 자체적으로 해결하는 특성을 보인다. 노동자는 협력적 생산방식을 통해 과거 대량생산 방식에서 하나의 역할에만 고정된 자동기계와 같은 이미지에서 탈피하였다.

방식을 전제한다. 상품과 서비스 등의 차별화에 대한 욕구는 소비자들이 새로운 선택지들에 대해 놀라워하고 대규모 시장을 위한 제조업생산이 엘리트를 위한 장인생산의 특성을 일부 갖게 되며, 제조업과 서비스 간의 구분이 붕괴됨으로써 탄력적일 수 있다. 선진적인 제조업은 서비스와 결부된 제품을 판매하는 것으로 그치지 않고, 넓은 범위에서 결정(結晶)된 지적 서비스들로 구성된다.

분산적 주도권과 조정된 생산계획의 일관성 간의 화해는 업무조직에 대한 지휘통제 접근법과 양립할 수 없다. 그러한 화해는 기술적 노동분업의 성격(생산과정 참여자들의 협력방식)에서 변화를 요구한다. 감독역할과 집행역할 사이에 뚜렷한 차이가 사라져야만 한다. 생산계획은 집행의 과정에서 지속적으로 수정되어야만 한다. 감독역할과 집행역할의 차이를 완화시키는 것은 모든 전문화된 집행역할들을 상대화하는 것을 동시에 요구할 것이다. 이와 같은 경직된 전문화는 개념의 수립과 집행 사이의 극명한 차이를 전제한다. 유동적인 내부 조직을 가진 작업반은 전문가를 대체한다. 기술적 노동분업의 성격에서 이러한 변화는 생산과 과학의 관계에서 더 심층적인 변화를 미리 보여준다.

경영과 생산 공학의 수준에서 다루어지는 국한된 지식경제의 외견상 피상적인 특징들은 결국 그렇게 피상적이지 않은 것으로 드러난다. 그러한 특성들을 완전히 성취하려면 더 중요한 변화들이 요구된다. 그러한 변화들은 억압된 변혁적 잠재력의 존재를 암시한다.

지식경제가 경제 전반에 걸쳐서 입지를 구축하려면 지식경제는 고립된 전위 부문들에 제약되어 있는 대신에 지금으로서는 먼 장래의 약속에 불과한 권능들을 지속적으로 이행해야만 할 것이다. 이러한 약속을 이행하기 위해서는 선진적인 생산방식이 경제 전반으로 확산되어야만 할 것이다. 선진적인 생산방식의 보급과 그 급진화는 불가분적으로 연결되어 있다.

2.
한계수확체감의 제약의 완화 또는 역전

나는 이제 표층에서 심층까지, 실험주의적이고 지식집약적인 생산이 발전하고 확산될 때에만 드러나는 세 가지 특성들을 논의하겠다. 지식경제가 현재 프린지 안에 고립되어 있는 경우 지식경제는 그 본성을 숨긴다. 우리는 현재의 고립적인 지식경제가 제공하는 파편적인 증거에서 지식경제의 잠재력을 이끌어내야만 한다.

이와 같이 더 심층적인 첫 번째 특성은 한계수확체감(다른 요소들이나 투입물들이 불변적인 상황에서 하나의 요소나 투입물의 연속적인 증분들의 한계산출에서 수확체감)의 제약조건을 완화하거나 심지어 역전시키겠다는 약속이다. 하나의 투입물이나 요소의 연속적인 증분들의 생산성은 특정한 지점을 넘어서면 감소하기 시작한다. 경제생활의 어떤 특징도 한계수확체감의 제약만큼 경제생활의 보편적이고 초시대적인 법칙으로 여겨질 권리를 누리지 못한다.

한계수확체감의 법칙과 그 가능한 수정이나 대체물의 의미를 이해하기 위해서는 이 법칙과 종종 혼동되는 다른 관념, 즉 규모수익(returns to scale)을 구별하는 데에서 시작하는 것이 최상이다. 규모수익이란 두 가지 정량의 관계를 말한다. 첫 번째 정량은 생산에서 모든 투입물이나 요소들이 같은 비율로 증가하거나 감소하는 경우에 재화나 서비스의 생산에 활용되는 요소나 투입물의 증감이다. 두 번째 정량은 장기간에 걸쳐 표시된 산출물의 결과적인 증가 또는 감소이다. 재화나 서비스의 생산에 활용되는 투입물의 증감에 비례하여 산출물이 증감할 때 규모수익은 불변적이다.[48]

규모수익은 통상적으로 불변적이라고 가정한다. 그러나 규모수익의 체증이나 체감으로 이어질 수 있는 상황은 얼마든지 존재한다. 모든 투입물이 동일비율로 증가된 더 큰 공장은 더 작은 공장보다 더 효율적일 수도 있고 덜 효율적일 수 있다. 규모수익불변의 발생은 결코 경제생활의 법칙으로 당연하다고 여겨지지 않는다. 그것은 기껏해야 반박가능한 사실적 가정이다. 그러한 가정은 생산의 투입물이나 요소들 사이의 유익한 또는 유해한 상호작용을 포함하여 그 가정을 부정할지도 모르는 무수한 상황 중 어느 것도 없는 경우에만 유효하다. 이런 의미에서 그 가정은 뉴턴 역학에서 불변적인 운동과 같다.[49] 그럼에도 불구하고 그것은 기존의 허다한 경제분석과 마찬가지로 계몽적 단순화를 용이하게 하기 때문에

48　규모수익은 규모의 경제와 관련된 개념이다. 모든 생산요소들이 일정한 비율로 증가할 때 수익이 그 비율보다 높게 나타나는 경우 규모수익체증(규모의 경제)이고, 그 비율과 동일한 비율로 나타날 때 규모수익불변(규모의 불변경제)이며, 그 비율보다 수익이 낮게 나타날 때 규모수익체감(규모의 비경제)이라고 한다. 애덤 스미스는 규모수익체증을 가능하게 하는 내부적인 요인으로 분업과 전문화를 들었다. 규모수익불변의 경우에도 생산요소의 비용절감으로 규모의 경제가 발생하기도 한다. 알프레드 마셜은 규모수익체감으로 어업의 사례를 들었다. 동일한 어장에서 많은 어민을 투입하면 어획자원의 고갈로 이어지기 때문이다.

49　외부에서 힘이 작용하지 않으면 운동하는 물체는 계속 그 상태로 운동하려고 하고, 정지한 물체는 계속 정지하려고 하는 관성의 법칙에서도 이러한 특성이 잘 들어난다.

유용한 개념이다.

많은 사람들은 지식경제가 규모수익체증과 관련이 있고 이러한 추정을 정당화하는 원인을 이러한 생산방식의 일정한 특징들에서 찾을 수 있다고 주장하였다. 이러한 주장 중 일부는 지식경제의 일부가 누리는 장점, 즉 플랫폼 사업의 사용자 커뮤니티에 새로운 고객을 추가하는 데 거의 제로에 가까운 한계비용에 초점을 맞춘다. 이러한 주장들은 그러한 장점을 갖지 못한 지식경제의 다른 부분들이 어떻게 규모수익체증의 경험을 공유할 수 있는지 설명하지 못한다. 이러한 주장들은 기껏해야 지식경제의 특정 분야에 대한 주장이다.

다른 제안들은 지식경제의 기업들이 의존하는 통찰력, 기술, 인력들에 의해 발생되는 긍정적 외부효과[50]를 강조한다. 이러한 기업들은 실천적인 지식의 생산자일 뿐만 아니라 소비자다. 이러한 기업들이 판매하는 재화와 서비스는 그러한 지식을 풍부하게 구현하고 효과적인 사용을 위해 지식기반 기술을 요구할 개연성이 높다. 게다가 지식경제의 기업들은 그들 주위에 자신의 사업에 도움이 되는 사람, 제도, 관행, 아이디어의 넓은 잠재 영역을 창조해야만 번창할 수 있다.

이와 같이 육화되거나 암묵적인 모든 지식은 경제학자들이 "비경합적" 재화라고 부르는 유형을 대표한다. 지식재산법이 비경합적 재화에 대

---

50 외부효과는 어떤 경제주체의 활동이 그 활동의 당사자가 아닌 제3자(사회)에게 편익이나 비용을 발생시켰는데, 그것이 가격 체계에 반영되지 않아 자원배분의 비효율성을 초래하는 경우를 말한다. 만일 제3자에게 편익을 초래한다면 긍정적 외부효과(또는 외부경제)라 하고, 제3자에게 비용을 발생시킨다면 부정적 외부효과(또는 외부불경제)라고 한다.

한 접근을 제한하고자 개입하여 이를 "배제적인" 재화로 만드는 경우를 제외하고 비경합적 재화는 일부 사람들의 재화 사용이 다른 사람들의 재화 사용을 막을 수 없는 재화를 의미한다.[51] 지식경제에서 공유된 암묵적 지식과 능력의 확산은 생산체계의 선진기업들과 선진분야들의 발전을 강화할 뿐만 아니라 성공적 기업과 부문들(성공적인 사람들)이 자신의 선도성을 확장함으로써 번창하는 것을 더욱 용이하게 만들 것이다. 바로 이들은 (유형적 자원뿐만 아니라 무형의 기술축적에 의해) 지식경제의 비경합적이고 비배제적인 재화를 이용할 가장 유리한 위치에 있는 사람들이다.

그러나 이와 같은 긍정적 외부효과는 지식경제만의 특성이라고 보기 어렵다. 긍정적 외부효과는 비슷한 제한 아래서 이전의 생산형태들에서도 일상적이었다. 예컨대, 이전의 생산방식들이 19세기의 기계발명들뿐만 아니라 이러한 발명가들을 지원한 과학, 문화, 제도들에도 의존하였다는 점을 고려한다면 긍정적인 외부효과는 기계화된 제조업과 공장제 대량생산의 전성기에도 일상적이었다.[52]

거의 제로에 가까운 한계비용이나 긍정적 외부효과에 대한 이러한 추

---

51   비경합성과 비배제성은 공공재의 특성을 나타내는 용어로서 미국의 경제학자 폴 새뮤얼슨이 체계적으로 정리하였다. 비경합성은 재화·서비스의 소비 과정에서 경합이 일어나지 않는 것으로, 한 사람이 상품을 소비함으로써 다른 사람의 소비분이 줄어들거나 사라지는 일이 없다는 특성을 의미한다. 비배제성은 재화·서비스에 대한 대가를 치르지 않는 사람을 소비 활동에서 배제할 수 없는 특성을 말한다. 백화점의 물건과 같은 재화는 경합적이고 배제적인 재화(사유재)지만, 바닷가의 등대에서 나오는 불빛은 비경합적이고 비배제적인 공공재(순수공공재)이다. 극장의 영화관람은 비경합적이지만 배제적인 재화이고, 혼잡한 도심도로는 경합적이지만 비배제적인 재화이다.

52   여기에서 웅거는 경제학자 폴 로머의 아이디어 경제론을 겨냥하고 있다.

측들이 과잉포섭이나 과소포섭 없이 그들의 주제(지식경제)를 충분히 차별화할 수 있다고 하더라도, 이러한 추측들은 더 기본적인 결함을 가질 수도 있다. 즉 이러한 추측들은 우선적으로 편의적이고 우발적이고 경험적인 가정에 불과한 표준(규모수익불변)에서 한계적인 이탈을 설명할 수도 있다.

우리는 생산성의 미래에 대한 지식경제의 혁명적 중요성을 다른 부분에서, 즉 지금까지 사실상 경제법칙에 준하는 것으로 여겨진 한계수확체감의 법칙을 완화하거나 역전시키는 지식경제의 잠재력에서 찾아야만 한다. 생산과정에 모든 투입요소들을 불변적으로 유지하고 그 중 하나의 투입요소를 증가시켜보자. 그 투입요소의 증가에 대한 산출물의 수확은 증가하다가 한계에서 감소할 것이다.

산출물의 감소를 막고 회피하고 지연시키는 것은 개념적, 과학적, 기술적, 조직적 또는 제도적 혁신이다. 그러나 혁신들이 일련의 산발적인 일회성 조치들로 그친다면 각 혁신은 수확체감의 법칙의 지배를 받는 투입요소와 등가적인 요소가 된다. 혁신은 산출물의 증가를 낳지만 이윽고 혁신이 가진 촉진적인 잠재력은 소진되고 혁신의 더욱 확장적인 사용에 대한 한계수확은 체감하기 시작한다. 한계수확체감의 법칙(다른 투입물들이나 요소들을 불변적으로 유지하는 가운데 생산에서 하나의 투입물이나 요소의 연속적인 증분에 따른 생산성의 체감)은 규모수익불변과 모순되지 않는다. 실제로 한계수확체감의 법칙은 이 법칙이 적용되는 단기간에는 규모수익불변을 당연시한다. 한계수확체감의 법칙이 관행상 장기적이기보다는 단기적으로 연관되어 있지만 이러한 법칙의 발생은 엄청나게 중요한 장기

적 결론을 내포한다. 이러한 결론을 이해하기 위해서는 한계수확체감의
원인을 규명하는 것이 필수적이다.

한계수확체감의 제약이 경제의 작동방식을 이해하는 데 매우 근본적
이라는 점을 고려할 때, 한계수확체감의 기초에 대한 명료한 이해가 별
로 없다는 사정은 주목할 만하다. 그 기초는 혁신의 일회적 또는 불연속
적 성격이고, 이러한 성격은 생산체계에서의 진보가 생산체계 외부에 있
는 과학적 기술적 (그 자체로 일회적인) 돌파구들에 의존함으로써 악화된
다. 혁신은 한계수확체감을 상쇄시킬 수 있는 유일한 요소이다. 그러나 혁
신이 지속적이고 영구적인 것이라기보다는 일회적이거나 불연속적인 것
이라면, 각 혁신은 마치 동일한 한계수확체감의 제약 아래서 새로운 투입
요소 혹은 수정된 기존 투입요소인 것처럼 작동할 것이다.

이전의 선진적인 생산방식, 특히 지식경제의 바로 직전 형태인 공장
제 대량생산과 그 선행 형태인 기계화된 제조업에서 결정적인 역할을 한
혁신들의 특성을 이루어온 세 가지 불연속 형태를 고려해보자. 첫 번째
불연속 형태는 과학적 발견의 역사 자체에서 존재하는 것으로서, 자연을
이해하는 새로운 방법의 발명과 이로부터 나오는 이론, 실험, 절차의 조직
이나 규칙화가 동시적으로 이루어지지 않는다는 점이다. 두 번째 불연속
형태는 과학적 통찰을 과학기술적 발명에 적용하는 데에 존재하는 것으
로서, 과학의 관행에 대한 과학기술적 발명, 특히 과학적 장비의 역(逆)작
용으로 강화된다는 점이다. 세 번째 불연속 형태는 생산체계가 과학에 기
초한 기술을 이용하는 데에서의 불연속이다. 이러한 중첩적이고 누적적
인 불연속들은 생산 외부의 진보에 생산이 의존한다는 점과 결합하여 한

계수확체감이라는 제약조건의 궁극적인 기초를 형성한다.

지식경제는 한계수확체감의 궁극적 기초를 무너뜨리고 따라서 한계수확체감의 제약을 극복하거나 심지어 역전시킬 잠재력을 창출하겠다고 약속한다. 그리하여 한계수확체감의 완화 또는 역전은 지식집약적인 생산이 왜 규모수익체증을 산출할 수 있는지에 대한 논의에서 원용된 이유들보다 더 근본적이고 동시에 더 특수한 이유들 때문에 일어날 수 있다. 내가 다음 절에서 논의하게 될 지식경제의 더 심층적인 특징들 중 하나는 우리의 협력방식을 상상력의 작동방식과 더욱 유사하게 만들고 노동자가 기계의 거울이라기보다는 기계의 대립물이나 보완물이 될 수 있게 하는 과학적 실험주의의 모형에 따라 생산을 쇄신하는 것이다.

과학과 기술의 발전은 앞으로도 불연속적인 상태에 머물지 모른다. 그러나 지식경제를 특징짓는 실험주의적인 생산은 과학적인 발견과 기술적 발명을 이전보다 더 직접적으로 또한 더 지속적으로 생산활동으로 변형할 수 있다. 더욱이 그러한 생산은 과학기술의 진보가 가져다주는 결과물의 수동적인 수혜자로 머물지 않고 관행과 제품뿐만 아니라 아이디어들에서도 스스로 끝없는 혁신의 원천으로 변한다. 그러한 생산은 과학기술을 더욱 닮아가기 때문에 과학기술이 창조한 것을 더 기꺼이, 더 완전하게, 더 항상적으로 이용할 수 있다.

혁신이 일회성보다는 영구성을 띨수록, 혁신이 생산체계 외부에서 발전된 아이디어와 기계의 이용뿐만 아니라 생산체계 내부에서도 더 많이 일어날수록, 한계수확체감의 제약을 완화시키거나 심지어 역전시킬 가능성은 그 만큼 더 커진다. 이러한 제약조건은 기술 속에 구현된 지식과 관련해서도 나아가 노동과 자본을 포함한 생산과정의 모든 투입요소와 관련해서도 완화되거나 역전될지도 모른다. 각 요소와 각 투입물의 성격과 그 생산적 잠재력은 지식경제의 일부가 됨으로써 변화된다.

이러한 사변적 명제들은 반증가능한 가설을 낳는다. 우리는 한계수확체감의 제약이 완화된다는 점을 관찰할 수 있어야 하고 또한 지식경제의 심화와 확산에 비례하여 그러한 완화가 발생한다는 점을 관찰할 수 있어야 한다. 이러한 제약의 극복에서의 성패는 한가한 호기심이 아니다. 나는 이 책에서 그러한 성패가 우리의 가장 중요한 물질적 도덕적 이익들과 밀접하게 연결되어 있다고 주장한다.

한계수확체감의 제약을 완화하거나 극복하는 것은 생산의 성격에 중대한 변화를 두드러지게 할 것이다. 이러한 변화의 관점에서 보면 인류의 경제사는 대체로 세 시기로 구분된다.

가장 원시적인 조건에만 해당하는 경제사의 제1기에서 경제성장의 결정적인 제약은 현재의 소비를 공제한 잉여의 규모, 즉 마르크스가 본원적 축적(primitive accumulation)[53]이라고 불렀던 바다. 스미스와 마르크스

---

[53] 본원적 축적은 마르크스의 『자본론』 제1권 제7부에 등장한다. 당시 일부 사람들은 자본의 본원적 축적을 절약에서 비롯되었다고 보았는데 마르크스는 절약은 자본주의적 생산관계가 이미 존재하는 경우에만 자본을 축적할 수 있다고 생각하였다. 마르크스는 자본주의의 성립과정을 주목하면서 자본의 본원적 축적의 비밀을 토지에 대한 생산관계의 변화에서 찾았다. 자본주의 상품경제가 성립하기 위해서는 생산수단과 노동력을 구입해 잉여가치를 착취하는 자본가가 존재해야 하고, 노동력을 팔 수 있는 무산계급이 존재해야 한다. 영국에서 인클로저를 통해서 요먼층(yeomanry)이 해체되어 다수가 토지를 잃고 임노동자가 됨으로써 자본주의적 생산의 기초가 축적되었다. 다른 지역에서 자본주의의 발생은 외부세계와의 교환에 있다는 시각도 제기되었다. 이 문제는 스위지와 돕 간의 자본주의 이행논쟁에서 다투어졌다.

둘 다 본원적 축적이 지속적으로 자신의 주요한 연구대상인 그 시대의 경제성장의 가장 중요한 한계라고 믿었다. 마르크스에게 있어서 사회의 계급적 성격에 대해서뿐만 아니라 자본주의 아래서 매매상품으로서 노동력의 취급에 대해서도 지배적인 설명은 잉여의 강제추출을 확보할 필요성이었다. 스미스에게 있어서 기술적인 노동분업의 계층적이고 전문화된 형태 아래서 노동자의 비인간화는 경제적 진보를 위해 지불해야 할 대가(미래 성장에 필요한 자본 스톡을 증가시키기 위한 조건)의 일부를 형성했다.[54]

스미스와 마르크스 둘 다 오류를 범했다. 그들의 시대에도 이미 잉여의 규모가 아니라 관념적, 기술적, 조직적, 제도적 혁신이 성장에 대한 결정적인 제약이었다. 영국은 꽤나 높은 수준의 국내 민간저축과 정부저축[55]을 유지하였다는 점에서 아시아의 농업적-관료적 제국들과 다르지 않았다. 역사적 연구는 영국이 도리어 다수의 아시아 제국들보다 낮은 저축수준을 유지했다는 점을 보여주었다. 영국은 혁신과 이에 적합한 사회적, 문화적, 정치적 배경에서 이러한 아시아 사회들과 달랐다.

문명의 시작에서 오늘에 이르기까지 거의 역사 전체에 해당하는 경제적 진화의 제2기에는 혁신의 수준, 범위, 속도 나아가 생산기술과 생산안배에서의 혁신과 제도, 과학, 문화에서의 혁신의 관계가 경제성장의 주요한 제약조건이 되었다. 다양한 형태의 혁신은 성장의 주요한 동력으로 전

---

54 마르크스는 분업과 연결된 강제노동은 공산사회가 도래하면 극복된다고 보았는데 스미스는 『국부론』에서 분업을 극복할 수 없다고 보았다. 그는 핀공장에서 분업의 부정적인 측면을 함축적으로 '비인간화'로 불렀다.

55 정부저축은 정부의 조세수입에서 정부지출을 제하고 남은 금액이다.

환되었다.

저축은 성장의 원인이기보다는 성장의 결과가 되었다. 그러나 혁신에 의해 촉발되고 지속된 성장은 희소성과 한계수확체감의 이중적인 비호 아래서 일어났다. 혁신은 비록 다면적이지만 단속적이었다. 혁신은 여타 지속적인 관행과 안배에서 일련의 불연속적인 변화였다. 가장 중요한 혁신은 사람들의 협력방식과 인간의 편익을 위한 자연의 변형이나 자연적 요소들의 동원의 방식과 관련된 혁신이었다. 기계의 설계와 사용은 두 가지 유형의 실험(자연에 대한 실험과 협력적 관행에 대한 실험)의 흔적과 이러한 실험을 연관시키는 방법의 흔적을 간직하였다.

경제사의 제3기는 혁신이 그 단속적인 성격을 상실하고 한계수확체감의 제약이 완화되거나 심지어 역전되는 때 시작된다. 희소성과 부족한 자원의 분배와 이용에 관한 다양한 방법들의 불평등한 결과는 계속해서 경제생활의 가장 기본적인 특징이다. 그러나 혁신은 일회성보다는 영구성을 갖는다. 혁신은 생산체계 외부에서 도입된 과학과 기술에 의존하게 될 뿐만 아니라 생산과정의 내재적 속성이 된다. 좋은 기업이 좋은 학교를 닮기 시작하고 생산의 발전이 지식의 발전을 닮기 시작하는 까닭에 한계수확체감의 제약은 이완된다.

3.
생산, 상상력, 협력

 지식경제의 또 다른 심층적인 특징은 지식경제가 우리가 작업하는 방식과 정신이 관념을 발전시키고 발견을 성취하는 방식 사이에 수립해주는 밀접한 연관성에 있다. 생산이란 우리의 힘을 향상시키는 기술의 도움을 받아 자연을 변형하고 자연의 힘을 동원하는 것이었다. 이제는 지식성장이 경제활동의 중심축이 되었다고 말하는 것이 더욱 정확하다. 신규제품이나 신규자산, 이를 형성하는 새로운 방식은 우리의 추측과 실험을 상품과 서비스로 구현하는 것에 불과하다.

 지식경제의 이와 같은 성격규정에서 경제생활에 중요한 어떤 것들, 예컨대 생산에서 우리가 함께 작업하는 방식, 즉 협력체제나 기술적 노동분업 나아가 우리가 협력하고 있는 정치적이고 경제적인 제도적 안배들은 배제되는 것처럼 보인다. 그러나 실제로 그렇지 않다. 우리가 지식경제의 중요한 충동을 급진화함에 따라 실천적인 목표를 달성하고자 우리가 함께 작업하는 방식은 상상력의 표현이 된다. 이 방향으로 더 전진하기 위해서는 미시적 수준에서, 즉 현장에서 우리가 함께 작업하는 방식을 바꾸는 것만으로는 충분하지 않다. 우리는 또한 경제와 정치의 제도적 안배들을 쇄신하여 이러한 안배들이 시장과 국가에 관한 확립된 가정과 안배들을 당연시하기보다는 우리가 이를 초극하고 변화시키는 것을 허용하도록 해야 한다.

우리는 먼저 우리의 정신활동의 두 측면에 대한 견해를 확립하지 않고서는 상상력을 협력으로 전환하는 데에서 무엇이 관건적인지를 이해할 수 없다. 한 측면에서 정신은 구닥다리 기계, 즉 기계화된 제조업과 공장제 대량생산에서 중요했던 기계의 일종과 같다. 이러한 정신은 모듈과 같아서 (뇌가소성[56]에서 한계가 존재하는 한) 뇌의 구분된 영역들과 연결된 다양한 부분들을 가지고 있다. 이러한 정신은 공식과 같아서 판에 박힌 공식, 규칙 또는 알고리즘에 따라 작동한다. 결과적으로 이러한 정신의 행동 또한 반복적이다.

다른 측면에서 정신은 모듈이나 공식과 다르다. 이러한 정신은 뇌가소성을 이용하여 뇌의 물리적 하부구조의 다양한 부분들에 유사한 역량을 부여할 수 있고, 자유롭게 모든 것을 여타 모든 것과 재조합할 수 있다. 이는 수학에서 회귀적 무한(recursive infinity)이라고 부르는 역량이다. 이러한 정신은 자신의 정립된 관행이나 방법을 기각하고 자신의 확립된 전제들에 도전하고 계속해서 발견을 이루거나 정신이 회고적으로 명료화하는 통찰들, 적절한 관행들, 방법들, 전제들을 발전시킬 수 있다. 이는 시인

---

[56] 기존의 통설은 뇌가 성장을 다하면 뉴런 등의 뇌세포가 그대로 안정화한다고 보았으나, 최근의 연구 결과라고 할 뇌가소성은 학습이나 여러 환경에 따라 뇌세포는 계속 성장하거나 쇠퇴한다고 본다. 뇌신경에 장애가 발생하는 경우에 장애가 발생한 부위의 기능을 뇌의 다른 부분이 대행하기도 한다는 점과 관련해서는 노먼 도이지의 『기적을 부르는 뇌』(김미선 옮김, 2008, 지호)가 참조할 만하다.

이 부정적 능력이라고 불렀던 권능이다.[57]

　이것이 우리가 상상력이라고 부르는 정신의 측면이다. 상상력은 기계로서의 정신과 대조되는 반(反)기계로서의 정신이다. 상상력의 측면에서 정신은 두 가지 구성적 작동방식을 가진다. 첫 번째 움직임은 칸트가 강조했던 것으로서 거리두기이다. 그 이미지는 인식의 기억이다. 두 번째 움직임은 칸트가 간과한 것으로서 변형적인 변주이다. 우리는 어떤 자연적이거나 계획적인 개입에 반응하여 현상의 변화를 기획하거나 자극함으로써 현상을 파악한다. 우리는 그 현상이 무엇이 될 수 있는지 혹은 우리가 그 현상을 무엇으로 바꿀 수 있는지와 같은 인접한 가능성들의 범위에 현상을 포섭함으로써 그 현상을 이해한다. 생산과 상상력의 근접성은 지식경제의 심장이며, 지식경제가 확산되고 심화될수록 더욱 그렇다.

　우리는 두 가지 방법으로 생산과 상상력의 유사성을 탐구할 수 있다. 하나는 작업을 조직하는 방법이나 노동의 기술적 분업에 관한 것이고, 다른 하나는 노동자와 기계의 관계에 관한 것이다. 기계로서의 정신과 반기계로서의 정신(상상력)의 상대적 권능이나 우위성은 뇌의 물리적 구조에 의해 결정되지 않는다. 그 상대적 권능이나 우위성은 생산의 제도와 관행뿐만 아니라 문화와 사회의 조직에 의해 형태화된다. 이런 의미에서 (만약 정치가 인간관계의 형태를 둘러싼 투쟁을 의미한다면) 정치의 역사는 정신의 역사에 내재적이다.

57　시인 존 키츠가 부정적 능력(negative capability)이라는 표현을 처음 사용하였다. 웅거는 이를 기성 제도를 비판하고 재구성하는 인간의 역량으로 풀어낸다.

지식경제 하에서 우리가 함께 일하는 방식(기술적 노동분업)은 상상력으로서의 정신의 작동방식과 닮기 시작하고, 그 각각의 특징들, 한편으로는 정신의 비모듈적이고 비공식적인 특성과 다른 한편으로는 정신이 더욱 완전하게 발현됨에 따라 그 회귀적 무한의 역량과 부정적 능력을 갖기 시작할 수 있다. 생산은 이러한 특성들과 능력들 덕분에 인접한 가능성의 잠재영역에서 새로운 제품과 새로운 생산의 가능성들을 이용함으로써 발전할 수 있다. 감독 역할과 집행 역할 간의 차이나 결과적으로 전문화된 집행 역할들 간의 차이가 완화될수록, 생산의 가능성을 확인하고 실현할 기회는 더 나아진다.

생산계획은 집행과정에서 작업반에 의해 지속적으로 수정된다. 결과적으로 작업반 내에서 전문화된 역할들은 더 이상 경직되게 구분되지 않는다. 역할들 간의 구분의 고착성은 개념[정립]과 그 집행을 명료하게 구분하는 방식의 이면일 뿐이다.

기술적 노동분업이 어떻게 변할 수 있고 또 변해야 하는지에 대한 이와 같은 견해는 경제에 적용되는 경우 당혹감을 줄 수도 있다. 하지만 이러한 견해는 더 익숙한 군사적인 응용사례를 가지고 있다. 재래식 정규군으로 조직된 보병여단은 지휘관과 병사의 엄격한 구분과 야전에서 고정된 역할들을 가진 지휘통제구조를 갖고 있다. 결과적으로 이러한 보병여단은 자체적으로 구비한 군사기술의 잠재력, 즉 화력기술 및 통신장비를 이용할 수 있는 능력에서 매우 제한적일지도 모른다. 그리고 이러한 보병여단은 기습전에 대응하여 전장에서 재편성하고 변통하는 능력에서도 제한될 것이다.

이와는 대조적으로 적절한 훈련을 받고 기술을 습득하고 장비를 갖춘 비정규군은 전투의 계획과 실행 사이에 그와 같은 뚜렷한 차이를 두지 않을 것이다. 이러한 군대는 엄격한 지휘통제구조를 피할 것이며, 긴급한 장애와 기회에 비추어 계획을 조정할 더 큰 재량을 하급 장교와 하급 부대에 배정할 것이다. 나아가 이러한 군대는 스페셜리스트에게 동시에 제너럴리스트가 되라고 요구할지도 모른다. 부대가 이러한 이상을 추구하면 부대는 뛰어난 작전능력을 구비할 것이고 전통적인 정규군보다 화력과 통신장비를 더 잘 활용할 수 있을 것이다. 부대는 야전에서 흩어지고 다시 집결하고, 일관성과 추진력을 상실하지 않은 채 기습전에 대응할 수 있을 것이다.

군사적 진화의 노선은 정규군이 상황에 따라 자체적으로 확장하고 중앙의 (그러나 느슨하고 유연한) 통제를 수용하고 야전에서 일관성과 추진력을 보존하는 능력을 유지하면서 비정규군의 일부 특성들을 외부로부터 획득하는 것이다.[58] 똑 같은 일이 경제에서도 일어나야 하고, 일어날 수 있다. 그러한 상황이 일어나는 것은 그 자체로 지식경제의 발전과 확산에서 진보를 의미한다. 현장에서 협력방법은 더욱 완전하게 상상력의 특징들을 띠게 된다.

---

[58] 군사학자 윌리엄 린드(William S. Lind)는 『4세대 전쟁 *4th Generation Warfare*』에서 고전적인 대오전에서부터 현대전의 양상까지 유형화하였다. 그는 마지막 제4세대 전쟁의 특성으로 전투수행 주체로서 국가 비중의 약화, 전쟁수행 권위의 분산, 민간인과 전투원 간의 구분의 이완, 게릴라전 양상, 심리적 전투방식의 일반화, 전투수행 과정에서의 위계제 결여, 소규모 단위 전투수행의 일반화 등을 지적한다.

이제 상상력으로서의 생산이라는 동일한 아이디어가 기술적 노동분업 뿐만 아니라 기계에 대한 노동자의 관계에서 어떻게 실현될 수 있을지 생각해 보자. 이전의 선진적인 생산방식(기계화된 제조업과 그 후속형태인 공장제 대량생산) 아래에서 노동자는 마치 자신이 기계의 일부인 것처럼 일했다. 애덤 스미스의 핀공장이나 헨리 포드의 조립 라인에서 그의 동작은 기계들의 동작을 연상시켰다. 노동자와 기계의 유사성은 은유나 먼 비유 그 이상이었다. 그러한 유사성은 프레더릭 테일러[59]와 같은 산업조직 전문가들에 의해 연구되고 정전화되어 경영자와 작업반장에게 실제적인 지침으로 제공되었기 때문이다.

이전의 선진적인 생산방식 하에서 우리는 심지어 그러한 관행의 가장 신중한 표현형태에서도 기계로서의 정신을 본다. 고전적인 발전경제학이 교육을 경제성장의 기본요소 중 하나로 떠받들고 있음에도 불구하고 기계화된 제조업과 공장제 대량생산 시대의 노동자에게 교육을 통해 요구되는 바가 사실상 거의 없다는 사정은 당연하다. 이러한 노동자가 필요로 했던 것은 복종심, 기본적인 문해력과 수리력, 손재주, 특히 손과 눈의 협응력이었다.

지식경제는 노동자와 기계의 관계에 대한 근본적인 변화를 가능하게

---

[59] 프레더릭 테일러(1856-1915)는 과학적 경영관리기법을 도입하여 노동생산성을 높이고자 하였고, 과학적이고 객관적인 표준작업량을 설정하고 차별적인 성과급제를 도입하였다. 과업설정을 위해 시간연구, 동작연구를 선도하였다. 이러한 과학적 관리는 제품 생산비 감소와 노동자의 임금 인상에 기여하였고 산업화에 많은 영향을 남겼다. 안토니오 그람시는 『옥중수고』에서 테일러리즘이 노동자 쪽의 지성·상상력·창의력의 적극적 관여를 배제하고 생산적 활동을 오직 기계적·신체적인 측면으로만 환원시키는 것이라고 날카롭게 지적하였다.

만들고 또한 지식경제의 심화와 확산은 이러한 근본적인 변화를 요구한다. 이러한 변화는 상상력의 모형에 따른 생산의 쇄신이 의미하는 바에 대한 또 다른 실례를 제공한다. 여기서 이러한 변화를 지도하는 원칙을 가장 단순하고 가장 일반적인 형태로 기계의 과거, 현재, 미래에 대한 개관으로 제시한다.

아주 최근까지 기계의 요체는 우리가 반복하는 방법을 터득한 것이라면 무엇이든지 우리를 대신하여 수행하는 것이었다. 그런 기계들을 공식과 같은 것이라고 부르자. 기계가 틀에 박힌 공식과 같이 작동한다는 사실은 기계의 가장 큰 가치가 기계를 사용하는 사람에게 공식과 같지 않게 행동하도록 허용하는 데에 있다는 점을 시사할지도 모른다. 그 기계의 사용자는 반복하고 기계 장치로 코드화하는 것을 아직 터득하지 못한 활동들에 그들이 가진 최고의 자원, 어떤 의미에서는 유일한 자원(시간)을 할애할 수 있다.

그러나 기계와 사용자의 이와 같은 관계는 생산방식의 역사에서 지배력을 발휘하지 못했다. 대량생산에서 기계와 노동자의 관계에 대한 실례가 보여주듯이, 노동자는 더욱 빈번히 기계의 반복적인 움직임을 모방하거나 다양하지만 비교적 공식과 같은 활동으로 기계를 보완함으로써 마치 그가 자신의 기계 중 하나인 것처럼 일할 수밖에 없었다. 이는 비교적 단순하고 경직된 기계일지라도 사용자들로 하여금 기계를 모방하는 대신에 기계를 최선으로 이용하도록 허용하는 기술의 잠재력을 위축시키는 결과를 낳았다. 기술의 잠재력은 주류 경제사의 주변으로 내몰리게 된 공예적이거나 장인적인 생산형태로 달성되었다.

생산방식의 역사와 이러한 생산방식을 배태한 경제, 정치, 문화의 역사는 기계의 진화를 위축시키고 또한 기술적 노동분업을 형성해왔다. 기계를 가장 효과적으로 사용하는 방법이 기계가 아닌 것, 반(反)기계, 또는 비공식적이거나 비알고리즘적으로 작업하는 방식이라는 아이디어는 지금까지도 순전히 사변적인 가능성에 그쳤다.

지식경제의 도래는 현재의 고립적이고 상대적으로 피상적인 형태에서도 기계에 대한 기존의 이해와 이용방식을 거부하는 기계들의 발전을 수반하였다. 지식경제의 도래는 특히 현재 인공지능과 기계학습[60]으로 알려진 기술혁신의 가장 혁명적인 분야에서 그러한 발전을 수반하였다. 지식경제의 초기 역사에서 지금까지 발전된 기계들을 이해할 수 있는 두 가지 기본적인 방식이 있다.

우선, 지식경제의 기계들은 공식에 따르는 좀 더 고차원적인 장치들일 뿐이다. 우리는 특정한 용도에 한정하여 일련의 제한된 조작들의 공식들과 알고리즘들을 그러한 장치에 코드화하는 것 그 이상을 수행한다. 우리는 그러한 장치가 사례와 경험에서 새로운 동작을 추론하고 그에 따라 1차적인 알고리즘과 공식을 변경하도록 허용하는 메타적인 공식들과 알고리즘들을 혹은 2차적인 추론규칙들을 그러한 장치들에 부여한다. 우리는 기계들이 자신의 절차들을 조정할 때 반응하는 경험과 사례의 범위를

---

60   기계학습은 컴퓨터 프로그램이 데이터와 처리 경험을 이용한 학습을 통해 정보처리 능력을 향상시키는 것을 의미한다. 기계학습은 자율주행 자동차, 필기체 문자 인식 등과 같이 알고리즘 개발이 어려운 문제의 해결에 유용하다. 현재 기계학습은 검색 엔진, 기계번역, 음성인식, 바둑 등 다양한 분야에 응용되고 있다.

확장하기 위해 심지어 이러한 기계들에 무작위성의 요소까지 장착할 수 있다.

또 다른 이해에 따르면 이 기계들이 수행하기 시작한 활동은 고차적인 형태의 공식과 같은 활동으로 그치지 않는다. 기계들은 일반적인 추론규칙을 완전히 무시할 수 있다. 우리는 공식에 따르지 않은 기계기능을 문의 손잡이를 돌리는 방법과 같은 가장 단순한 것에서부터 차량을 안전하게 운전하는 방법과 같은 더욱 복잡한 것에 이르기까지 적응적인 조작능력의 획득으로 가장 잘 이해할 수 있다. 그러한 능력들은 과업들의 물리적 수행의 맥락에서 발전한다.

가장 발전한 기계들에 대한 두 번째 이해에 따르면 우리가 고차적인 추론규칙으로 파악한 것은 그러한 추론규칙을 전혀 필요로 하지 않았거나 적어도 그 규칙을 명확히 하는 것이 전혀 필요하지 않았던 적응적인 진화적 상승에 대한 회고적 기술에 불과하다. 그러한 능력의 사다리를 타고 오르는 것은 피아제의 인지심리학에서 연구된 발달과정과 유사하다.[61] 즉 추상적인 것은 구체적인 것 다음에 나타나고 개념적인 것은 조작적인 것 다음에 나타난다. 공식적인 환원이나 형태에 반발하는 실용적인 여분은 존재한다.

기계의 역사에서 이러한 새로운 단계, 즉 지식경제에서 시작하고 지

---

[61] 피아제는 인지발달을 유기체와 환경의 상호작용으로 파악하고, 인지발달의 단계를 감각운동기 (0-2세), 전조작기(2-6,7), 구체적 조작기(7-11세), 형식적 또는 추상적 조작기(11,12세 이후)로 상정하였다.

금 인공지능과 기계학습이라고 부르는 단계에 관한 메타-공식적이고 조작적인 이해들은 부상하는 새로움에 대한 대안적인 철학적 해명들이다. 우리는 그러한 해명 중 하나를 선택하는 데에 신뢰할 만한 근거를 적어도 아직까지는 확보하고 있지 않다. 기계 역량들의 사다리를 타고 오르는 것이 두 가지 설명들을 등가적이거나 보완적인 것으로 더 이상 취급할 수 없다는 점이 백일하에 드러나는 지점까지 진보하는 때가 곧 도래할지도 모른다.

우리가 기술의 역사에서 이러한 새로운 단계를 최종적으로 어떻게 규정하든지 상관없이 사람과 기계의 관계에서 어떤 근본적인 사항은 이미 변하였다. 비록 그러한 접근 방식이 심지어 비교적 원시적인 초기 기술의 모든 잠재력을 허비했음에도 불구하고 노동자에게 기계의 친구로서 배역을 주는 방식으로 대량생산을 조직하는 것이 가능하였다. 그러나 현재 고립적이고 단절된 형태에서도 지식경제의 노동자를 기계의 그림자로 만드는 것은 가능하지 않다. 그 기계들은 어떤 일에서는 인간 노동자가 일찍이 할 수 있는 것보다 훨씬 더 잘 수행할 수 있다. 그러나 이런 기계를 사용하는 사람들은 어떤 기계도 가질 수 없는 것, 즉 상상력을 보유한다.

공식적인 것에서 메타-공식적이거나 포스트-공식적인 것으로의 운동은 내가 앞에서 상상력이라고 불렀던 마음의 두 번째 측면을 기계(원칙적으로는 모든 기계)가 구현할 수 있도록 하는 운동이 아니다. 상상력의 특징은 부정적 능력이다. 즉 상상력은 어떤 현상이나 어떤 사태로부터 스스로 거리를 두고 이윽고 변형적 변주들의 범위 안에 그러한 현상이나 사태를 포섭하는 정신의 능력이며, 정신이 아직 볼 수 없었던 어떤 것을 더 잘

보기 위하여 정신의 확립된 방법들을 버리고 정신의 현재적 전제들에 이의를 제기하는 정신의 능력이고, 나아가 이전에는 생성될 수 없었던 통찰을 이해하는 방법들을 반성적으로 발전시키고 그 전제들을 공식화하는 정신의 능력이다. 상상력은 역량에 관한 것이 아니라 비전에 관한 것이다. 기계는 원칙적으로 이와 같이 이탈적이고 예지적인 힘을 가질 수 없다. 상상력은 인간의 가장 근본적인 속성, 즉 인간 실존의 온갖 유한한 결정 요소들에 대한 인간의 초월성, 우리가 만들고 살아가는 개념적이고 사회적인 세계 안에 유폐될 수 없는 우리의 역량에 뿌리박고 있는 힘이다.

이러한 기계의 가장 효과적인 사용은 마치 자신이 기계인 것처럼 작업하거나 사고하지 않는 노동자들에 의한 기계사용이다. 기계와 반기계(달리 말하면, 노동자)의 결합은 노동자나 기계가 독자적으로 일하는 것보다 훨씬 강력하다. 우리는 기계에게 부여하였던 저차원의 규칙과 고차원의 규칙 이외에 이러한 규칙에 저항하는 능력과 이러한 저항으로 성취한 발견들을 반성적으로 이해하는 능력까지 기계에게 장착함으로써 기계를 상상력의 거점으로 만들 수 없다. 우리가 인간과 기계의 격차를 줄이고 심지어 연산능력에서는 인간을 능가하는 것으로 보이는 기계까지 개발하기 때문에 우리는 기계보다 앞서 간다. 거북이, 즉 우리가 손수 만든 거북이[기계]와의 가장 중요한 경쟁에서 아킬레스처럼[62] 기계는 결코 우리를

62　엘레아의 제논은 재미있는 이야기를 꾸며놓았는데 이것이 제논의 역설로 알려졌다. 아킬레스가 거북이보다 10배 빨리 달릴 수 있다고 가정하고, 거북이를 아킬레스보다 100미터 앞에서 출발시킨다. 아킬레스가 100미터를 달려가면 거북이는 10미터를 더 가고, 거북이를 따라잡기 위해 아킬레스가 10미터를 더 가면 그동안 거북이는 1미터를 더 나아간다. 아킬레스가 거북이를 따라잡기

따라잡을 수 없다.

노동자와 기계의 관계에서 이러한 변화는 우리의 물질적 이익뿐만 아니라 도덕적 이익에도 응답한다. 우리가 늘 하는 일의 더 많은 부분을 기계가 수행하는 경우에도 이러한 변화는 노동자와 기계가 분열하는 세계를 나타낸다. 많은 사람들은 결국 대부분의 일자리를 빼앗는 기계라는 유령을 불러왔다. 나는 나중에 급진화되고 경제 전반에 확산된 지식경제 아래서 노동의 성격은 변할 것이지만 노동의 총량은 줄지 않을 것이라고 기대할 근거가 있다고 주장할 것이다. 이 주장은 기술혁신에 대한 반론으로서 노동총량불변이론[63]에 대한 정통경제학의 거부 태도와 완전히 일치한

위해 달린다 하여도 그 시간에 거북이는 움직이므로 아킬레스는 영원히 거북이를 따라잡을 수 없다는 이야기이다. 그런데 제논은 물체의 운동을 설명하면서 물체가 이동한 거리만을 고려하고 물체가 이동하는 데 걸린 시간을 빼놓았다. 제논의 역설은 미분의 개념과 운동의 개념을 고안한 근대 고전물리학의 발달로 쉽게 반박되었다. 수학에서 제논의 역설은 무한등비급수로 오류임을 증명할 수 있다. 웅거의 이야기는 인간이 만든 거북이가 결코 인간을 따라잡을 수 없다는 취지에서 단지 이야기만 차용하였다.

63　이 책의 맥락에서 노동총량불변이론은 기술의 진보가 그만큼 일자리를 대체한다는 가정으로 나타난다. 기술의 진보와 일자리 감소의 관계에 대해서는 바실리 레온티에프(1905-1999)가 과거의 산업혁명에서 내연기관이 말을 대체했듯이 기계가 언젠가는 사람을 대체한다는 비관적인 전망을 내놓았다. 기술의 진보가 '고용의 종말'을 야기한다는 제레미 리프킨과 유발 하라리의 주장이나 디지털 진보가 거대한 불평등을 낳는다는 린욜프슨과 맥아피의 주장(기술의 진보와 고용 간의 거대한 탈동조 grand decoupling)도 레온티에프의 전망과 궤를 같이 한다. 한편 경제학자들은 기술의 진보나 업무자동화, 로봇이 특정한 부분(직역)에서 일자리를 없애기도 하지만 해당 기술을 발전시키고 활용하는 또 다른 노동을 요구하거나 새로운 인간 욕구의 등장에 따른 새로운 수요를 충족시키기 위해 또 다른 노동을 필요로 한다는 반론을 꾸준히 제기하였다. 이들은 기술의 진보로 인한 노동생산성이 향상되었을 때 동시에 고용이 증가하는 동조현상이 발생한다고 지적한다. 기계화가 노동자의 일자리를 사라지게 하는 것이 아니라 기계가 할 수 없는 일로 노동의 초점이 이동한다는 웅거의 주장도 이러한 반론의 하나이다. 이러한 시각에서 고용의 종말은 고용 일반의 종말이 아니라 특정업종이나 산업부문의 도태로 이해된다. 디지털화, 사무자동화, 인공지능, 기계학습이 인간의 노동의 필요와 양상을 어떻게 바꿀 것인지, 구체적으로 말하면 노동의 초점만이 이동

다. 진정한 위험은 그 반대다. 노동자층의 압도적인 다수는 필요한 것보다 훨씬 더 긴 시간 동안 기계가 할 수도 있는 일을 수행하도록 내몰리게 될 지도 모른다는 점이다. 우리의 능력에 대한 존중을 통해 발전하는 경제라 면 어느 누구도 기계가 할 수 있는 일을 해서는 안 된다.

그러나 우리가 시장경제의 제도적 안배를 바꾸지 않는다면 이러한 잠 재력은 일회적이고 단편적인 방식을 제외하고는 실현되지 않을 것 같다. 이 책의 후반부에서 논의하게 될 특정한 방향의 시장질서의 제도적 개편 은 지식경제의 심화와 보급을 위한 주요한 요건 중 하나이다. 그러한 변 화의 한 요소는 노동자와 기계의 관계에 대한 이러한 설명에서 일찌감치 언급할 만하다. 계약형태로 매매하는 경제적으로 종속적인 임노동이 자 유노동의 지배적인 형태로 남아 있는 한, 지식경제가 선호하고 요구하는 노동자와 기계의 관계는 억압되거나 통제되기 쉬울 것이다. 재산권의 이 름으로 생산을 조직하는 사람들이 경영 재량권의 극대화에 대해 갖는 이 익은 이러한 잠재력의 달성을 억제한다. 이들의 권력적 이익은 엘리트 노 동자와 기술자의 작고 고립된 세상 바깥에서 기계와 노동자의 관계에 대 한 혁명적인 변화를 반대한다.

하는 것인지 아니면 진정한 의미에서 노동의 종말이나 희소성의 극복이 도래할 것인지는 현재로 서는 확답하기 어렵다. 전자의 상황만이 문제라면 노동 및 기술교육의 혁신이 정치적, 경제적 처 방으로서 중요하지만 후자의 상황이 언젠가 도래한다면 이제 인간에게 남은 과제는 인간다운 삶 이 가능하도록 생산체제에 대한 무산대중의 공유지분과 산출물에 대한 보편적인 분배몫을 확보 하기 위한 법적 제도적 안배들을 확립하는 것이다. 어떠한 상황에서도 누군가에게는 희소성의 극 복이 다른 누군가에게는 희소성의 멍에로 군림하기 때문이다. 웅거는 확산되고 심화된 지식경제 가 희소성의 극복을 가져다줄 것이라고 낙관하지는 않는다. 이 책 제9장 참조.

　　노동자와 기계의 관계의 변화를 완성하기 위해서는 19세기 자유주의
자들과 사회주의자들이 바라고 기대했던 대로 임노동이 점차 고차적인
자유노동으로서 독립자영업과 협동기업[64]으로 이행하는 것이 필요하다.
우리는 그러한 19세기 이상이 21세기의 현실과 가능성으로 전환되는 경
우 그 이상이 무엇을 의미하는지 나중에 알게 될 것이다.

64　　cooperation. 이는 조직형식으로서 협동조합에 국한된 것이 아니라 노동자가 지분을 보유한 기업
　　　형태를 의미한다. 좁은 의미의 협동조합뿐만 아니라 협명회사, 합자회사, 종업원지주회사 나아가
　　　이윤공유를 제도화한 기업형태까지 포괄한다.

4.
생산의 신뢰, 재량, 도덕적 문화

지식경제의 특징은 지식경제가 생산의 도덕적 문화를 변화시키고, 생산작업에서 요구되고 허용된 신뢰와 재량의 수준을 향상시키며, 협력에 대한 우리의 의지와 능력을 고양시켜 모든 사회생활에 고질적인 협력과 혁신 간의 갈등을 완화시키는 경향성을 가진다는 점이다.

기계화된 제조업과 공장제 대량생산은 이러한 생산방식이 번창하도록 하였던 시장질서의 유형과 마찬가지로 적당한 정도의 신뢰만을 요구한다. 19세기 후반과 20세기 초반의 사회이론가들(막스 베버와 게오르그 짐멜)은 그 시대의 "자본주의" 경제의 도덕적 전제들을 강조했었다.[65] 사회경제생활의 초기 형식들에서 전형적이었던 차이, 즉 국외자들에게 보인 불신과 혈연이나 문화로 엮인 내부자들이 공유하는 고도의 상호신뢰 간의 예리한 차이를 극복하는 것은 이러한 전제들에서 관건적이었다. 시장

---

[65] 근대자본주의는 합리적, 금욕적 경제윤리에 의하여 영리를 획득하는 것을 특징으로 한다는 베버, 트뢸치, 짐멜 등과 인간의 자주적 의욕에 따라 끊임없이 영리욕을 추구하는 것이 자본주의 정신이라고 주장하는 좀바르트, 브렌타노, 토니 등이 대립하였다. 베버는 『프로테스탄티즘의 윤리와 자본주의 정신』이라는 저작에서 프로테스탄트, 특히 캘빈주의자들의 기독교사상 속에서 직업소명설이 깃들어 있고 이러한 윤리가 자본주의 정신으로 구축되었다고 보았다.

경제란 이방인들 간의 협력형태로서 고도의 신뢰가 있는 때에는 불필요하고 신뢰가 전혀 없는 때에는 불가능한 것이다. 시장경제는 이방인들 사이에 일반화된 적당한 정도의 신뢰(낮은 신뢰)에 달려 있다.[66]

즉성(卽成)의 쌍무적 이행약속[쌍무계약]을 중시하고 지속적인 관계들을 계약법의 주변부로 격하시킨 19세기 고전적인 계약법은 이러한 비전을 법적 규칙과 교리로 발전시켰다.[67] 19세기의 발명품인 통일된 재산권은 마치 자연적으로 한통속이기나 한 것처럼, 사물의 관계에서 일련의 권력을 결합하고 그러한 권력을 동일한 권리보유자, 즉 소유권자에게 부여하면서 계약법이 했던 것과 같은 역할을 수행하였다. 통일된 재산권은 많은 권리들 중 그저 하나의 권리로 그치지 않았다. 통일된 재산권은 모든 권리의 범례적인 형태로 봉사하였다.

소유자는 자신의 권리의 엄격하고 명확한 범위 안에서 다른 사람들의 이익을 가능한 한 최소로 고려하면서 자신이 원하는 대로 자유롭게 할 수 있었다. 재산비축은 연대의 요구에 대한 하나의 대안이 되었다. 그러한 재산비축은 이방인들 사이에서 낮은 신뢰를 보편화하는 데에 몰두하였던

---

66 전혀 신뢰가 없는 곳에서는 안정적인 거래가 불가능하고(전쟁과 약탈, 사기가 적합하다), 고도의 신뢰가 존재하는 곳에서는 이윤추구의 동기마저 약화되어 자본주의적 거래방식이 작동하기도 어렵다.

67 즉각적인 쌍무적 이행약속은 백화점에서 상품매매계약과 같은 것이고, 지속적인 관계들의 계약은 거래가 일정 기간 지속되면서 거래주체들 간의 높은 신뢰관계를 바탕으로 하는 계약이다. 후자는 최근에 관계적 계약(relational contract)이라는 관념 아래서 다시 주목받고 있다. 대체로 많은 계약은 이 양자의 중간에 있다. 그러나 근대 계약법은 전자를 중시하고 후자를 주변화하면서 탄생하였다. 자본주의의 법제의 발전 과정에서 계약자유의 원리는 이러한 19세기적 사법학의 산물이라는 견해가 지배적이다. 웅거는 관계적 계약의 문제를 『비판법학운동』에서 자본주의 계약체제를 재구성하는 단초로서 상세하게 논의한다.

사회에 적합한 물권법[68]이었다.

대량생산은 재산권의 이름으로 정당화되는 계층적 전문화를 강조하면서 대량생산의 전 단계인 기계화된 제조업처럼 자본의 대표자들로서 생산과정을 감독하던 사람들에게 중요한 재량을 유보하였다. 대량생산은 개별노동자 또는 작업반에 허용된 재량영역을 최소화함으로써 임노동자에 대한 신뢰나 근로자 간의 신뢰에 의존할 필요를 제한하였다.

이러한 경제적 세계에서 협력의 요구와 혁신의 요구 간의 긴장은 첨예화되었다. 모든 혁신은 혁신을 집행하고 발전시키기 위해서 사람들에게 협력하도록 요구한다. 기술적이든, 조직적이든, 제도적이든 혹은 개념적이든 모든 혁신은 기성의 협력체제를 동요시킬 소지를 안고 있다. 모든 혁신은 이러한 모든 협력체제에 착근한 권리와 기대의 장래에 대한 불확실성을 불러일으킴으로써 그렇게 한다. 그러므로 모든 혁신은 혁신이 자신의 상대적 위치에 미칠 영향을 놓고 관련된 집단들 사이에 투쟁을 촉발한다.

우리는 협력의 필요와 혁신의 필요 사이의 긴장을 줄이는 활동을 통해 협력체제를 개선할 수 있다. 예컨대, 우리는 노동자 각자에게 경제적 불안에 맞서 보편적이고 휴대 가능한 일련의 안전장치들과 역량을 향상시키는 경제적, 교육적 재원을 보장할 수 있다. 우리는 생산기술뿐만 아니라 생산제도에서도 혁신의 기회를 동시에 증가시키면서 그렇게 할 수 있다.

지식집약적인 선진적인 생산방식은 순전히 일회적인 혁신보다는 지속적인 혁신 위에서 번창한다. 결과적으로 그러한 생산방식은 일반화된

---

68   물권법은 소유권, 저당권, 이용권을 중심으로 한 물건에 관한 사법체계를 지칭한다.

낮은 신뢰 그 이상을 필요로 한다. 감독역할과 집행역할 사이에 존재하는 뚜렷한 차이의 전복과 엄격한 전문화에 대한 선진적 생산방식의 양가성은 상사와 감독관들 안에서뿐만 아니라 평범한 노동자들 사이에서도 더 넓은 재량과 더 큰 신뢰를 요구한다. 지식집약적인 선진적인 생산방식은 협력과 경쟁을 각기 특징적인 활동영역으로 분리하는 것을 거부하고 대신에 기업 내에서 뿐만 아니라 기업들 사이에서도 협력적 경쟁(협력과 경쟁의 유연한 혼합)을 신뢰한다.

이러한 발언들은 사회자본(연결의 밀도)을 축적하는 것과 협력의 경향과 혁신의 필요성 간의 긴장을 완화시키는 것이 지식경제의 기초라는 점을 시사한다. 나는 이 책의 후반부에서 시장경제의 제도적 개편(경제적 분권화 제도들)이 포용적 전위주의의 전진을 위한 주요한 조건이라고 주장할 것이다. 또 다른 요구사항은 교육의 성격을 변화시키는 것이다. 그러나 경제성장에서나 가장 선진적인 생산방식을 심화하고 확산시키는 데에서나 교육과 제도가 전부일 수는 없다.

협력의 능력은 주요한 독자적인 역할을 수행한다. 그러한 능력은 어디에서 오는가? 우리는 협력적 능력의 상대적 강점을 불변적인 소여로 수용해야만 하는가 아니면 우리는 협력적 능력의 진화에 영향을 미칠 수 있는가? 일부 국가들은 경제의 제도적인 구조틀을 다양하게 시험하였으나 모조리 실패하였다. 다른 국가들은 제도적 실험에 대한 약속에 의해서든 국가적 비상사태로 인해서든 자신의 경제적 제도들을 변화시키면서 높은 수준의 협력을 유지할 수 있다는 점을 스스로 입증해왔다.

제2차 세계대전 중 미국은 국민적 정치문화에서 신성불가침적인 것으로 간주된 다수의 경제조직 형태들을 불가피하게 배제하고 이러한 문화에서 질색하던 방식으로 경제를 운영했다.[69] 그러나 인종적 선을 넘어서지는 못했지만 계급적 선을 넘어서는 협력적 성향은 남아 있었다. 그 실제적인 결과들은 매우 주목할 만한 것이었다. 과감한 제도적 혁신과 물리적, 재정적, 인적 자원의 대규모 동원의 결합은 국내총생산을 4년 만에 두 배로 증가시켰으며, 이러한 결과는 미국의 역사에서 전무후무한 것이었다. 평화시처럼 전시에서도 사회자본의 수준과 협력의 성향과 역량은 군사적이든 경제적이든 세속적 성공의 열쇠였다. 미국인들은 실상과 달리 자신들이 무계급 사회에서 살고 있는 척하면서 자신들이 협력적 관행을 더 높은 수준으로 끌어올리는 것을 저해하는 고착된 불평등을 공격하는 일에서 오랜 기간 억제되었다. 그럼에도 불구하고 전시에 미국인들의 자기기만은 그들이 보고 싶지 않거나 볼 수도 없었던 계급적 선을 넘어 협력하도록 유도함으로써 단기적으로 그들에게 잘 봉사했던 것 같다.

지식경제에 대한 도덕적 배경은 그저 존재하거나 혹은 부재하는 어떤 상황이 아니라 어느 경우에든지 의도적인 행동과 프로그램적인 의도의 파급 범위를 넘어서 있다. 이러한 배경이 결여된 곳이라면 집단행동이 이러한 배경을 창출할 수 있다.

---

69 자유방임주의적 시장정책에서 개입주의적인 뉴딜로 전환한 상황을 가리킨다. 오늘날 미국의 의료보험제도의 현실을 보면 알 수 있다. 제2차 세계대전 말미에 미국 대통령 프랭클린 루스벨트는 「네 가지 자유들」을 의회에 대한 교서형태로 발표하였다. 이 문서에 등장한 사회권 목록은 '국제사회권규약'의 탄생에 중요한 문서로 취급되었지만 정작 미국사회의 주류는 이러한 사회권을 빨갱이권리(red rights)로 규정하고 사회권규약(1966)에 가입조차 하지 않았다.

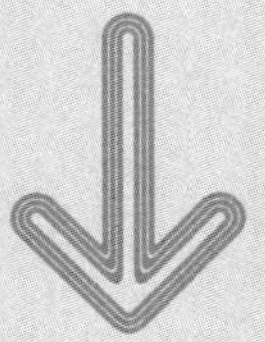

제2장

지식경제의 국한성

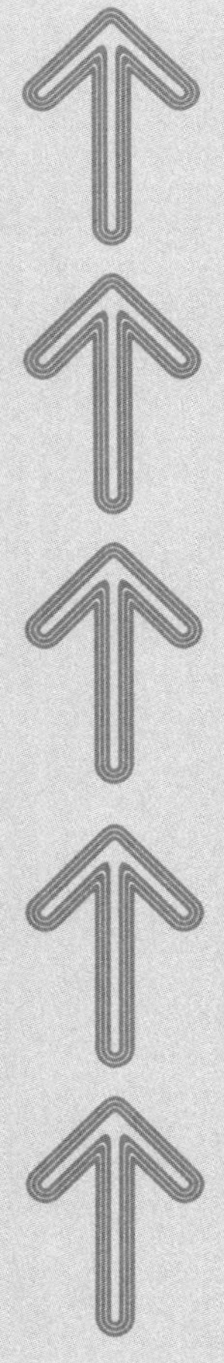

1.
사실과 수수께끼

전세계적으로 지식경제는 선진 제조업, (종종 선진 제조업과 결부된) 지식집약적인 서비스, 정밀공학, 과학적 영농 등 고립된 전위 부문들로 한정되어 있다. 지식경제는 제조업과의 독점적인 연관성을 상실했지만 각 부문에서는 여전히 프린지로 남았다.

지식경제와 여타 생산체계를 분리하는 경계선은 실제로 항상 다공성(多孔性)을 띤다. 전위 부문과 기타 부분의 차이를 완화시키는 경제활동 및 경제능력의 잠재 영역에서는 유출[70]이 존재한다. 많은 요인들이 그러한 유출에 기여한다.

지식경제 기업들이 판매하는 지식집약적인 제품과 서비스의 출시는 그러한 제품과 서비스를 이용하기 위해 필요한 숙련기술의 전파를 요구한다. 지식경제의 기술과 관행이 과학사에서 친숙한 유추와 일반화의 과정을 통해 새로운 생산 라인과 새로운 소비 분야로 확장됨으로써 그러한 기술과 관행은 발전한다. 외국의 전위 부문을 모방하고 자신의 전위 부문

---

[70] 스파이의 탈취, 인력 스카웃뿐만 아니라 창업, 협력사업 등을 통해 신기술은 다른 기업으로 흘러들어 간다. 하나의 혁신적인 기업은 의도치 않게 해당사회에서 새로운 교육기관으로 역할한다.

을 발전시키려고 안달하는 정부는 지식경제를 그 다공성을 띤 주변영역
으로 확산시키는 것을 우대하는 개방적이고 실험친화적인 규제접근을 학
습한다.

이와 같은 보급의 촉진요소들을 감안할 때 지식경제가 번창하는 프린
지들로 대체로 지속적으로 한정되고 또한 결과적으로 지식경제의 가장
심오한 속성들의 표현과 더 큰 잠재력의 성취가 억제되어 왔다는 사정은
더욱 더 주목할 만하다. 어떤 면에서는 내가 다음 절에서 주장하려는 바
와 같이, 지식경제의 국한성은 축소되기보다는 오히려 증가하였다. 유출
이 경제 전반에 걸친 생산방식과 생산역량의 향상을 위한 첫 번째 조치라
고 판명되지는 않았다.

그럼에도 불구하고 유출은 새로운 생산방식의 심오하고 확산된 형태
를 향한 운동의 출발점의 한 부분이 될지도 모른다. 유출은 자생적으로
그와 같은 출발점으로 복무하지는 않을 것이다. 우리는 이러한 대안적인
미래를 창조하기 위해 행동해야만 한다. 이러한 미래를 창조하기 위해서
우리는 그것을 상상할 수 있어야만 한다. 그때까지 포용적 지식경제는 요
원한 목표로 머문다.

지식경제의 상대적 고립성은 이제 너무나 오랫동안 지속되었기 때문
에 우리는 이러한 고립상태를 더 이상 설명할 필요가 없는 것처럼 자연스
러운 것으로 생각하고 싶어 할지도 모른다. 하지만 고립상태의 자연스러
움 따위는 존재하지 않는다. 규모의 제한성으로 인해 규모의존적인 기술
과 대량생산의 절차를 흡수하지 못하게 된 전통적 소기업을 예외로 하고
는 기계화된 제조업과 공장제 대량생산은 경제의 모든 부분의 변혁에 급

속도로 영향을 미쳤다.

이전의 선진적인 생산방식과 달리 지식경제는 어떤 특정 분야에 본질적으로 연결되어 있지 않다. 특징적인 기술들의 지원을 받으면서 거의 모든 규모에서 상품과 서비스를 생산하는 지식경제의 역량은 소기업의 세계가 다른 사유들로 지식경제에 접근할 수 없는 경우를 제외하고는 소기업의 세계를 지식경제에 개방할 수도 있다. 그러나 지식경제가 고립적인 전위 부문들에 국한되는 현상은 완고하게 지속되어 왔다.

지식경제는 고립성을 회피하지 않은 채 제조업에의 국한성에서 탈피하였을 뿐만 아니라 결과적으로 세계에서 가장 부유한 어떠한 경제체제들에서도 경제 전반적인 입지를 구축하지 않은 가운데 가장 부유한 경제체제들과의 독점적인 관계도 극복했다. 대량생산의 절정기에 자본집약적 경제와 노동집약적 경제 사이의 교역은 국제적 노동분업의 축일뿐만 아니라 국제통상론의 핵심적인 분석 주제였다. 가장 선진적인 생산방식(공장제 대량생산)은 가장 부유한 경제체제에 집중되었다. 더 원시적인 노동집약적인 생산은 나머지 국가들(개발도상국이라는 광대한 주변부)에서 지배적이었다.

새로운 선진적인 생산방식의 출현은 세계의 노동분업에서 현저한 변화와 동시에 일어났다. 새로운 생산적 전위는 세계의 모든 주요 경제체제들, 즉 가장 부유한 경제체제들뿐만 아니라 주요한 개발도상국들(중국, 인도, 브라질 등)에서도 발판을 마련했다. 이러한 경제체제들의 선진적인 부분들은 기술, 자원뿐만 아니라 사람, 절차, 아이디어를 교류하면서 크든 작든 서로 간에 직접적으로 교통하고 있다. 실제로 다른 어떤 경제주체들과 세력들보다 이러한 전위들의 네트워크가 세계경제의 지배세력으로 간주될 자격을 더 잘 갖추고 있다. 그에 비해 국제금융은 부차적인 것이다.

변화하는 국제적인 노동분업에서 드러나는 지식경제의 국제적인 입지는 지식경제가 현재 국한되어 있는 프런지들에 포획된 상황이 제기하는 수수께끼를 심화시킬 뿐이다. 지식경제는 모든 주요한 경제체제뿐만 아니라 각 주요한 경제체제의 모든 부문에서도 존재한다. 그러나 지식경제는 여전히 엘리트들의 전유물이다. 이러한 상황에서 지식경제의 국한성과 연관된 세력들은 경제적 침체를 우대하고 경제적 불평등을 심화시키는 데 협력한다. 생산성 증가의 둔화와 경제적 불평등의 심화는 지식경제의 고립성에 대한 대가다.

2.
유사전위주의와 초고립성

우리는 고립적인 지식경제와 유사전위주의(quasi-vangaurdism)를 혼동하지 않도록 주의해야 한다. 유사전위주의는 다양하고 광범위한 기업들이 경영 또는 생산 공학의 수준에서 내가 서술했던 지식경제의 피상적인 특성들이나 지식경제가 발전되거나 전파됨에 따라 지식경제가 드러내는 더욱 심적 특성들과 관련하여 새로운 가장 선진적인 생산방식을 숙달하거나 발전시키지 않으면서 새로이 부상하는 전위 부문, 특히 정보통신 공학과 매우 자주 연결되는 기술을 이용하는 경향을 의미한다.

유사전위주의의 가장 흔한 형태는 복잡한 정보(예컨대 월마트와 같은 거대소매기업이 취급해야만 하는 정보)를 관리하기 위한 디지털기술의 채택이었다. 그러한 기업들은 정보를 더 효과적으로 관리함으로써 재고의 "적시" 보충과 같은 효율성을 제고하고 자본을 절약하는 관행을 발전시킬 수 있었다. 기업의 대규모성은 기업에게 필요한 기술적 장비의 고정비용을 처리하는 데 결정적인 이점을 주었다. 이러한 성공적인 장비사용은 결국 기업이 자신의 시장지위를 공고히 하면서 더 크게 성장하도록 도왔다. 그러나 이러한 활동 중 어느 것도 그러한 거대기업들을 지식경제의 대표자로 전환시키지 못했다. 유사전위주의는 지식집약적인 선진적인 생산방식이 지식경제보다 더 확산되어 있는 것처럼 보이도록 한다.

진정한 지식경제는 여전히 좁은 서클 안에 갇혀 있다. 이윤을 쌓고 시장지배력을 축적하기 위한 인센티브는 이러한 협애성을 강화한다. 지식경제를 지배하고 있는 글로벌 대기업들은 생산과정에서 규칙화되거나 심지어 상품화될 수 있는 부분을 떼어낼 방법을 찾아낸다. 그들은 본사에서 멀리 떨어진 세계 각지에서 전통적인 대량생산 방법을 사용하면서 주로 미숙련 노동자들로 구성된 기업들에게 이러한 규칙화된 부분들을 할당한다. 어떤 선진기업들은 심지어 "팹리스"기업[71]으로서 큰 생산단위들(공장들)의 소유권과 아울러 그러한 단위들이 전통적으로 요구하는 안정적 노동력에 대한 고용부담을 가능한 최대로 떨쳐버린다.

진정한 전위주의는 대량생산의 사회적 복잡성에서 벗어난 자본과 지식의 엘리트로서 기업가, 관리자, 기술자의 작은 내부 집단에 한정된다. 상이한 규칙 아래서 다른 국가의 다른 기업과의 하도급계약 또는 더 일반적으로 분산된 계약 네트워크는 종종 본국의 노동력을 지식경제의 업무로 통합하는 것을 대체한다. 그 수익의 알짜배기는 고립된 지식경제의 정점에서 활약하는 기업의 주주들에게 시세차익으로 돌아간다. 또한 그 알짜배기는 스톡옵션과 같은 임금에 준하는 혜택의 형태로 최고로 숙련된 노동자와 경영자 엘리트에게도 돌아간다.

---

71 예컨대 반도체산업에서 팹리스(제조설비 없는) 사업모델을 채택한 기업은 제품의 제조를 외주함으로써 제조설비의 건설, 가동, 향상 비용이나 고용의 부담을 피하면서 시간과 자원을 혁신적인 집적회로의 설계에 투입한다. 반도체 산업에서 삼성반도체, 대만의 TSMC, 중국의 SMIC는 반도체를 위탁생산하면서 팹리스 기업을 밑받침하고 있다.

유사전위주의에 의한 선진관행의 허위적 확산에 상응하는 현상이 진정한 전위주의의 초고립성(hyperinsularity)이다. 선진기업은 자신이 판매해야만 할지도 모르는 온갖 물적 재화를 제조하는 회사들과 사무적인 계약관계로 후퇴한다. 예컨대, 캘리포니아에 있는 몇 천 명의 사람들은 자신의 생산계획 중 규칙화된 부분들을 중국에 있는 수십만 명의 사람들로 하여금 실행하도록 조정한다.

초고립적 전위주의는 지식경제의 진정한 형태이지만 축소된 형태이다. 유사전위주의는 지식경제의 허위적인 긴 그림자일 뿐이다. 유사전위주의와 초고립적인 전위주의의 공존은 우연으로 치부하기 어려운, 서로 연관되어 있고 동시에 점증하는 경제적 침체와 경제적 불평등을 내포하는 두 가지 동향을 야기한다. 첫 번째 동향은 글로벌 과점기업들이 획득한 결정적인 지위다. 두 번째 동향은 개발도상국들뿐만 아니라 가장 부유한 나라들에서도 노동력을 점증적으로 불안정고용에 방기하고 있다는 점이다.[72] 결과적으로 두 가지 동향은 초고립적인 전위주의의 점진적 후퇴 국면에서 수행되는 노동과 초고립적 전위주의를 통제하는 기업적 기술적 엘리트들의 노동을 제외하고는 국민소득의 몫을 둘러싼 경쟁에서 노동보다 자본의 이익을 증가시킨다.

유사전위주의(월마트와 같은 기업들)와 초고립적 전위주의(알파벳[73]과

---

72 두 번째 동향은 다음 절에서 논의된다.

73 구글과 구글 자회사들의 복합기업을 말한다.

퀄컴[74]과 같은 기업들)는 모두 엄청난 규모성과 불완전경쟁이라는 특징을 갖는다. 이러한 두 가지 사례에서 거대기업은 가장 선진적인 설비에 대한 고정된 투자비용을 영리적으로 감당하는 능력에서 더 작은 경쟁업체보다 이점을 누린다. 게다가 지식경제의 전위 부문의 진정한 구현체인 초고립적 선진기업들은 효과적인 경쟁을 피하는 데에 세 가지 추가적인 이점을 갖는다. 그러한 이점들은 지식경제를 두드러지게 하는 특성(물리적인 기반 시설에 의해 지원되고 물리적 장치에 의해 접근되기는 하지만 무형적인 아이디어, 능력, 네트워크의 작업에서의 우위성)의 제한적이지만 구체적인 표현이다.

확장과 과점의 첫 번째 이점은 초고립적 지식경제의 거대기업들과 같은 사업체들이 갖는 플랫폼 효과[75]에 있다. 이러한 기업들은 다수의 상품과 서비스를 서로 연관시키면서 제품을 플랫폼이나 생태계의 일부로서만 판매하게 된다. 플랫폼이 클수록 사용자의 수가 많을수록, 플랫폼이 사용자에게 제공하는 옵션들이 더 다양하고 완전하기 때문에 새로운 고객에 대한 매력은 더 강력하게 된다.

두 번째 이점은 진정한 지식경제의 거대기업들이 기술적 인재를 유인하는 데 유리하다는 점이다. 막대한 유동자본을 보유한 거대한 사업을 위한 활동에서 발생하는 물질적 편익에다 기술적 진화의 최전선에서 활약하는 기업을 위해 활동한다는 매력이 추가된다. 그러한 기업들은 성공하려면 실험실을 닮아야 한다. 젊은 기술자나 기술적인 기업가, 과학자는 자

---

74 미국 캘리포니아 주 샌디에이고에 본사를 둔 무선 전화통신 연구 및 개발 기업의 이름이다.

75 플랫폼효과는 하드웨어, 소프트웨어, 서비스가 결합된 플랫폼이 발생시키는 성장효과를 말한다. 보통 네트워크 효과라는 말과 혼용된다. 인터넷은 그러한 대표적인 사례이다.

신의 분야에서 가장 선진적인 작업과 접촉을 유지하는 팀의 일원이 되고 싶어 한다.

　세 번째 이점은 바로 다음 추가되는 소비자를 위한 재생산의 한계비용이 거의 제로에 가까운 제품과 서비스를 채용한다는 점인데, 이러한 이점은 그 중요성에도 불구하고 우선 따분하고 일천해 보일지도 모른다. 즉각적이고 무비용에 가까운 조작은 소비자를 플랫폼으로 초대하고 플랫폼의 많은 제품과 서비스에 대한 접근기회를 충분히 제공할 것이다. 그럼에도 불구하고 소비자는 거대기업에게 추가비용을 발생시키지 않는 어떤 것에 대해 대가를 지불할 수도 있고 사용자 모집단의 크기를 증가시킴으로써 향후 다른 사용자에게 플랫폼을 그만큼 더 가치 있게 만드는 데 기여할 수도 있다. 겉보기에 사소한 특성들은 원래 의도한 것보다 더 중요한 의미를 가질 수 있다. 이러한 특성은 지식 및 이러한 지식을 통해 가능하게 된 사용자 커뮤니티들이 물질적인 제품과 프로세스보다 더 중요한 것으로 여겨지는 생산방식에서 비롯된다. 그러한 모든 프로세스와 제품들은 성질상 보편적인 비용, 소모, 퇴화의 대상이다. 이 모든 현상은 한계수확체감의 제약이 계속적으로 군림하는 세계에 속하는 사항이다.

3.
불안정고용

유사전위주의와 초고립적 전위주의가 수반하는 또 다른 동향은 노동과 자본의 관계가 노동에 불리하게 변질된다는 점이다. 경제학의 가장 불변적인 교리 중 하나는 노동수익(실질임금)이 생산성 증가를 지속적으로 능가할 수 없다는 것이다. 이 도그마는 부분적인 진리를 담고 있다. 노동수익의 강제적인 인상은 인플레이션을 통해 원래대로 돌아가기 쉽다는 사실이다. 그러나 이러한 제약조건과는 별도로, 우리는 이 도그마가 명백히 거짓이라는 점도 알고 있다. 다양한 요소부존량(특히 인구밀도와 천연자원의 부)의 발전과 제약에서 비슷한 경제를 비교한다면, 우리는 노동과 자본 사이의 국민소득의 분할에서 큰 불균형이 존재한다는 점을 발견할 수 있기 때문이다. 애초에 어떻게 이런 불균형이 발생할 수 있을까?

이러한 차이의 원인은 자본과의 관계에서 노동을 강화 또는 약화시키고 생산을 위해 노동자를 채용할 수 있는 조건을 규정하는 법적 제도에 있다. 경제성장은 수요측면과 공급측면에 대한 제약을 반복적으로 돌파하는 것을 필요로 한다. 수요에 대란 제약을 돌파하는 가장 오래 지속되고 효과적인 방법은 누진세와 재분배적 사회권을 통해 분배를 사후적으로 수정하려고 시도하는 것보다는 [제도적 안배들을 혁신함으로써] 경제적

편익의 일차적인 분배에 영향을 미치는 방법이다.[76] 경제적 이익의 일차
적 분배를 형성하는 제도적 안배 중에는 자본과 노동의 법적 관계를 정하
는 안배(계약법, 회사법, 노동법)와 생산의 자원과 기회에 대한 분산적 접근
의 조건을 규정하는 안배(재산권 체제)가 있다.

　자본과의 관계에서 노동을 강화 또는 약화시키는 방법은 가장 선진적
인 생산방식에 기반을 두는 경우에만 안전하다. 20세기에 지배적이었던
노동의 조직과 대표 방식은 그러한 기반을 확보하였다. 부유한 북대서양
양안의 국가들에서 노동을 조직하고 대표하는 지배적인 안배와 지지대는
계약주의적 노동법 체제이거나 단체협상에 입각한 노동법 체제였다. 단
체협상은 고용관계의 불평등한 여건에서 조직된 노동에 "대항력"을 부여
함으로써 계약의 현실을 유지하려고 설계되었다. 중남미에서는 대안적인
조합주의적 노동법제가 등장하였다. 노동력의 절반 또는 그 이하를 관장
하는 공식적이고 법적인 경제 영역에서 노동자들은 노동부의 보호 아래
직종별 노동조합에 자동적으로 가입되었다. 계약주의적 노동법 체제와
조합주의적 노동법 제체는 모두 기업 조직체들[협회들]의 비호 아래 확
립된 생산단위(공장 등)에 안정적인 노동력을 특징적으로 결집시키는 공
장제 대량생산을 자신의 경제적 배경으로 삼았다.

76　웅거의 경제철학은 자본주의의 불평등한 결과를 사후적으로 교정하는 처방이 아니라 일차적인 경
　　제활동으로 비교적 균등한 소득을 획득할 수 있게 하는 경제질서를 형성하는 것을 목표로 한다.
　　사후교정책은 오늘날 대부분의 국가에서 정책의 기본적인 수단이 되고 있지만 웅거는 사후교정
　　책을 보완적인 수단 정도로 다룬다. 경제활동능력을 상실한 사람(고령, 질병, 장애 등)에게는 사후
　　교정책이 불가피하지만, 경제활동능력을 가진 사람에게 생산경제 안에서 자력갱생할 수 있는 기
　　회를 제공하고, 이를 위해 보통 사람들의 역량을 향상시키기 위한 정책이 필수적이다.

고립적인 지식경제의 등장은 대량생산을 유사하게 경제 전반에 퍼져 있는 선진적인 생산방식으로 대체하지 않았다. 이러한 새로운 전위 부문의 동향은 전통적인 대량생산이 쇠락하는 상황과 안정적 노동력의 고용이 확고한 경제적 지원을 얻지 못하는 현실을 대변한다. 기업들은 더 싼 노동력, 더욱 유연한 노동력의 고용, 세금 우대(노동과 세금의 차익 거래) 등을 찾아 세계를 샅샅이 뒤지고 있다. 고립적인 지식경제뿐만 아니라 이로부터 불안정계약의 제도들을 통해 업무를 할당받는 세계에 두루 존재하는 비전위 기업들도 계약주의적 노동법 체제와 조합주의적 노동법 체제가 공히 의존하였던 경제적 기반을 침식하는 데에 일조한다.

노동의 대표와 보호의 자연적 형태처럼 보이던 것들이 회고해보면 노동이 경제적 안전이나 시민권이 없이 주로 분권적, 계약적 안배들로 조직된 두 시대 사이에 상대적으로 짧은 간주기의 현상으로 판명될지도 모른다.[77] 공장제 대량생산과 계약주의적 및 조합주의적 노동법 체제 이전에는 선대제수공업(先貸制手工業)이 존재하였으며, 마르크스는 이를 『자본』의 초반부에서 기술하였다.[78] 이제 대량생산의 쇠락과 선진적이지만 독점적인 새로운 생산방식(지식경제의 고립적 혹은 초고립적 전위주의)에 의

---

77 현대법제사를 자유방임주의, 수정된 자본주의, 신자유주의로 세 단계로 구분한다면 웅거처럼 말할 수 있을 것이다. 물론 신자유주의의 시대 역시 부침을 하지만 새로운 지배적인 법형식이 탄생했다고 볼 수는 없다.

78 선대제수공업은 중세 말 근세 초 유럽에서 등장한 생산방식으로, 상인에게서 원재료를 제공받은 소생산자가 재료를 가공하여 제품을 만들고 상인은 그 제품을 시장에 내다파는 산업형태이다. 이러한 선대제수공업이 생산자의 규모에 따라 공장제수공업의 양상을 띠기도 하였다. 선대제수공업은 산업혁명의 생산방식이다.

한 대량생산의 추월 과정에서 또 다른 선대제수공업이 세계적인 규모로 등장하였다. 많은 대량생산의 일자리들은 더 가난한 나라의 저임금 회사에 하도급으로 제공되었다. 다른 일자리들은 특히 서비스 분야에서 불안정한 도급직과 임시직으로 대체된다. 노동의 대표와 보호를 위한 대안적인 법적 체제가 부재하고 더욱 근본적으로는 포용적 전위주의로 향하는 활동들이 부재하다면 노동은 무방비상태가 되고 국민소득 중 노동의 몫은 감소한다.

초고립적 전위주의와 유사전위주의의 출현이 초래한 동향들(과점기업들이 두 가지 전위주의를 통제하고 있는 상황과 많은 노동자들이 불안정 노동으로 전락하는 상황)에 대한 지금까지의 대응들은 전체적으로 불충분하다. 이러한 대응들은 더 크고 더 넓은 변혁으로 휩쓸려 들어가야만 작동할 수 있다. 현재까지 그러한 변화는 시행되기는커녕 상상조차 되지 않았다.

주변의 미미한 신생기업들로 둘러싸인 과점기업들이 지식경제를 지배하는 상황에 대한 해답으로서 독점금지법을 고려해보자. 독점금지법을 적용할 수 있는 사실요건(예컨대, 특정한 제품의 확정된 시장에서 제품가격책정에 대해 측정 가능한 영향력을 통해서 경쟁을 억제하는 행위)이 자주 결여되어 있다. 독점금지법이 지식경제의 거대기업이 경쟁을 억제하는 양상을 다루는 방향으로 개정되거나 발전되었다고 가정해보자. 개정된 법은 이 장의 앞부분에서 제시한 바와 같이 소수의 글로벌 기업들에게 초고립성과 과점을 결합하는 데 결정적인 편익을 제공해온, 결합적이고 누적적인 요소들을 역전시키는 것이 불가능할 수 있다. 이와 같은 독점금지법의 개정은 시장경제의 제도적 법적 구조에서 파급효과가 더 큰 변화의 일환으로서만 작동할 수 있다.

더욱이 플랫폼 기업들의 해체는 이러한 기업들이 사용자들의 단일한 커뮤니티로 결집시킨 다수의 사람들과 연결된, 기업의 경제적 사회적 가치의 많은 부분을 파괴할 위험을 안고 있다. 우리는 플랫폼 기업들을 소규모 회사로 분할하고 덜 포괄적인 네트워크를 조직하는 대신에 플랫폼 기업들을 유지하려고 결정하면서도 이 기업들을 새로운 지배구조[79] 형태에 복종하도록 결정할 수도 있다. 예컨대, 법에 의해 설립된 독립적인 신탁회사들은 시민사회의 대표자들과 함께 플랫폼 기업들을 통제할 권한을 보유하고 그리하여 주주의 권리와 경영자의 권한을 동시에 제약할 수 있다.

독점금지나 지배구조 활동의 효과는 경제적 제도들에 대한 더욱 파급력이 큰 혁신에 따라 달라질 수 있다. 이러한 혁신은 지식경제에 대한 참여 수단들, 즉 자본, 선진기술 및 선진관행 등에 대한 접근을 확대함으로써 시작할 수 있다. 이러한 혁신은 기업들 간의 협력적 경쟁뿐만 아니라 정부와 신생기업들 간의 협력의 새로운 형식들을 지속적으로 창출할 수도 있다. 나아가 이러한 혁신은 기본적인 재산권 체제(사람들이 사회의 축적된 자본을 배치하고 생산적 자원과 기회를 활용할 수 있는 방식과 조건들)에 대한 다원주의적인 실험에 이를 수 있다. 이러한 실험은 현재 국한적인

79　governance. 지배구조는 기업의 경제활동을 둘러싼 여러 이해관계자들 간의 관계를 조정하는 메커니즘이나 경영자원의 조달과 운용 및 수익의 분배 등에 대한 의사결정과정과 이에 대한 감시기능을 총칭한다. 기업의 비윤리적 행위를 감시하는 차원에서 이 용어가 처음 등장하였으나 기업가치를 제고하는 의미로 확장되었다. 주주권행사를 통해 최고경영진을 조직적으로 통제하거나 주식시장에서 주식매각을 통해서 통제하는 방법이 활용된다.

형태의 지식경제의 계승자로서 포용적 전위주의의 전진에서 법적이고 제도적인 요소를 예시적으로 보여주는 하나의 순서도이다.

유사한 취지에서 특정한 직업 보유와 무관하게 모든 노동자–시민에게 제공되고 그래서 보편적으로 휴대가능한 안정성–보장적인 안전장치와 역량–강화적인 기부재원의 발전에서 북구의 실험, 즉 "유연안정성(flexsecurity)"[80]을 고려해보자. 안전장치와 기부재원은 모든 일자리에서 노동자와 함께 이동한다. 일부 이러한 제도적 안배는 새로운 생산현실 아래서 나타나는 고용불안에 대한 효과적인 해답이 되어야만 한다. 유연안정성의 광범위한 채택은 유연성과 안정성이 역의 관계를 이루어야 할 필요가 없다는 점을 증명할 수도 있다. 그 결과는 혁신과 협력 사이의 긴장을 완화시키는 체제의 일단을 범례화할 수도 있다. 그러나 그 결과는 지식경제의 카르텔 형성과 연관된 독점금지와 마찬가지로 이러한 응답의 단편 그 이상을 제공할 수 없다.

유연안정성이 제공할 수 있는 더 넓은 해법은 이제는 존재하지 않는 경제를 위해 만들어진 기존의 노동법 이외에 또 다른 노동법 체제를 탄생시켜야만 할지도 모른다. 이러한 노동법 체제는 노동시장의 유연성이 뚜렷한 경제적 불안에 대한 완곡한 언어로 복무하는 것을 보증하도록 설계될 수도 있다.

---

80 더 일반적으로 말하면 유연안정성은 서유럽의 사민주의가 추구하는 제3의 길이다. 이러한 방향성
은 전통적인 유럽식의 사회보호와 영미식의 유연성을 결합한 것이다. 웅거는 포용적 전위주의가
유연안정성보다 더 좋은 방향이라고 주장한다.

체제의 원칙들 중 하나로서 아마도 차등제를 채택할 수도 있다. 그러한 불안정노동이 통신기술과 지식경제의 관행의 도움으로 더 많이 조직되고 대표될수록, 고용관계에 대한 직접적인 법적 개입이 불안정 노동을 보호할 필요는 그만큼 작아진다. 반대로 불안정노동이 덜 조직되고 대표될수록, 그러한 직접적인 법적 보호의 명분은 그만큼 더욱 강력해진다.

이러한 보호의 내용을 발전시키는 또 다른 원칙은 법이 유사한 업무에서는 정규직 고용과 시간제 혹은 과업지향적인 고용 중 선택의 가격중립성을 요구하는 것이 될 수 있다. 즉 계약직 노동자는 유사한 노동에 대해서는 최소한 정규직 노동자만큼 임금을 받아야 한다는 원칙이다. 그 목적은 지식경제의 관행과 관계들에 의해 요구된 유연성이 노동의 가격인하와 국민소득 중 노동의 몫의 감소에 대한 구실이나 위장수단으로 복무하지 않도록 보장하려는 것일 수 있다.

이러한 대안적인 노동법 체제의 진화의 후기 단계에서 노동법의 변화는 경제적으로 종속적인 임금노동이 농노제와 노예제의 특성을 간직하고 있으므로 자유노동의 하자 있는 과도기적인 형태라는 19세기 사회주의자들과 자유주의자들(카를 마르크스부터 존 스튜어트 밀까지)의 공유된 믿음에 새로운 생명과 새로운 의미를 부여할 수 있다. 미래에는 경제적 종속노동은 고차적인 형태의 자유노동(독립자영업과 협동기업)에 자리를 내주어야 한다. 자유노동의 고차적인 형태들이 종속적 또는 주변적 지위로 격하되는 것은 19세기 후반에 그저 자연스럽고 필연적인 것으로 보이기 시작했다. 지식경제의 포용적인 형태의 제도적 안배들과 사법은 21세기 여건에서 19세기 이상을 쇄신함으로써 이러한 이상을 부활시키고 재해석할 수도 있다.

포용적 전위주의는 현재 세계화된 고립적인 지식경제 형태의 증가가 야기하는 위협적인 동향들에 대한 적합한 유일한 해답이다.

4.

경제적 침체와 불평등의 결과

지식경제의 국한성은 중대한 결과를 초래한다. 오늘날 지식경제는 경제적 침체와 경제적 불평등의 가장 중요한 원인이 되었다. 포용적 전위주의의 방향으로 나아감으로써 이러한 국한성의 극복은 가속적인 성장을 재점화하고 경제의 위계적 파편화 속에서 극심한 불평등의 원인을 교정하는 일을 시작할 수도 있다.

가장 선진적인 생산방식은 그 초기형태들에서는 가장 효율적이지 않을지도 모른다. 그러나 그러한 생산방식은 생산성의 최전선에 도달하고 이를 유지할 최상의 전망을 가진 생산방식이다. 경제 각 분야의 프린지들로 가장 선진적인 생산방식이 국한되는 상태를 묵인하는 것은 우리의 기술적 성취들이 이미 가능하게 만들었던 생산성의 단계, 하지만 우리의 경제적, 사회적 안배들이 보통의 노동자들에게 접근기회를 제공하지 못했던 바로 그 단계를 대다수 노동자와 기업들에게 부정하는 것이다.

게다가 가장 선진적인 생산방식은 역사적으로 경제의 나머지 부분에서 모방과 변화를 고취시키는 가장 큰 힘을 가진 생산방식이다. 가장 선진적인 생산방식을 기술적이고 기업적인 엘리트들의 전유물로 용인하는 것은 그러한 생산방식의 방향과 영감의 가장 큰 잠재적인 원천을 나머지 경제에서 빼앗는 것이다. 이는 마치 열차의 기관실과 나머지 차량들을 분리하는 것과 같다. 지식경제에서 일어나는 바와 같이 선진관행이 어떤 특정 분야와 본질적인 관계가 없고 비록 늘 프린지에 국한되지만 실제로 많은 부문들에서 발판을 확보해왔다면 이와 같은 실패의 결과는 우리를 더욱 더 경악하게 하고 맥 빠지게 한다.

지식경제의 국한성이 경제침체를 유도하는 가장 의미심장하지만 거의 알아채기 어려운 방식 중 하나는 이러한 전위주의가 번창하는 생산체계와 노동력의 분야들에서조차 이러한 국한성이 전위 부문 자체에 대해 미치는 [부정적] 결과이다. 만일 어떤 생산방식이 폭넓고 다양한 여건들에 적응하는 경우에만 그 잠재력을 발전시키고 드러내는 것이 사실이라면, 생산방식의 고립적 형태는 그러한 생산방식의 수행자나 수혜자에 의해서도 오해될 공산이 크다. 그러한 생산방식은 처음 출현하였던 첨단기술 산업과 분야를 특징지었던 특성들과 같은 가장 피상적인 혹은 우연한 특징들로 쉽게 오인될 것이다. 이전의 대량생산과는 달리 이러한 생산방식은 관행 자체에 표준적인 형식과 널리 인정된 중요성을 부여해주는 공인된 이론이나 교리를 확보하지 못할 것이다. 그러한 생산방식은 당대를 풍미하지만 동시에 모호한 것으로 머물 것이다.

불평등에 대한 결과도 역시 중요하다. 지식경제의 고립성과 그 일자리들의 상대적 빈곤성은 경제의 위계적 파편화를 심화시킨다. 부의 증가 부분은 노동력의 감소부분에 의해 생산된다. 내가 초고립성으로 명명한 것은 이러한 경향을 악화시킨다. 대량생산 산업과 연관된 일자리 구조와 이에 상응하는 서비스업에서의 일자리 구조는 두 부분으로 해체된다.

더 큰 부분은 국내시장에서 수행되는 서비스업과 가장 싼 노동력을 제공하고 가장 낮은 세금을 부과하는 국가들에서 수행되는 전통적인 제조업 노동에서 저임금 일자리들로 이루어진다. 그러한 일자리들은 낮은 노동수익과 낮은 세수를 지불하는 경우에만 생존할 수 있는, 쇠락하는 대량생산의 잔여물에서 일을 제공할지도 모른다. 또는 지식경제의 거대기업들이 생산과정의 일부를 규칙화하고 사업의 상품화된 부분을 흔히 매우 먼 나라에 있는 종속기업들에게 할당하는 방법을 터득함에 따라 이러한 거대기업들의 보조수단으로 역할해온 표준화된 제조업의 변형 안에서 그러한 일자리들은 입지를 창출할지도 모른다. 새로운 노동시장의 두 번째 큰 부분은 특권적인 일자리들, 즉 진정하고 배타적인 지식경제의 후미진 곳에서 구축된 비교적 소수의 일자리들이다. 대량생산이 지속적으로 쇠락하며 잔여물이나 보조적 지위로 위축되는 결과, 이른바 "일자리 구조에서 중간의 공동화"[81] 현상이 나타난다.

누진세와 재분배적 사회급부권은 시장경제의 기성제도들에 의해 생성된 불평등이 극단적이지 않은 범위 안에서 그러한 불평등을 완화시키는 작용을 할 수 있다. 명료하게 확정하기는 어렵지만 어떤 문턱을 넘어가면 구조적 현실은 시정조치로 감당하기 어렵다. 예산의 증수(增收)측면(누진세)이나 지출측면(재분배적 사회적 권리와 이전지출)에서 시정적 재분

---

81 일자리 구조가 고임금 일자리와 저임금 일자리로 양극화되는 현상을 말한다. 보통 '일자리 양극화'로 표현한다. 기술진보(디지털화)는 종래 노동구조에서 중간층(적당하고 반숙련의 사무직 노동자층)을 해체하고 고숙련 노동자층과 기계가 할 수 없는 저임금 허드렛일을 담당하는 노동자층을 양산함으로써 거대한 불평등을 심화시킨다.

배는 생산의 전위들과 후위들 간의 격차에 의해 야기되는 엄청난 불평등을 보상할 만큼 규모가 확장되어야 할 것이다.

시정적 재분배는 그러한 지점에 도달하기 한참 전에 기존의 경제적 제도들이나 유인책들과 충돌을 야기하고 과거의 경제성장에서는 참을 수 없는 것으로 널리 간주될 수 있는 희생을 요구하기 시작할 것이다. 누진세가 기성제도의 논리를 확장하는 것과 누진세가 기성제도의 논리를 부인하는 것은 서로 다른 문제이다. 기성제도의 논리를 부인하면서 인간화하는 역할[82]에서 벗어나 누진세가 시장에 의해 결정된 결과를 뒤집고 경제를 해체하는 쪽으로 아주 멀리 나가는 경우에만 누진세는 결정적인 차이를 만들 수 있다.[83] 누진세가 그렇게까지 나가는 것이 거의 허용되지 않는다는 것은 당연하다. 누진세는 거기에 이르기 한참 전에 중단된다.

더 유망한 경로는 일차적으로 더 작은 불평등 나아가 지분, 도구, 능력, 기회의 더 확산된 분배를 창출하는 다른 시장경제를 조직하는 것이다.

---

82 "인간화"는 경제적 제도나 구조를 혁신하지 않고 구조가 낳은 결과만을 사후적으로 조정하는 미봉책을 의미한다.

83 "결정적 차이"는 시장에 의해 결정된 결과를 조세와 이전지출로 대략적으로 평등하게 조정하는 것을 의미하고, 이러한 상태가 달성된다면 '사민주의적 제도혁명'이 성공하였다고 볼 수 있다. 이를 위해서는 우선 엄청난 고율의 누진세와 지출제도가 확립되어야 할 것이다. 그러나 이러한 제도를 실행한 다음에는 사회적 생산을 위한 동력이나 노동유인은 현저하게 약화될 것이다. (정치적 사회적 반대와 저항은 논외로 한다) 누진세가 기성의 논리(기성제도의 작동방식)를 전제하기 때문에 고율의 과세를 거둔다면 어떤 한계지점에서는 바로 그러한 제도의 작동을 멈추게 할 수 있다. 따라서 웅거는 1차적인 생산적 제도를 개혁하는 데에 초점을 맞추고 각자가 생산경제에서의 활동을 통해 비교적 균질적인 성과(품위 있는 삶에 어울리는 노동수입)를 확보하고 여기에 미치지 못하는 사람이나 집단에게 누진세에 입각한 사회지출을 시행해야 한다고 이해한다('자유사회주의적 제도혁명').

이러한 시장질서의 재구축이 요구하는 국가, 생산의 물리적 기반시설 뿐만 아니라 사람과 그들의 역량에 투자하고 비용이 가장 많이 들어가는 가장 급진적인 기술혁신을 후원하고 이를 위해 신규 또는 기존 사기업의 장래에 대한 지분을 매개로 그들과 협력관계를 만들어 낼 수 있는 국가에게 금융을 조달하기 위해서 높은 세수가 필요할 것이다.[84]

유사한 추론이 시정적 재분배의 이면인 사회적 권리와 이전지출에도 적용된다. 이러한 조치들은 생산 체제의 전위 부분들과 후위 부분들 간의 차이에 착근한 극명한 불평등을 보상하기에는 항상 불충분할 것이다. 이러한 조치들의 더 설득력 있고 효과적인 사용법은 성질이 다르다. 이러한 조치들은 개혁된 경제의 행위자가 될 만큼 대담하고 역량 있는 사람들을 육성하는 데에 많은 역할을 할 수 있다. 이런 점에서 우리는 20세기 사민주의의 가장 중요한 업적, 즉 역설적으로 역진적이고 간접적인 소비세로 조달되는 사람과 그 역량에 대한 대규모 투자를 다른 형태로 지속시킬 수도 있다. 우리는 역사적 사민주의의 가장 큰 한계들(시장과 민주주의의 제도적 안배들을 쇄신하는 것을 포기한 점, 경제의 공급측면에 대한 진보적 접근을 결여한 점, 경제적 편익의 일차적인 배분을 규정하는 안배들에 대한 변화보다는 시정적 재분배에 집착한 점, 경제적 정치적 생활에서 공유된 역량 강화의 이상을 전반적으로 개혁되지 않은 경제체제를 인간화하려는 시도에 굴복시킨 점)을 극복하면서 그렇게 할 수도 있다.

---

84 사회전체를 위한 인프라 투자는 논외로 하더라도 특정 산업이나 특정한 기업에 대한 정부투자(대부나 지원)는 기업의 장래가치와 결부된 지분으로 연결되어야 한다.

우리의 목표가 경제성장의 논리와 기회, 능력, 이익의 원대한 평등과 포용을 향한 운동을 연결하는 것이라면, 이를 수행하는 최선의 방법은 사후적인 교정책, 즉 새로운 상상과 쇄신을 이미 포기한 경제질서의 불평등결과를 완화시키려는 기획이 아니다. 최선의 방법은 기성의 경제질서를 다시 상상하고 쇄신하는 것이다. 우리는 이미 짜놓은 상상적인 대안으로 기성의 경제체제를 환상적으로 전면적으로 교체하는 대신에 부분별로, 단계별로 수행되는 누적적인 구조변화를 추구해야 한다. 그러한 기획에서 가장 선진적인 생산방식의 현재적 국한성이 야기하는 불평등−심화적인 결과에 대처하는 것보다는 더 중요한 과업은 없다.

아래 세 가지 명제들을 통해 나는 불평등과 관련하여 오늘날 가장 부유한 경제체제들의 비교할 만한 재정적 경험을 요약하고 해명해 보겠다. 이러한 원칙들은 비교적 단순하고 솔직하며 다양하고 광범위한 여건 아래서 이루어진, 장기적이고 밀도 있는 경험에 의해 지지되지만, 오늘날 북대서양 국가들의 통치 엘리트들의 가장 두드러진 기획인 사민주의와 사회자유주의(social liberalism)의 담론과는 대체로 이질적이다.[85]

---

[85] 사민주의(social democracy), 사회자유주의(social liberalism), 자유사회주의(liberal socialism)를 엄밀하게 구분하는 것은 가능하지 않다. 사민주의는 영국의 노동당과 유럽의 사회당 또는 사회민주당 등 전통적인 좌파정치노선으로서 시장에 대한 광범위한 국가개입, 기간산업의 국유화를 포함한 광범위한 사회화정책과 노동자와 약자에 대한 두터운 사회적 권리의 보장을 추구한다. 오늘날의 사민주의는 이러한 노선에서 상당한 후퇴를 겪었으며, 웅거는 바로 퇴각한 사민주의를 비판하고 있다. 사회자유주의는 좌파자유주의(left liberalism)나 새로운 자유주의(new liberalism)로 불리는 자유주의정당들의 개혁된 노선이다. 이들은 시장의 규제를 수용하고 시민적, 정치적 권리를 확장하는 정책을 추진했으며 공동선과 개인의 자유 사이에 조화를 추구한다. 영국에서는 토마스 홉하우스, 토마스 힐 그린, 홉슨, 애스퀴스, 데이비스 로이드 조지, 윌리엄 베버리지, 독일에서는 프리

첫 번째 명제는 경제적, 교육적 기회와 능력에 대한 접근을 조직하고 결과적으로 이익의 1차적인 분배를 형성하는 제도적 안배들에 영향을 미치는 시책들이 불평등의 미래에 대해 가장 중요하다는 명제이다. 제도적 안배를 바꾸는 시책들은 누진세와 재분배적 권리와 이전지출에 의한 사후적 재분배를 통해 달성될 수 있는 모든 것보다 우월하다. 오늘날 경제적 안배들 속에 불평등의 정착에 관한 논쟁의 주요 거점은 가장 선진적인 지식집약적인 생산방식의 미래를 둘러싼 투쟁, 즉 그러한 생산방식이 기업적, 기술적 엘리트의 영역으로서 고립적 전위들에 국한되어야 할 것인지 혹은 경제 전체에 징표를 남길 것인지에 대한 싸움이다.

지금까지 가장 예찬받는 경제사회적 조직형태는 북구 사민주의였다. 만약 세계가 투표를 할 수 있다면, 세계는 스웨덴과 같은 나라가 되자는 제안에 투표할 것이다. 그 경우 스웨덴은 현실적 스웨덴이 아니라 상상적 스웨덴이 될 것이다. 많은 사람들은 보상적 재분배를 통한 시장질서의 인간화와 상상적 스웨덴을 연결하지만, 사회경제적 권리를 통한 이와 같은 인간화에 앞서서 유산계급들과 국가권력의 이익들을 둘러싼 수십 년간의 계급적, 이념적 전투가 펼쳐졌다는 점은 망각한다. 이 갈등은 국가의 왕가적 금권통치와 사민주의 인본주의자들의 규제적 재분배적 공약들 사이의

드리히 나우만, 알렉산더 뤼스토우, 루드비히 에르하르트, 미국에서는 월리암 제임스, 존 듀이, 뉴딜을 추진한 루스벨트, 존 롤스 등이 이러한 사상을 대변한다. 유명한 '사회적 시장경제'는 독일의 뤼스토브의 개념이다. 자유사회주의는 사민주의의 경직성을 비판하고 개인의 역량강화를 통한 사회발전을 강조하며 시장경제와 사회주의를 혼합함으로써 경제질서를 재편하고자 한다. 이러한 사상의 주창자로는 존 스튜어트 밀, 피에르-조셉 프루동, 칼 폴라니, 카를로 로젤리, 샹탈 무페, 노베르토 보비오, 제임스 미드, 로베르토 웅거 등을 거론한다.

타협안으로 마감되었다. 세계는 이야기의 앞 부분에는 관심도 두지 않고 결말만 듣고 싶어 한다. 나아가 세계는 간신히 조정된 시장경제와 민주정치의 기성 조직형태의 한계 안에서 유럽식 사회보호와 미국식 경제적 유연성을 조화시키는 것을 결정적인 야망으로 삼은 의제[제3의 길]의 한계를 깨닫지 못한다.

이러한 [사민주의] 프로그램은 고립적인 지식경제, 구제불능의 대량생산 제조업, 전통적이고 퇴행적인 중소기업 사이의 생산체제의 분업에 착근한 불평등에 대해 적절한 해법을 제공할 수 없다. 인종적, 문화적 이질성이 국가에 의해 조직된 이전지출로는 사회적 시멘트[연대]를 만들 수 없다는 점을 들추어 내버린 이상 이러한 프로그램은 사회적 응집의 충분한 기반을 제공할 수 없다. 더구나 이러한 프로그램은 경제적 혹은 군사적 위기를 구조변화의 가능조건으로 요구하지 않는 민주적인 정치생활을 창조할 수 없다.

불평등과 관련하여 현대 금융경험에서 추론할 수 있는 두 번째 명제는 세금과 사회지출이 중요하지만 보조적인 역할을 수행한다는 명제이다. 그러나 적어도 중단기적으로 과세 및 지출의 체제에서 가장 중요한 것은 조세의 누진적 성격이 아니다. 관건은 총세입 규모와 이러한 재정수입의 지출방향에 있다. 예산의 증수 측면에서 진보적 재분배로 상실한 부분을 우리는 지출 측면에서 배로 만회할 수도 있다.

많은 현대사회에서 특히 정률종합부가가치세와 같은 역진적 간접소비세는 높은 세수(稅收)를 달성하는 최상의 방법이고, 이러한 세수는 높은 수준의 사회적 권리들을 재정적으로 밑받침하는 데에 사용될 수 있다.

그 이유는 복잡하지 않다. 그럼에도 불구하고 이러한 역진적인 간접소비세가 전통적인 진보적 담론에서 호감을 얻기에는 너무 역설적이다. 부가가치세는 정의상 상대가격[86]과의 관계에서 가장 중립적인 세금이다. 부가가치세의 중립성을 침해하는 예외들에 의해 영향을 받지 않는 한에서 부가가치세는 정부를 대신하여 모든 투입과 산출 간의 일정한 전환가치율을 평가한다. 결과적으로 부가가치세는 경제적 혼선을 최소화하면서 가장 많은 세수를 가능하게 한다. 이러한 세수의 많은 부분은 예산의 증수 측면에서 평등지향적인 재분배로 포기한 부분을 보상하는 정도를 넘어서 재분배적 사회투자로 나아갈 수 있다. 현대정치에서 자칭 진보파들은 매우 자주 보상적 재분배보다 구조변화가 우월하다는 점을 놓친다. 진보파들은 자신들이 좋아하는 조세와 이전지출의 영역에서조차 대체로 변혁적 결과보다는 진보적 충심을 우선시한다.

세 번째 명제는 우리가 재분배적 결과들과 조세 수단들의 관계에 대한 이해를 가지고 조세체계를 설계한다면 우리는 장기적으로 구조변화에 보조적인 재분배적 결과(첫 번째 명제)와 역진세에 의존하더라도 높은 세수의 유지(두 번째 명제)를 달성할 수 있다는 명제이다. 누진세의 기본적이고 적절한 대상은 각 개인이 사회의 자원들을 꺼내서 자신에게 소비한 소득과 부로 인해 발생한 생활수준의 서열이다. 이러한 과녁을 맞추는 데에

---

86 특정한 상품에 판매가격으로 정해진 것을 보통 절대가격이라고 한다면, 상대가격은 상품 상호간의 교환비율이 문제되는 경우 어느 한 상품을 기준으로 하여 표시한 다른 상품의 상대적인 교환가치를 의미한다.

가장 적합한 조세 수단은 개인적인 소비에 대한 세금이다.

케인스의 제자 니컬러스 칼도어[87]가 심혈을 기울여 연구해서 때로는 칼도어세로 불리는 이러한 세금은 각 개인의 총소득(자본수익을 포함)과 자기 자신에게 지출하는 것 간의 차이에 대해 가파른 누진율로 부과될 수 있다. 전통적인 소득세가 안고 있는 난점 이외에 누진소비세의 시행에서 특별한 기술적인 난점은 존재하지 않는다. 어쨌든 누진소비세는 개인소득세에 비해 두 가지 장점을 갖는다. 소득세가 두루뭉술하고 혼성적인 수단이라면 누진소비세는 생활수준의 불평등을 직접적으로 겨냥한다. 게다가 누진소비세는 정치적 의지와 권력이 가능하게 할 수 있는 만큼 높은 최고 한계세율을 허용한다. 누진소비세의 상한선은 100퍼센트로 한정되지 않는다.[88]

개인적 지출의 일정 수준 아래에서 개인은 세금을 납부하기 보다는 환급받을 수도 있다. 그 수준을 넘어서면 개인은 누진율에 따라 세금을 납부한다. 그리고 일정 수준의 호화생활을 넘어서면 그는 자신에게 쓰는 1달러당 몇 달러씩을 국가에 납부해야만 할지도 모른다. 진보파들이 과세의 재분배적 이용에 대한 헌신에서 명철함과 진정성을 갖고 있다면, 이

---

[87] 니컬러스 칼도어(Nicholas Kaldor, 1908-1986)는 헝가리에서 태어나 20세기 중반에 영국에서 주로 활약했던 경제학자다. 그는 처음에는 신고전파적 전통이 강한 런던경제대학에 재직하면서 명성을 얻었으나, 케인스의 일반이론이 출간되자 케인스 혁명에 적극 동조해 조앤 로빈슨 등과 더불어 소위 케임브리지학파 내지 포스트 케인스학파의 선두 주자로서 활약했다. 그는 『지출세 *An Expenditure Tax*』(1955)라는 저작을 통해 누진적 종합소비세를 제안하였다.

[88] 실제로 소비한 액수보다 더 많은 세금을 부과할 수 있다. 누진적 종합소비세를 포함하여 웅거의 세제개편방향에서 대해서는 『민주주의를 넘어』(앨피, 2017)를 참조하라.

러한 누진소비세는 선호할 만한 조세이다. 진보파들은 첫째로 보상적 재분배보다 구조변화가 우선적이라는 점을 확인하고 다음으로 보상적 재분배와 관련하여 세수의 총계규모와 세금의 지출방향이 조세체계의 누진적 성격보다 우선한다는 점을 인정하고 불평등의 재조정에 관한 세 번째 사고단계에서 이러한 누진적 소비세를 선호할 수도 있다.

누진세의 이차적인 대상은 부의 축적과 사망에 의한 부의 세습이나 생전 증여로 획득한 경제력의 행사이다. 이러한 대상은 그 목표가 덜 중요하기 때문이 아니라 과세를 통해 달성할 전망이 적기 때문에 이차적이다. 부에 대한 세금이 자산의 현재 분배상태에서 중요한 변화를 희망할 수 있기도 전에 이러한 세금은 대규모가 되어야만 하고 그리하여 주요한 경제적 와해를 초래해야만 할지도 모른다. 누진세가 갖는 최상의 가치는 현실적인 또는 예상된 상속에 대한 과세를 통해서 시간이 흐름에 따라 부의 분배에 영향을 미치는 데에 있다. 생활수준의 서열보다 경제력의 행사와 관련해서 보자면 기회와 역량에 대한 접근을 확장시킬 목적으로 이루어진 경제적 안배들의 제도적 혁신은 누진세와 사회지출을 통해 우리가 사후적으로 성취하기를 희망할 수 있는 그 어떤 것보다 훨씬 더 낫다. 그러한 혁신 중 가장 중요한 것은 가장 선진적인 생산방식에 대한 접근수단을 확대하는 것이다.

세금과 사회지출을 통한 진보적 재분배는 구조변화의 대체물로 자주 이용되어 왔다. 구조변화는 필경 하나의 불가분적인 경제체제를 다른 불가분적인 체제로 대체하는 것으로 표상되어 왔다. 이러한 대체는 (대위기라는 비상상황을 제외하고는) 일반적으로 정치와 정책에서 써먹을 수 없다.

만약 이러한 대체의 기회가 열려 있다면 대체는 심히 위험한 것으로 우려할 수 있다.

이 책의 목적 중 하나는 구조변화의 개념을 지상으로 끌어내리는 데 일조하려는 것이다. 우리가 가장 필요로 하는 변화들은 우리를 국한된 지식경제에서 벗어나 포용적 지식경제로 이끌게 할 부분적이고 점진적이지만 그럼에도 불구하고 누적적이고 궁극적으로는 급진적인 혁신이다. 이러한 변화들에 대한 탐구는 이 책 나머지 부분의 주요한 논제를 이루고 있다.

고립적인 전위 부분들에만 존재하는 지식경제의 국한성은 경제성장을 저해하고 경제적 불평등을 심화시킨다. 이와 같은 침체와 불평등의 문제들에 대한 적절한 대응은 전위 부문들과 나머지 부문들 간에 발생하는 격차의 원인들을 틀림없이 겨냥한다. 그러나 오늘날의 고립적인 전위주의가 우리에게 초래한 기회의 상실은 경제적 침체의 비용과 경제적 불이익의 불공정에 한정되지 않는다. 가장 선진적인 생산방식을 경제 전반으로 확산시키지 못함으로써 우리는 더 작고 더 빈곤하고 더욱 불평등한 존재가 된다.

가장 심층적인 수준에서 지식경제의 핵심은 상상력과 협력 사이에서 지식경제가 추구하고 수립해야만 하는 연결(우리의 협력적 관행들을 생산활동에서 함께 상상하는 방식으로 변화시키는 것)에 있다. 협력을 상상력의 형태로 전환하는 것은 기존의 선진적인 생산방식 형태에서는 간신히 알아챌 뿐이다. 선진적인 생산방식을 전파할 수 없다면 그러한 관행을 심화시킬 수도 없다.

그러나 지식경제는 격리된 상태로 존재하는 경우에도 이미 참여자들에게 일련의 물질적 혜택뿐만 아니라 도덕적 혜택, 즉 창조적 충동에 더 넓은 여지를 제공하는 과업에 대한 경험의 참맛을 쏟아 부어준다. 지식경제는 따분한 생산 현실 속에 공식이나 모듈 같은 기계로서의 정신보다 상상력으로서의 정신이 우월하다는 점에 대한 기반을 닦음으로써 우리를 더 큰 존재로 만들 잠재력을 가지고 있다. 지금까지 확립되어온 국한된 전위주의가 함축하는 모욕들 가운데 가장 심각한 모욕은 가장 부유하고 교육수준이 가장 높은 사회에서조차 대다수 사람들에게 이러한 경험의 기회를 부인하는 것이다.

이 책의 후반부는 포용적 전위주의의 요구사항들, 즉 공인된 지식체계에 대한 접근에서는 변증법적이고 사회적 환경에서는 협력적인 교육의 중시, 더 높은 신뢰와 더 큰 재량을 허용하고 요구하는 생산기풍의 쇄신, 나아가 시장질서의 제도적 구조와 법적 체제의 쇄신 등을 탐구한다. 이러한 요구사항들은 경제의 모든 부문에서 가장 선진적인 생산방식을 보급하고 이러한 보급을 통해서 생산방식을 심화하려는 목적에 대한 수단으로 그치지 않는다. 이러한 요구사항들은 또한 우리의 경험을 범위, 능력, 맹렬성에서 더 높은 수준으로 끌어올리는 방식이고 그러한 높은 수준에서 우리가 만들고 살아가는 사회 세계의 불운한 꼭두각시 노릇을 중단하고 대신에 이 세상의 판도를 바꿀 힘을 우리는 얻게 된다. 고립적인 전위주의가 우리를 빈곤하게 만들고 분열시킬 뿐만 아니라 우리를 왜소화하기 때문에 우리에게는 고립적 전위주의에 반란을 일으킬 이유가 존재한다.

5.
해명의 시작

왜 실험주의적이고 지식집약적인 생산이 앞서 내가 논의했던 경제적 불평등과 무력화뿐만 아니라 경제적 생산성과 성장에 대해서도 악영향을 낳는 각 경제부문의 선진적인 프린지들로 제한되는가? 이 문제에 대한 해답은 실천적으로 매우 중요하다. 그 해답은 가장 선진적인 생산방식을 경제 전반적인 형태로 발전시키기 위해 우리가 할 수 있는 것에 대한 이해와 직접적으로 관련된다.

이 문제에 대해 답변을 시작하는 최선의 방법은 이전의 가장 선진적인 관행(공장제 대량생산, 때로는 포드주의 대량생산)과 경제 전체의 관계에서 어떤 일이 일어났는지를 비교하면서 고려하는 것이다. 우리는 이전의 가장 선진적인 관행을 반숙련 노동과 고도로 전문화되고 계층적인 업무관계를 바탕으로 경직된 기계와 생산공정에 의한 규격화된 재화와 서비스의 대규모 생산으로 기술할 수 있다. 이러한 포드주의 생산방식은 대기업이나 중견기업의 보호 아래 대규모 생산단위들에 안정적인 노동력을 집결시켰다. 포드주의 관행은 노동자들에게 함께 작업하는 경직된 기계의 움직임을 반영하는 반복적인 동작을 요구했다. 포드주의 관행은 작업장에서 감독역할과 집행역할의 구분뿐만 아니라 생산계획들의 집행적 역할들 간의 뚜렷한 구분을 인정하였다.

대량생산은 예컨대 증기기관 또는 연소기관, 기계절삭용 선반, 금속제조변환기와 같은 기계발명, 대량생산이 등장한 역사적 시점에서 군사조직을 모형삼아 조직한 기술적 노동분업의 방식, 나아가 재산의 이름으로 노동력에 대하여 경영자들에게 광범위한 재량권을 행사할 수 있게 한 법적 구조와 같은 일련의 기술적, 조직적, 제도적, 개념적 혁신에 의해 가능했다. 혁신은 생산의 일상 과정들에 대해서 외부적이었던 기술적 발명과 과학적 발견, 법률과 정치, 심지어 금융에서 일어난 사건들로 촉발된 일회성 삽화로서 이해되고 조직되었다. 혁신들은 생산성을 높이겠다고 약속했고 기존의 사업수행 방식을 와해시킬 우려가 높았다. 결과적으로 혁신들은 손익을 노동력의 다른 부문과 다른 자산 소유주들에게 분배하는 것을 둘러싸고 갈등을 유발했다.

대량생산은 처음부터 나아가 역사 전반에 걸쳐 주로 경제의 한 분야인 제조업과 연관되어 왔다. 게다가 대량생산은 주로 세계에서 가장 부유한 경제에서 번창했다. 대량생산은 이러한 부국으로부터 경제성장의 변방에서 자신의 위치를 확보하려는 개발도상국들로 퍼져나갔다. 제조업과 밀접하게 연관되어 있음에도 불구하고 대량생산은 모든 부문에 영향을 미치는 모형이 되었다. 중심적 국가에서 개발도상국으로, 제조업에서 다른 분야로, 이러한 두 가지 팽창 양상은 처음에는 서로 거의 관계가 없는 것처럼 보일 수 있다. 실제로 대량생산은 지리적 전파를 유발하는 것과 똑같은 이유로 부문들을 넘어 확산되기 쉬웠다.

대량생산은 공식과 같은 특성을 지닌다. 대량생산은 제품의 반복과 규격화뿐만 아니라 공정, 즉 작업 방식과 심지어 사고방식의 반복과 규격화에 입각해서 번창한다. 대량생산은 혁신이나 와해를 외부의 권위 혹은 어쨌든 상부의 권위(소유자가 국가인 경우에도 소유자의 이름으로 행동하는 관리자)에 유보한다. 대량생산을 확립하고 작동시키는 요구사항들은 까다로운 것이지만 또한 제한적이다. 대량생산은 그 방법과 마찬가지로 판에 박힌 특성을 띤다.

일반근로자를 위한 대량생산의 교육적 요구사항은 최소한에 그친다. 즉 근로자에게 할당된 특정한 업무가 상정하는 신체적 역량과 결합된 명령에 복종하고 구두지시나 서면지시를 해득하려는 의향에 그친다. 경직된 전용 기계를 사용하는 데 필요한 기능별 기계별 활용기술은 대량생산 시대의 직업훈련에서 전통적인 관심사였다. 그러한 활용기술들은 고차적인 능력을 획득하는 것을 전혀 요구하지 않거나 거의 요구하지 않는다.

결과적으로 대량생산의 기술과 기계적인 품목들은 아무리 서로 다르더라도 한 장소에서 다른 장소로 들고 다닐 수 있는 연장통을 닮았다. 대량생산의 적절한 운영요건이 일단 충족되는 경우에는 아주 먼 장소에서도 동일한 결과의 발생을 안심하고 기대할 수 있다. 바로 이러한 특성이 고전적 발전경제학의 핵심적인 권고, 즉 사람과 자원을 다른 모든 경제부분(특히 농업)에서 대량생산 제조업으로 이동시키라는 권고가 호소력을 갖는 이유를 설명해 주었다. 이러한 가르침에 따르면 생산성의 증가와 성장에 대한 추진력은 통상적으로 뒤따라온다는 것이다.

발전경제학이 오랫동안 연구하고 금과옥조로 여기는 결론은 심지어 나머지 경제 부분을 타격하는 대가를 치르더라도 인력, 자원, 정치적 지원의 더 많은 부분을 제조업에 제공해야 한다는 메시지를 유념한다면 고도의 생산성과 성장의 "무조건적 수렴"[89]이 발생한다는 것이다(하지만 내가 차차 논의하게 될 이유에서 보자면 이러한 결론은 이제 더는 신뢰할 수 없다). 고도성장 수렴론은 광범위하고 다양한 국가와 여건에서 반복적으로 나타났다는 의미에서 무조건적이라고 간주되었다. 발전경제학의 정통에 따르면 이러한 수렴은 오직 교육과 제도의 궁극적인 제약조건들에 의해서만 제한되었다. 대량생산이 번창하기 위해 교육에 대한 요구사항들이 매우 적었다는 점과 사유재산에서의 안정성, 정부에게 발전경제학자들의 조언을 수용하고 따르도록 허용했던 계획, 규제적 권력 및 간부를 가진 국가 등과 같은 제도적 요구사항들이 매우 작았다는 점을 고려하면 어쨌든 이러한 제약조건들조차도 그저 그렇고 유동적인 것으로 밝혀졌다.

대량생산의 판에 박힌 특성은 마찬가지로 심지어 경제 분야들 간의 구분들이 오늘날보다 더 큰 힘을 유지했던 경제사의 시대에도 대량생산의 모형이 제조업과는 동떨어진 경제부문에서의 방향 전환에 대해 어떻게 영향을 미칠 수 있는지를 설명하는 데에 유용하다.

서비스업에서의 대량생산 모형은 서비스공급이 규격화되고 대규모로 이행되는 때 막스 베버가 개념화한 "관료제적 합리화"로 항상 흡수되었

---

89   unconditional convergence. 솔로우(Solow)의 성장모형에서 제시된 가정의 일부이다. 수확체감의 법칙 아래서 개도국들이 산업화를 통해 산업국가들을 궁극적으로 따라잡고 장기적으로 세계에서 생활수준들이 다소간 유사해질 것이라는 가정이다. 그러나 다수의 경제학자들이 무조건적 수렴이 현실의 경제에서 일어나지 않는다는 점을 들어 반론을 펼쳤다. 로버트 루카스(Robert Lucas)와 폴 로머(Paul Romer)는 지식 확산과 기술진보로 인해 선진국에서 성장률이 높아진다는 점을 주목하였고 수확체감의 제약이 존재하지 않는다는 논지를 전개하였다.

다. 이러한 조건은 민간 서비스 경제보다 공공 서비스에서 더 자주 충족되었다. 그러므로 오늘날까지 공공 서비스의 지배적인 모형은 행정적 포드주의, 즉 국가의 관료기구에 의한 규격화된 저품질 서비스의 제공이었다. 저품질은 돈을 가진 사람들이 시장에서 살 수 있는 유사한 서비스보다 품질이 낮다는 것을 의미한다. 행정적 포드주의의 유일한 대안은 이윤을 추구하는 기업에게 그러한 서비스를 배정하는 민영화였다.

국가와 동반자가 될 역량을 갖춘 독립적인 시민사회에 의한 공공 서비스의 협력적, 비영리적, 실험적 제공과 같은 가장 유망한 대안이 없다는 사정으로 인해 행정적 포드주의는 계속해서 생명을 연장해왔다. 국가는 만인(바닥)에게 보편적인 최소한을 보장하고 행정관행의 전선에서 가장 비용이 가장 많이 들어가는 가장 복잡한 서비스(천장)의 개발을 추진할 수도 있다. 바닥과 천장 사이의 넓은 중간 지대에서 국가는 민간협회나 전문가의 협력체를 통해 독립적인 시민사회로 하여금 사람들을 조직하는 과업에 참여하도록 독려하고 그에 관한 권한을 부여하고 재정적으로 지원하고 조정할 수도 있다. 바로 이러한 과업이 공공 서비스가 수행하는 일이다. 이러한 대안은 행정적 포드주의와 달리 지식경제의 행정적 부응 형태를 대표할 수도 있다. 이러한 대안은 지식경제와 마찬가지로 생산과 교환의 안배들에서보다는 국가의 조직과 아울러 국가와 시민사회 간의 관계의 조직에서 제도적 혁신을 요구할 수도 모른다.

농업에서의 대량생산은 다수의 기업적 영농에서 보듯이 규모가 제품 및 공정의 규격화와 결합되었을 때 다시 그 영향력을 발휘하였다. 자본, 재량권, 규모의 부족으로 인해 농민들이 대량생산의 영농형태를 포용하지 못하던 때, 농작물을 팔 경우 농민들과 거래한 회사들이 그들에게 대량생산의 영농형태를 어쨌든 자주 부과하였다. 나아가 가격 변동성과 기후 변동성, 금융위험 및 물리적 위험의 중첩으로 인한 농업에 독특한 위험은 농민들에게 그들의 보험사뿐만 아니라 구매자들을 만족시킬 수 있는 관행을 채택하도록 강제하였다.

미국인들이 19세기 전반기에 성취한 것(농민들 간의 협력적 경제 및 농민들과 지역정부나 주정부 간의 분권적 협력관계에 기초한 기술적으로 선진적인 영농의 수립)을 21세기 초반에 지속시키고 재발명하는 것은 일련의 다른 제도들을 요구할 수도 있다. 21세기에 가장 선진적인 새로운 생산방식은 그러한 기반 위에서 대규모 영농 기업가들과 그들의 상업 및 금융 지원자들의 프린지에 한정된 정밀공학적이고 과학적인 영농으로서 출현하였다.

대량생산은 다소 불분명한 이유로 확산되지 못했다면 지식경제는 서로 연관된 두 가지 근본적인 이유로 확산되지 못했다. 그 두 가지 이유는 서로 밀접하게 연결되어 있다. 첫 번째 이유는 지식경제가 공식과 같은 성격을 갖지 않는다는 점이다. 대량생산이 쉽게 운송할 수 있는 일련의 기계나 절차, 쉽게 습득할 수 있는 일련의 능력으로 환원될 수 있는 것과는 달리 지식경제는 상대적으로 피상적인 특징에서부터 더 심층적인 속성에 이르기까지 그렇게 쉽게 환원될 수 없다. 지식경제는 일상적 규칙과 반복의 와해 위에서 번창하고 규칙적인 생산방식과 안배들 속에 혁신을 도입한다. 두 번째 이유는 지식경제의 심화와 확산이 이 책의 다음 몇 개의 장에서 논의하게 될 까다로운 요구사항들에 의존한다는 점이다. 대량생산과 달리 지식경제는 내용상 판에 박힌 것이 아니고 요구사항에서 최소주의적인 것도 아니다.

　행복한 역사적 우연들은 때때로 이러한 요건들의 충족을 불필요하게 만들 수도 있다. 그러한 우연들은 특정 지역과 그 안에서 발전한 사회문화적 네트워크를 오늘날의 고립적 전위주의의 발전에 우호적으로 만들 수도 있다. 예컨대, 맞춤제작형 장인노동, 견습직, 지역공동체의 촘촘한 유대의 전통들을 가진 포드주의 이전 단계의 장인적 생산이 포드주의 이후 지식경제의 발전에 우호적인 구조를 발생시키는 점, 즉 포드주의 이전 단계가 포드주의 이후 단계를 촉진한다는 점이 종종 목격되어 왔다. 나아가 실제로 지식경제의 국한적인 형태가 특히 중견기업들 사이에서 지배적이었던 많은 지역들, 특히 이탈리아의 에밀리아 로마냐, 독일의 바덴-뷔르템베르크와 스페인의 카탈로니아는 장인적 생산의 유서 깊은 과거를 가진 지역들이다.

　이러한 역사적 연쇄가 지식경제의 미실현된 잠재력의 비전에 고무된 더욱 광범위한 구조변화를 대신하는 곳이라면 어디에서나 가장 선진적인 생산방식은 내가 고립적 전위주의라고 불러온 사회적으로 지리적으로 제한된 방식으로만 존재할 것이다. 가장 선진적인 생산방식의 수행자들과 수혜자들은 그러한 관행을 일천하고 부수적인 형태라고 착각하고 그 발전을 가로막는 데에 여전히 가담할 것이다.

　기계화된 제조업이나 대량생산과는 달리, 지금까지 지식경제가 생산체제 전체에 그 징표를 남기지 못한 이유(가장 가난하고 가장 교육을 덜 받은 사람을 제외한 모든 사람에게 그러한 상품을 판매하는 유사전위주의를 제외하고)를 해명하는 데에 유용한 지식경제의 이러한 두 가지 특성은 서로 직접적으로 관련된다. 지식경제는 어떤 공식과 같은 것이 아니기 때문에 까다로운 전제조건들을 가진다. 지식경제는 그러한 전제들에 의존하기 때문에 공식과 같지 않을 수 있다. 지식경제가 더욱 발전되고 보급될수록(지식경제의 발전과 확산은 같은 변화의 두 가지 측면이다) 지식경제는 그러한 조건들에 더 많이 의존하게 되고 그 조건의 충족을 통해 더 발전하고 더 확산되게 된다.

다음 장에서 지식경제의 보급에 필요한 세 가지 요구사항, 즉 교육적-인지적 요구사항, 사회적-도덕적 요구사항, 법적-제도적 요구사항을 논의하겠다. 세 번째 요건은 가장 친숙하지 않지만 가장 중요하다. 이러한 사항들은 매우 면밀한 검토가 필요하다. 그다음 나는 이러한 요구사항들의 충족에 우호적인 민주사회의 정치제도뿐만 아니라 문화와 의식에서의 변화들을 탐구한다. 이러한 요구사항들 및 그 충족을 위한 문화적 정치적 배경에 대한 주장에서 포용적인 전위주의의 발전을 위한 프로그램의 개요가 나타난다.

이러한 프로그램을 청사진이나 체계로 고려해서는 안 된다. 이 프로그램은 "결합되고 불균등한 발전(combined and uneven development)"[90]의

---

[90] '결합되고 불균등한 발전'은 마르크스주의자들의 경제발전론에서 널리 활용되는 개념이다. 국제사회에서나 일국사회에서도 매우 이질적인 단위들이 존재하기 때문에 불균등한 발전은 불가피하다. 트로츠키는 이 개념을 사용하여 스탈린의 단선적 역사이론에 반대하고 영구혁명론을 주장하였다. 데이비드 하비는 이 개념이 사적 유물론을 재구성하는 데 유용하다고 보았다. 이 개념은 종속이론이나 경제지리학에서 널리 수용되었다. 웅거가 자신의 입장을 영구쇄신론 또는 영구혁명론이라고 말했다는 점도 주목할 만하다. 트로츠키가 공산주의에 이르는 과도기로서 이러한 발전경로를 상정했다면, 웅거는 특정한 경제질서를 최종목표로 전제하지 않고 역사의 개방성을 인정하기 때문에 웅거의 영구혁명론은 문자 그대로 변화의 영구성을 주장한다. 웅거는 플라톤적이기보다는 헤라이클레이토스적이다. 불균등발전은 또한 군나르 뮈르달(Gunnar Myrdal)의 누적적 인과관계(cumulative causation)나 누적적 과정과도 관련을 가진다. 뮈르달의 발상은 웅거의 '프로그램적이고 점진적이고 누적적인 변화' 관념으로 정착되었다.

정신에서 이해하고 착수해야 할 하나의 방향이다. 우리는 상황이 허락함에 따라 이러한 전선들의 어디에서든지 다른 사람들보다 더 빨리 전진할 수 있다. 그러나 우리는 다른 전선들에서 전진하는 경우에만 돌파할 수 있는 한 계점에 봉착하게 될 것이다. 우리는 앞으로 나아가면서 방향에 대한 이해를 다듬고 수정한다. 그러한 궤도상의 각각의 계기들은 변혁적 행동의 놀라움만이 드러낼 수 있을 법한 모호성들, 호기들, 장애물들을 폭로할 것이다.

프로그램적 논의에서 항상 그렇듯이, 구조변화(어떻게 구조적 변화는 발생하는가 혹은 발생하지 않는가)에 대한 이해는 제안들을 제시해야만 한다. 우리는 종합적인 사회경제적 이론의 담론에서 이러한 이해를 대변하고 발전시킬 필요가 없고 통상적으로 그렇게 하지 않을 것이다. 우리는 단편적이고 맥락구속적인 사고로 전진하는 것을 더욱 자주 선호할 것이다. 그러나 체계적인 이론화보다 프로그램적인 사고를 선호한다는 사정이 구조변화에 대한 명확성의 요구에서 우리를 면책시키지 못한다.

만약 우리가 선택한 방향으로 움직이기 위한 초기 단계들에 초점을 맞춘다면, 우리의 제안들은 현실적이기는 하되 시시한 것처럼 보일지 모른다. 대신에 우리가 앞으로 몇 발짝 앞서가는 단계들을 상상한다면, 우리의 제안들은 유토피아적이라는 댓가를 치르는 경우에만 흥미와 영감을 유발할 수 있을 것처럼 보일지 모른다. 현재 여론의 풍토에서 제안할 수 있는 거의 모든 것은 시시한 것이거나 유토피아적인 것으로 보일 공산이 높다. 그러나 중요한 것은 제안들이 온건한가 또는 극단적인가에 있지 않다. 중요한 것은 제안들이 현재의 안배들과 가까운 것이든 먼 것이든 관계없이 이러한 제안들이 그려내는 궤적이다.

변혁적 정치의 언어는 종종 가장 이른 단계들과 가장 멀리 있는 단계들의 결합을 선호한다. 그래서 그 언어는 실용적인 동시에 예언적이다. 변혁적 정치는 이상들과 이익들을 구체적인 실례들과 결합하는 가운데 동력을 이끌어내면서 변혁적 정치가 추구하는 방향전환을 위해 인접한 가능성의 영역에서 희망[91]을 제시하거나 불러일으키려고 시도한다.

어쨌든 나는 개념적 작업에서는 가장 근접한 단계들과 가장 먼 단계들 사이의 중간 범위에서 방향을 정의하고 토론하는 것이 가장 유용할지 모른다. 정치가와 예언가는 이곳(here)에서 우리가 쉽게 도달할 수 있는 그곳들(theres)의 범위를 초월하는 (과도하게 초월하지는 않을지라도) 기획들의 서술을 회피하는 것이 합당하다. 그러한 기획들은 열광을 불러일으키기에는 기성현실에 너무 가깝고, 실현가능한 것으로 보이기에는 너무 동떨어져 있을 공산이 크다. 어쨌든 그러한 기획들도 하나의 이점을 갖고 있다. 그러한 기획들은 초기 단계들이나 먼 단계들보다 그 방향의 성격과 난점들을 해명할 더 나은 가능성을 갖고 있기 때문이다. 중간단계의 기획들은 사람들을 덜 매혹하지만 더 명료하게 해줄지 모른다. 포용적 전위주의의 이와 같은 프로그램을 전개함에 있어서 나는 이제 바로 이러한 중간 범위에 주로 초점을 맞추겠다.

---

91 down payment는 선불금이나 계약금을 뜻하지만 맥락상 희망으로 옮겼다.

제3장

지식경제를 포용적으로 만들기

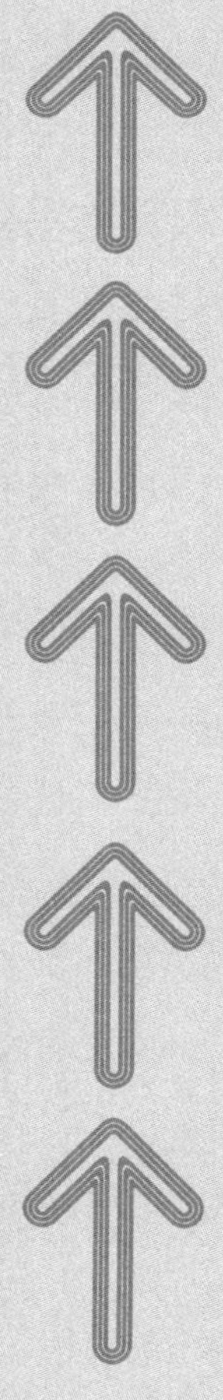

1.
인지적–교육적 요구사항들

　포용적 전위주의는 급진화된 전위주의이다. 포용적 전위주의가 경제의 모든 부문에서, 또한 이 모든 부문의 각 부분에서, 광범위하고 다양한 여건들을 가로질러 확산됨에 따라 실험주의적이고 지식집약적인 생산방식은 그 가장 심층적인 속성을 드러내고 발전시킨다. 그러한 생산방식이 협력적 활동과 상상력 나아가 영구혁신을 결합하기 위해서는 이러한 생산방식의 참여자들에게 대량생산이 요구하는 것보다 더 고차원적인 능력이 필요하다. 따라서 포용적 전위주의는 청년기뿐만 아니라 일생에 결쳐 특정한 종류의 교육을 또한 요구한다.

　이러한 교육양식은 일반교육과 기술교육의 구분을 가로지르며, 두 가지 교육을 모두 다음에 서술할 방향으로 개혁함으로써 두 교육을 연속과정으로 상정한다. 따라서 나는 이러한 교육양식의 특성들에 대한 후속적인 설명을 일반교육뿐만 아니라 직업 훈련에도 적용하고자 한다.

　기술교육에 대한 접근 방식에서 포용적 전위주의는 세계가 독일로부터 배웠던 기술훈련 모형(대량생산 시대의 경직된 기계도구들을 운영하고 엄격하게 구별된 직종과 전문직들을 중심으로 조직된 경제를 운영하는 데에 필요한 직업별 및 기계별 기술을 강조하는 모델)을 거부해야 한다. 포용적 전위주

의는 독일식 기술훈련 모형을 일반적이고 유연한 고차원의 능력을 중시
하는 모형으로 대체해야 한다.

수리적으로 제어되는 기계(프로그래밍이 가능한 로봇 또는 3차원 프린터)
는 특정한 생산라인과 확정된 전문직종 또는 노동력의 특정 분야에 연결
된 협소하고 전속적인 용도를 갖지 않는다. 그러한 기계를 발명하는 것과
이를 재프로그래밍하는 것의 구분과 그러한 기계를 재프로그래밍하는 것
과 이를 사용하는 것의 구분은 모두 완화되어 왔다. 기계의 조작자들은
기계의 발명가의 권능과 태도를 어느 정도는 보유해야만 한다. 인공지능
을 완전하게 활용하는 능력은 같은 방향에서 더 나아간다. 인공지능이 요
구하는 노동자상은 공식에 따라 처리할 수 없는 과업에 전념하기 위하여
공식에 따르는 업무에서는 기계가 자신을 앞지를 수 있게 하는 법을 아는
노동자이다.

지식경제의 국한된 형태 아래에서도 기술적 노동분업은 계획과 집행
의 차이뿐만 아니라 모든 전문적 업무 역할들의 차이를 약화시킨다. 더욱
발전된 형태에서 지식경제는 모든 참여자들에게 더 높은 수준의 신뢰와
재량을 가능하게 할 뿐만 아니라 이를 필수적인 것으로 만든다. 지식경제
는 이러한 재량을 행사하고 이러한 신뢰를 누리도록 교육받은 수행자들
을 필요로 한다. 지식경제의 수행자들은 생산과정의 외부에서 지시되고
일회적이 아닌, 생산 과정 내부에서 영구적으로 이루어지는 혁신 작업에
참여할 수 있어야만 한다.

포용적인 형태의 지식경제의 주창자들의 교육은 네 가지 기본적 특성
을 보여주어야만 한다. 이러한 특성들은 일반교육, 기술교육, 청년교육 나

아가 평생교육에도 해당된다. 그 특성들은 지식경제의 발전에 중요하고 심지어 사활적이다. 그러나 이러한 특성들의 가치는 지식집약적 생산방식 자체의 가치와 마찬가지로 경제적 편익을 초월하고 민주사회에서 삶과 의식의 모든 측면에 관여한다.

첫 번째 특성은 교육의 방법이 분석적 능력과 종합적 능력, 더 일반적으로는 정보의 숙달보다는 상상력(반기계로서의 정신)과 관련된 권능에 우선권을 부여해야만 한다는 것이다.

콘텐츠의 진공상태에서는 아무도 이러한 능력을 습득할 수 없다. 그러나 콘텐츠는 주로 역량의 향상을 위한 여건으로서 중요하다. 따라서 두 번째 특성은 이러한 교육이 콘텐츠와 관련하여 백과사전적 피상성보다 선별적 심오함을 선호한다는 것이다. 미래에 필수적인 능력과 정보의 활용능력을 발전시키는 데에서 주제나 프로젝트를 중심으로 심층적으로 참여하는 것은 백과사전의 온갖 개요를 암기하는 것보다 중요하다.

세 번째 특성은 이러한 교육이 사회적 배경에서 전통적으로 교실을 지배하는 권위주의와 개인주의의 혼합보다 교육과 학습에서의 협력을 보장한다는 것이다. 학교 안에서 뿐만 아니라 학교 간에도 학생 팀과 교사 팀은 가르침과 배움의 주요한 도구가 되어야 한다. 협력적 관행에 있어서 학생들 간의 상호교육 등 광범위하고 다양한 실험들이 이루어져야 한다. 상상력과 협력의 만남은 지식경제의 어떠한 급진적인 형태에서도 중요하다. 지식경제가 힘을 발휘하기 위해서는 우리가 가르치고 배우는 방식에 의해 지식경제가 예시되어야 한다.

이러한 교수법과 학습방식의 네 번째 특성은 그러한 교육방식이 변증법적이라는 것이다. 따라서 모든 주제와 방법은 적어도 두 개의 대조적인 관점에서 제시되어야 한다. 우리가 백과사전적 콘텐츠라는 목표를 버리고 범위보다 깊이를 선호하고 사실의 암송과 암기보다 분석적-종합적 능력을 선호하게 된다면, 교육의 모든 단계에서 이와 같은 변증법적 접근의 시기가 도래한 것이다.

대학문화의 정통 이론들은 청년들에게 지배적인 관념들을 사물 자체로 오인하도록 유도하면서 모든 분야에서 방법과 주제의 결합을 자연화(自然化)한다. 그러므로 경제학은 경제 연구가 아니라 19세기 말 한계주의 경제학자들이 개척한 방법에 대한 연구이다. 다른 방법에 의해 수행된 어떠한 경제 연구도 경제학으로 인정하지 않는다. 또한 생산 및 교환 활동과 직접적인 관계가 없는 주제에 한계주의 방법을 적용한 연구는 마치 경제학이라도 되는 양 취급한다. 마찬가지로 불변적인 규칙성보다 시간적 변화의 우월성을 함축하는 역사적 연구는 자연사와 생명과학에 적합한 것으로 취급하지만 우주의 역사성에 대한 발견임에도 불구하고 기초 물리학에서 배제한다.

국정 교과과정들은 방법과 주체의 결합을 부당하게 자연화한 학술적 정통들을 유치하다고 생각하며 이러한 정통이론들을 청년의 교육에 투영한다. 교과과정들은 결과적으로 학생을 정신적으로 무력화시키고 그를 지적으로 예속적인 삶을 위해 준비된 고등교육 단계로 넘겨준다. 교육에 대한 변증법적 접근은 이러한 위험 앞에서 청년에게 면역력을 키워주려고 한다. 대학문화가 피상적인 경우에 변증법적 접근은 깊이와 개방성을 제안한다. 변증법적 접근은 규율과 방법의 체계가 서로 분리해놓은 것을 뒤섞어놓는다. 변증법적인 방법의 목표는 다른 정신을 형성하는 것을 목표로 한다. 그것은 철저한 의심과 지적 실험을 천재의 전유물로 간주하기를 거부하고 대신 이를 공유재산으로 전환하는 정신이다.

급진화된 지식경제는 제품과 기술뿐만 아니라 제도에서 일회적 혁신보다는 지속적인 혁신을 요구한다. 민주주의는 정치가 사회의 구조를 초극할 수 있어야 하고 변화의 가능조건으로서 위기(파국이나 전쟁의 형태)가 없어도 구조변화를 생성시킬 수 있어야 한다고 요구한다. 교육에 대한 변증법적 접근은 민주정치와 지식집약적 생산이 모두 의지할 만한 정신을 형성하는 데 기여한다.

교육의 더 큰 비전은 이러한 의제에 활기를 불어넣는다. 학교는 모든 학생들에게 사회와 문화의 기존 질서 안에서 운동하고 그 질서에 저항하고 이를 초월하고 수정하는 도구들을 장착시켜 주어야만 한다. 학교는 모든 사람 안에 혀가 묶인 예언자가 깃들어 있다는 사실을 인정해야 한다. 교육은 스스로 가족이나 국가의 도구로 타락하는 것을 용인해서는 안 된다. 가족은 학생에게 나처럼 되라고 말한다. 국가는 학생에게 복종하라고 말한다. 학교는 이러한 메시지들을 거절할 수 있도록 만들어야 하고 미래의 목소리가 되어야만 한다.

그런데 그 목소리는 어떻게 낼 수 있으며, 누가 그 목소리를 낼 수 있는가? 교육은 사회의 어떤 권력도 학교를 자신의 추종기구로 전락시키지 못하도록 조직되어야 한다. 교사와 학생은 국가와 가족의 영향력을 통제하고 나아가 학생과 교사가 민주주의 아래서의 교육에서 중요한 긴장(현재의 제도와 가정들에 기초하여 행동하도록 사람들을 준비시키는 것과 그러한 가정과 제도들에 도전하도록 사람들을 독려하는 것 사이의 갈등)을 실험적으로 다룰 수 있는 공간을 마련하는 정치적, 법적, 재정적 수단을 갖추어야만 한다.

구체적이지 않고 비타협적인 추상관념들로 서술되었기 때문에 이러한 교육적 신념의 고백들은 딴 세상의 일처럼 보일지도 모른다. 그러나 이러한 고백은 급진화되고 보급된 형태의 지식경제뿐만 아니라 그러한 경제에 가장 우호적인 정치체제(나는 이를 고에너지 민주주의[92]라고 부를 것이다)에서도 중요한 교육적 자극을 우리의 교육관에 불어넣는다. 우리의 상상적 활동의 모형에 따라 협력적 관행을 혁신하고 이러한 혁신을 일회적인 것보다는 영구적인 것으로 만들어감으로써 지식경제는 참여자들이 일을 수행하는 것[맥락보존적 활동]과 그러한 작업 수행의 배경을 이루는 제도들과 가정들을 바꾸는 것[맥락변경적 활동]의 차이에 점차적으로 구애받지 않는 정신을 갖추도록 요구한다. 고에너지 민주주의는 구조변화의 가능조건으로서 폐허나 전쟁을 더 이상 요구하지 않는 정치생활의 형식을 위한 기반을 마련함으로써 똑같은 방향으로 움직인다. 그러한 체제 아래서 사회생활의 전체 질서는 이론에서뿐만 아니라 실제에서도 경쟁과 실험의 대상이 된다.

현대사회에서 이러한 방향으로 교육을 변화시킬 때 가장 중요한 장애

---

[92] 고에너지 민주주의는 정치적 교착상태를 극복하여 정치의 속도를 제고하고 대중의 참여를 강화하여 정치의 온도를 높이는 민주주의를 의미한다. 고에너지 민주주의는 강고하게 구축된 기성제도를 용융시켜 기성제도들이 대중들의 이익과 이상에 부합하도록 변혁하는 역량을 가진 민주주의이다. 고에너지 민주주의는 이 책 제4장에서 논의되고 있다.

물은 교육적 전위(그러한 프로그램을 개발하고 가동시키는 일에 투신할 수천 명의 교사들과 교육운동가들)의 부재인 것 같다. 이러한 프로그램이 작은 범위의 예언가, 정치인, 공무원의 정신에서만 존재한다면 프로그램은 발전할 수 없다.

더욱이 구조상 거대하고 불평등하고 연방적인 (또는 단일 국가와 중요한 권한 이양을 결합한) 나라에서는 개혁과 개혁자는 투자와 품질에 관한 국가적 표준과 지역적인 학교운영을 조화시키는 제도적 틀에 의지할 수 있어야만 한다. 지켜야 할 핵심 원칙은 청년이 받는 교육의 품질이 그가 어디에서 혹은 누구한테서 태어났는가와 같은 우연에 의존하지 말아야 한다는 점이다. 학교의 수행성과를 평가하고 무엇이 최상으로 작동하는지를 발견하기 위한 국가적 시스템, 학교가 지역 재정에 전적으로 의존하는 것을 방지하기 위하여 더 부유한 곳에서 더 가난한 곳으로 자원과 인력을 재분배하는 메커니즘, 나아가 시정적 개입의 절차 등 세 가지 수단들이 필요하다. 지역적인 학교 시스템이 수용가능한 성과의 최저 기준에 지속적으로 미달하는 경우에는 중앙 및 지역 정부(또는 연방 정부 하에서 세 가지 수준의 정부들)는 지역의 미달 학교를 감독하고 독립적인 행정가와 전문가들에게 학교의 운영을 위탁하고, 학교를 시정하고, 시정을 거쳐 반환하기 위해 공동으로 행동해야만 한다. 그러한 절차가 없다면 교육 기회가 출생의 우연성에 좌우되지 않아야 한다는 원칙은 무시되고 만다.

나는 앞서 뇌의 물리적 구조에서 어떤 것도 정신의 두 측면(알고리즘과 공식들로 회고적으로 표현될 수 있는 굴성에 의해 지배되는 정신의 측면과 공식을 필요로 하지 않고 방법을 고집하지 않으며 자신의 정립된 전제들을 초월하는 상상력이라고 부르는 정신의 측면)의 상대적 힘을 정하지 못한다고 말했다. 뇌가소성은 상상력을 가능하게 하는 데 기여할 수 있지만 상상력의 작업을 설명할 수는 없다. 우리의 정신적 경험의 두 측면 사이에서 상대적 우월성을 정하는 것은 바로 사회와 문화의 조직이다. 정치의 역사는 이런 의미에서 정신의 역사에 내재적이다.

여기서 나의 관심을 끄는 정치사와 정신사의 부분은 지식경제의 잠재력이다. 나는 지식경제의 심화와 경제 전반에 걸친 지식경제의 보급이 같은 현상의 두 가지 측면이라고 주장해왔다. 만약 유사전위주의라고 불러온 형태의 엄호 아래서 일어나는 것과 같이 지식경제가 급진화 없이 확산되는 것처럼 보인다면, 새로운 선진적인 생산방식이 전파되고 있는 것이 아니라 단지 그렇게 보일 뿐이다. 그 경우 그 제품들, 즉 장치들과 서비스들만이 팔리고 있는 것이다. 이러한 피상적인 확장 과정에서 획득한 능력과 태도는 구매한 제품의 제한된 사용에 필요한 능력과 태도일 뿐이다.

급진화되고 확산된 지식경제는 우리의 경제활동뿐만 아니라 정신생활에서도 변화의 원인이자 그 결과이다. 포용적 전위주의 아래서 기계로서의 정신은 상상력으로서의 정신에 영토를 양도해야만 한다. 우리의 경제적 제도와 생산방식에서의 변화만으로는 이러한 변화를 보장하기에 충분하지 않다. 그 변화는 또한 교육의 성격, 개념, 방법의 쇄신을 요구한다.

2.

사회적–도덕적 요구사항들

　포용적 전위주의는 생산의 도덕적 문화에서의 변화를 요구한다. 이러한 변화는 작업에 참여하는 모든 사람에게 요구되는 신뢰와 재량 수준의 고양을 유지하는 작업방식뿐만 아니라 특징적이고 까다로운 특성들을 지닌 협력관행의 향상에 있다.

　중요한 쟁점은 도덕적 생산기반에서 이러한 변화가 우리가 어쩌지 못하는 문화의 소여인지 아니면 우리가 의도적으로 발전시킬 수 있는 실천과 의식의 특성인지이다. 이러한 변화는 포용적 전위주의를 향상시키는 프로그램을 구성할 수 있고 또한 그래야 한다. 심화되고 보급된 지식경제의 도덕적 문화는 변혁적 행동이 닿을 수 없는 운명의 영역으로 남아야 할 필요가 없다. 그러한 도덕적 문화는 집단적 창조물일 수 있다. 그러나 우리가 도덕적 문화의 구성 요소와 요건들을 이해하지 못한다면 우리는 도덕적 문화의 강화를 바랄 수 없다.

　작업장 내에서 지휘통제에 기초한 노동분업에 대한 접근 방식은 재량의 여지를 봉쇄하고 신뢰를 권력과 감시로 대체한다. 경직된 기계의 작동을 모방하는 작업의 반복적 성격은 생산적인 과업들의 전문화된 집행자들에게 집행을 담당하고 있는 바로 그 계획을 다시 정의할 기회를 거의 남겨두지 않는다. 고용계약의 암묵적 조건(임노동의 계약적 형태)은 생산과정을 지시할 모든 나머지 재량이 법과 단체협상의 제약 안에서 소유자가 임명한 관리자들에게 유보된다는 것이다.

시장경제의 기성제도에서 생산적 자원과 기회의 분산적 접근을 조직하는 중요한 법적 장치들은 통일적인 재산권(19세기의 법적 발명품)[93]과 이에 부응하는 계약법상의 장치로서 쌍무적인 미이행계약(간단한 급부로 완결되는 협상의 조건들을 빠짐없이 적시하는 사무적인 거래)이다. 통일적인 재산권과 쌍무적인 미이행계약[쌍무계약]은 공히 권리보유자가 다른 사람의 이해관계를 거의 고려하지 않아도 되는 특권적인 재량의 영역(권리의 영역)과 다른 사람의 청구권에 복종해야 하는 주변 영역을 뚜렷하게 분리하는 체제를 구축하였다.

이러한 세계에서 사무적인 거래와 거의 통제받지 않는 이기심의 영역은 사회적 상호의존성이 매우 두드러지는 사회생활의 모든 영역들(가족, 공동체, 교회)과 극명하게 대비된다. 우리는 타인에 대한 의존에서 더 효과적으로 벗어나기 위해 무엇이든 비축하고 또한 우리는 불완전한 합의[94]

---

[93] 웅거는 자본주의 경제발전에서 통일적인 재산권이 핵심적인 역할을 수행하였다고 평가하고, 자신은 대안적인 경제체제와 관련하여 분산적인 재산권 관념을 주목한다. 통일적인 재산권이 재산소유자에게 모든 권한을 부여하는 것이라면, 분산적 재산권(decentralized property)은 재산의 다양한 기능(법적 관계)들을 주목하고 이러한 기능과 연관된 사람들의 이해관계를 적절하게 보호하는 방식을 제안한다. 웅거는 법적 관계의 묶음으로서 재산(property as a bundle of legal relations)을 현대 법학의 천재적 발상으로서 그 의의를 높이 평가하고 재산질서를 재편하는 관념으로 부각시킨다.

[94] 사무적인 세계에서 쌍무계약은 계약의 이행조건을 계약서나 약관에 의해 명시적으로 조문화함으로써 완전한 합의를 지향하지만, 친밀한 공동체의 영역에서 그러한 이행조건이 명시화되지 않음으로써 불완전한 합의로 나타난다.

를 권력, 교환, 충성이 거리낌 없이 섞이도록 허용하는 사회생활의 부분들(가족과 공동체)에 유보한다.

지식경제의 심화와 확산은 다른 도덕적 문화를 요구하고 그러한 문화의 발전에 기여한다. 포용적 전위주의는 포용적 전위주의가 번창하는 도덕적 환경의 원인이자 그 결과이다. 그러나 포용적 전위주의는 결코 그 자신의 도덕적 기초의 만족스러운 건축가일 수 없다. 그러한 기초도 의도적인 행동의 결과여야만 한다.

이 절의 도입부에서 환기시킨 두 가지 보완적 시각(신뢰와 재량의 향상과 우리의 협력적 성향의 강화와 정교화)에서 경제생활의 도덕적 기풍에서의 필요한 변화를 고려해 보겠다.

신뢰와 재량의 향상은 계획이 집행 과정에서 수정됨에 따라 생산적인 업무의 계획수립과 그 집행의 차이를 이완시키고 경쟁에 맡기는 활동과 협력에 맡기는 활동의 차이를 상대화함으로써 순차적으로 발전한다.

앞서 언급한 군사적 유추를 상기해보자. 지식경제가 발전함에 따라 작업집단은 정규군보다 비정규군을 더 닮아야만 한다. 그러나 특수작전부대와 같은 비정규군이 전통적인 방식으로 계속 활동하는 더 큰 군대의 엘리트적이고 보조적인 세력으로 작동하는 것과 정규군 전체가 비정규군의 특성을 조금씩 획득하는 것은 서로 다른 의제이다. 후자가 전자보다 더욱 야심적인 의제다. 정규군이 비정규군의 특성을 얻기 위해서는 정규군은 엘리트 부대의 극단적인 유연성과 기동성과 중앙통제를 비율상 확장하고 유지하는 능력을 조화시켜야만 한다. 급진화되고 확산된 지식경제의 수행자들은 아직 어떠한 군대도 달성하지 못한 바로 이 과업을 완수해야만 한다.

포용적 전위주의의 인지적-교육적요구사항과 법적-제도적 요구사항과 관련하여 진보가 이루어지기 전까지는 도덕적 생산문화에서의 변화는 그 초기 단계들을 벗어날 수 없다. 지식경제를 꽃피우기 위해서 다수를 위한 지식경제는 내가 앞서 기술했던 유형의 교육을 필요로 한다. 지식경제는 또한 생산적 자원과 기회에 대한 분산적 접근 형태를 확대시키는 시장경제의 제도적 법적 안배들의 혁신에 달려 있다. 금융이 수익 중에서 자신의 몫을 늘리고 새로운 방식으로 신규 자산의 창출에 대한 기여도를 떨어뜨림으로써 지속적으로 사회의 생산적 의제보다는 금융 자체에 더 복무하는 한, 주요한 생산자산의 통제권은 자유로이 이동하는 자본의 대규모 공동자금을 운용하는 사람들에 의해 계속해서 행사될 것이다. 우리가 생산자원의 분산적 접근 수단, 이른바 재산체제를 혁신하지 못한다면 경제적으로 종속적인 임노동은 자유노동의 지배적인 형태로서 살아남을 것이다. 임노동이 지배하는 상황에서 도덕적 생산문화의 필수적인 변화는 시작될 수는 있겠지만 지속하거나 발전할 수 없다. 의식과 관행의 변화는 구조의 변화와 연계됨으로써 힘을 얻을 것이다.

신뢰와 재량의 수준을 제고할 필요는 간단히 말해서 더 일반적인 요구(기질과 기술을 포함해서 협력하는 능력을 강화하고 정교화하라는 요구)의 가장 긴급한 결론이다. 비록 제도들이 협력의 의향과 능력에 관련될지라도 그러한 의향과 능력은 순전히 제도적 설계의 피조물은 아니다. 협력적 능력은 사회적, 경제적 생활에서 매우 중요한 독자적인 요소이다. 협력적 능력이 허약하다면 어떠한 제도적 체제도 이러한 체제의 창안자들이 의도한 대로 작동하지 않을 것이다. 협력적 능력이 강력하다면 협력적 능력은 다양한 제도적 체제들을 매개로 유익한 결과를 낳을지도 모른다.

마키아벨리, 해링턴, 몽테스키외, 비코와 같은 초기 유럽 사회이론가들은 모두 협력적 능력이 중요하다는 점과 이러한 능력은 제도로 환원되지 않는다는 점을 의식하였다. 이들은 '정신' 과 '덕'과 같은 항목 아래서 협력적 능력을 연구하였다. 마르크스, 뒤르켐, 베버, 짐멜의 이론에서 보듯이 후속적인 고전적 사회이론은 협력적 능력의 중요성을 인식하고 그 변형과 결과를 탐구할 기반을 갖추지 못했다. 협력적 능력이 다양한 체제들의 역사를 관통한다고 말하려면, 이러한 이론적 전통이 부인하는 것(우리가 만들고 살아가는 체제보다 우리 안에 항상 더 많은 것이 존재한다는 통찰)을 전제해야 한다. 이러한 전통이 사망선고를 받고 난 다음 사회과학의 후기 역사에서 협력은 "사회자본"[95](사회적 결속들의 상대적 밀도)이라는 위축되고 두서없는 형태 속에서 하나의 논제로 다시 등장하였다.

나는 협력체제를 상호작용의 관행적인 형식들 및 이와 연결된 태도, 기술, 가정들 나아가 이러한 형식, 태도, 기술, 가정들이 당연시하고 자신의 기반으로 수용하는 제도적, 법적 안배들의 집합체로 이해한다. 생산방식, 특히 가장 선진적인 생산방식의 발전에 대한 협력체제의 기여도라는 측면에서 볼 때 산출과 생산성에서 협력체제의 다산성을 판단할 두 가지 중요한 기준이 존재한다.

95　사회자본은 20세기 후반에 피에르 부르디외, 토마스 샌더, 로버트 퍼트남, 제임스 콜맨 등에 의해 전개되었다.

　　첫 번째 기준은 협력체제가 최대다수의 경제주체들의 재능과 역량을 어느 정도 사용하고 이들에게 생산적인 자원과 기회에 대한 접근기회를 어느 정도 확장하는 지이다. 일정한 집단들이나 일정한 유형의 개인들에게 도달하는 데 있어서 시장경제를 조직하는 방법 중 어떤 것은 다른 것보다 더 나을 수 있다. 어떤 방법은 다른 방법보다 더 많은 사람들에게 더 많은 방식으로 도달한다. 그러나 시장경제가 자연적이고 필수적인 유일한 형태를 갖지 않는다는 점을 고려할 때, 심지어 다른 모든 경쟁적 형태들보다 더 많은 사람들에게, 더 많은 접근과 기회를 제공하는 것처럼 보이는 경제조직 방식조차 여전히 결함을 가진다. 그러나 이러한 방식도 기회와 접근을 추구한다. 유일하게 신뢰할 수 있는 해법은 주어진 시장경제에서 (유일한 재산체제와 계약체제가 존재하지 않는다는 점을 포함해서) 시장의 유일한 법적 구조가 존재하지 않는다는 통찰일 것이다. 경제적 주도권의 분산에 대한 대안적인 제도적 방식들이 이제 동일한 시장질서 안에서 실험적으로 공존할 것이다.

　　협력체제의 개선을 판단할 두 번째 기준은 협력체제가 협력의 요건과 혁신의 요건 사이의 긴장을 완화시키는지 여부이다. 긴장의 완화는 협력에 대한 모든 접근에서 중요하다. 긴장의 완화는 혁신을 영구화하려는 생산방식에 대해 특별한 의미를 갖는다. 우리의 실천적 역량의 발전(경제성장과 생산성 증가는 그 일단에 불과하다)은 협력하고 동시에 혁신할 것을 우리에게 요구한다. 혁신이 기술적인가 조직적인가 제도적인가 심지어 개념적인가에 상관없이 혁신을 정식화하고 집행하고 발전시키기 위해 혁신은 협력을 필요로 한다. 그러나 모든 혁신은 기존의 협력체제를 교란시킨다. 혁신은 기존의 협력체제에 참여하는 집단들, 즉 서로 대립하는 노동력의 부문들, 서로 맞서는 노동자, 고용주, 투자자의 기득권과 확립된 기대들을 위협함으로써 체제를 교란시킨다. 혁신의 채택이 상대적인 집단적 위치들에 미치는 효과에서 보자면 모든 혁신은 불확실성을 야기한다.

기술적인 혁신조차도 사회 전반에 대해서뿐만 아니라 생산과정의 참가자들에게도 불확실한 결과를 초래한다. 이러한 결과들은 기계의 관념과 설계 단계에서, 누가 어떻게 어떤 방식으로 기계를 사용해야 할 것인지에 대한 가정들의 형태로 이미 시작된다. 실제로 기술에 대한 최상의 사고방법은 기술을, 자연적 요소와 재료를 우리의 이익을 위해 배치하면서 자연을 변형하는 실험과 협력체제를 재구성하는 실험의 구체적인 결합으로 이해하는 것이다. 하나의 생산방식을 다른 생산방식보다 더 선진적인 것으로 만드는 특성은 그 생산방식이 앞서 말한 두 가지 실험의 결합에서 다른 생산방식보다 낫다는 점이다. 이제 우리는 다른 실험의 수행에서 배운 교훈을 각각의 실험에서 구체화할 수 있다.

협력과 혁신의 요구들은 상호 간에 의존적이면서도 모순적이다. 그러나 두 가지 요구들이 철저하게 모순적인 것만은 아니다. 이러한 긴장의 완전한 해소를 결코 희망할 수 없겠지만, 어떤 협력체제는 이러한 갈등을 줄임으로써 다른 체제와 차이를 만든다. 예컨대, 어떤 협력체제는 불안정에 맞서 안전장치를 사람들에게 제공하는 방식과 사람, 기계, 기타 자원의 혁신적 재조합을 억제하는 조치들을 분리할 수도 있다. 이러한 협력체제는 사회적 안배들의 가소성을 심화하면서 이러한 가소성이 공포와 불행을 야기하지 않도록 할 수도 있다.

내가 지식경제의 도덕적 기반을 논의해온 과정에서 견지한 두 가지 관점(생산적 활동에 허용되고 요구되는 신뢰 및 재량의 향상 그리고 앞서 기술한 두 가지 기준에 의한 협력체제의 개선)은 중요성과 일반성에서 같지 않다. 전자는 후자의 표현이자 측면이다. 더 많은 사람들의 재능과 역량을 활용하고 혁신의 필요와 협력의 필요를 화해시키는 방향에서 더 전진하는 협력체제는 참여자들의 역량을 강화하는 데에서(재량) 기존 체제보다 더 나은 체제가 될 것이다. 그러한 체제는 또한 참여자들에게 더 높은 수준의 상호적 취약성과 불확실성(신뢰)을 수용할 것을 요구하는 체제가 될 것이다. 그러한 체제는 변화의 한 가운데에서도 사람들을 담대하게 만들 수 있는, 강력한 보호와 기부재원의 배경 아래서 그렇게 요구할 것이다.

발전되고 확산된 지식경제의 도덕적 조건에 관한 이와 같은 비전의 중심에는 우리가 카이저에게 돌리는 것(타자와의 관계가 도구적인 것으로 그치는 이기적 교환의 영역)과 신에게 돌리는 것(칸트의 표현을 사용하자면 우리가 타자를 목적 자체로 처우하는 연대에 대한 우리의 실험의 영역) 사이에 어떤 극명하고 무제약적인 모순을 부인하는 견해가 있다. 그것은 우리의 이기심과 야망이 조금이라도 완화된다거나 또는 가장 친밀한 삶의 영역에 관습적으로 유보해온 상호인격적인 참여의 희망을 우리가 경제에서 실현할 수 있다는 견해가 아니다. 그것은 오히려 지식경제의 융성을 통한 생산력의 발전에 대한 우리의 관심은 생산의 도덕적 문화에서의 변화를 필요로 한다는 견해이다.[96]

---

96 실제로 이 견해는 인간의 실천을 노동과 상호작용으로 구분해버린 독일 관념론(최근 하버마스)이나 마르크스의 노동관(그가 공산사회에서 자유로운 노동을 시적으로 표현하고 있음에도 불구하

지식경제의 도덕적 기반에 대한 이러한 논의가 도달하게 되는 문제는 우리가 도덕적 기반을 집단행동이나 법적, 제도적 혁신을 통해서 발전시킬 수 있는지 여부이다. 우리는 실제로 이를 발전시킬 수 있다. 지식경제의 도덕적 기반은 우리가 어쩌지 못하는 문화적 운명이 아니다. 우리는 그 누적적이고 결합적인 효과를 통해 이러한 변화에 기여하는 기획들을 확인할 수 있다.

나는 이러한 기획들을 경제활동에 대한 반향을 포함하여 경제의 외부에서 협력적 능력을 강화하는 기획, 협력 및 혁신의 필요와 영구혁신에 우호적인 협력체제를 향한 운동 간의 긴장을 이완시키는 기획, 협력체제와 그 배후의 제도적 안배들이 최대다수의 경제주체들에게 가장 다양한 방식으로 생산적인 기회를 제공하는 가능성을 증가시키는 기획 등 세 가지 항목으로 묶어 보겠다. 첫 번째 기획은 문화와 정치에서의 변화를, 두 번째 기획은 노동시장에서 안정성과 유연성의 관계를, 세 번째 기획은 시장경제의 조직방식과 이러한 시장경제가 계약과 재산권을 통해 분산적인 경제활동의 조건들을 형성하는 방식을 각기 다룬다.

경제 외부에서 협력적 능력의 강화는 경제 내부에서의 협력적 능력의 강화에 이를 것이다. 일상적 경험의 전반적 기조는 사람들이 가슴에 깊이 새겨야 할 교훈을 가르칠 것이다. 특히나 세 가지 [경제 외적인] 영역에

고 자본주의 사회의 현실노동에 대한 견해)의 한계와 관련된다. 이분법은 도구적인 노동관에 의존하기 때문에 노동은 기껏해야 소외현상이다. 웅거는 노동과정, 기업에 대한 지분에서 변화(노동과정에서의 협력적 실험주의, 기업형식의 다각화를 통한 노동자 지분공유제도)를 통해 도구적 노동관을 비판한다. 이 책 제9장 참조.

서 협력의 장애물들에 대처하고 이를 극복함으로써 협력의 능력과 의지를 강화하고자 시도하는 사회혁신의 사례들을 이제 검토해보겠다. 각 사례들은 독자적으로 가치 있는 사회적 목표들 달성하는 데 일조한다. 그러한 사례들은 또한 경제활동의 도덕적 기풍에 예측 가능한 영향을 끼침으로써 경제 외부의 경제주체들의 도덕적 경험을 변화시킨다.

첫 번째 사례는 교육의 협력적 성격이다. 우리가 학교 내부에서뿐만 아니라 학교들 사이에서도 교사와 학생들 간의 협력을 통해 가르침과 배움을 협력적으로 수행하고 청년들에게 상호 간의 교육에 대해 적극적인 책임을 공유하도록 자극한다면, 협력의 충동은 개인의 형성 과정 초기에 착근하게 될 것이다. 두 번째 사례는 앞서 내가 서술했던 행정적 포드주의의 한계를 넘어서려는 노력의 취지에서 공공 서비스의 비영리적 공급 과정에 국가와 나란히 시민사회를 동원하는 것이다. 국가 외부의 시민사회는 국가의 행동을 분산시키기 보다는 폭력을 억압하는 경찰과 더불어 공동체의 자체 조직을 보완하면서 (서비스 제공자들 또는 사회단체들의 연합들을 매개로) 건강과 교육의 협력적 제공을 통해 대중과 시민사회 자체를 동시에 형성할 수 있다. 세 번째 사례는 신체 건강한 모든 성인이 생산체제 안에서 하나의 자리를 잡아야 할 뿐만 아니라 자신의 가족 이외의 다른 사람들을 돌보아야 한다는 원칙의 일반화이다. 자발적인 혹은 의무적인 사회봉사 활동은 정책적 법적 구조들을 수립하여 이러한 노력이 사회적 연대를 구체적으로 표현하도록 해야 한다.

우리는 협력과 혁신의 필요 간의 갈등을 완화시키면서 양자 간의 상호의존성을 활용하는 안배들을 어떻게 발전시킬 수 있을까? 그러한 제도

적 안배들의 가장 중요한 특징은 제도적 안배들이 개념 모순처럼 보이지
만, 실제로는 모순에 해당하지 않는 어떤 과업을 성취한다는 점이다. 그것
은 바로 경제적 제도와 관행들을 실현 가능한 최대로 도전과 재구성에 개
방하면서 역량 향상적인 (경제적 교육적) 기부재원을 개인에게 제공하도
록 경제적 불안정에 대한 개인의 안전장치들을 설계하는 과업이다.

이러한 과업을 제도적인 형태로 고려하기 전에 먼저 이를 심리적인
표현에서 생각해보자. 자신과 타인에게 유용한 존재가 되려면 개인은 항
구적이고 마비적인 공포 속에 살아가서는 안 된다. 그러나 개인은 또한
순응에서 벗어나도록 충격을 받아야만 한다. 개인의 습관적인 행동형태
는 주변의 모든 변화에서 도전을 받아야만 한다. 그가 겪어온 경험이 굴
성(屈性)[97]을 보임에 따라 경험의 성질은 강렬해질 수밖에 없다. 습관과
순응은 생명력의 적들이다.

개인은 안전과 능력을 향유해야만 한다. 그러나 개인의 안전과 능력
은 사회경제적 생활의 동결(凍結)을 조건으로 획득되거나 유지되어서는
안 된다. 오히려 개인의 안전과 능력은 일단 필수적인 보호이익과 권능의
안식처에서 확보되지만 개인을 둘러싼 사회와 문화가 변하는 것을 지켜
보려는 의향의 이면임에 틀림없다.

개인으로서는 이 문제에 대한 해법의 일부는 자신의 성격(경직되고 습
관적인 자아 형태와 그 존재방식)에 대한 저항이며, 이러한 저항은 경화된
인성형태 안에서 조금씩 죽어가는 상황에서 우리를 구제한다. 그러나 사

97　식물이 외부자극에 대해 일정한 방향(양성, 음성)으로 반응하는 성향을 가리킨다.

회와 경제 질서로서는 그 해법은 사회경제적 생활의 가소성[98](도전과 변화에 대한 개방성)에 대한 통제 요소들을 부과하는 과정에서 안전과 능력의 보증을 제외시키는 것이다. 가소성에 대한 일정 정도의 간섭은 피할 수 없다. 안전과 능력을 보장하는 권리와 편익들은 비교적 안정적이어야 한다. 즉 그러한 권리와 편익은 단기적 정치의 의제에서 제외되어야 한다. 그러나 이러한 제외는 상대적인 제외에 지나지 않는다. 이러한 보증과 기부재원의 내용과 범위뿐만 아니라 이러한 보증과 기부재원을 최상으로 발전시킬 수단도 항상 논쟁의 여지가 있기 때문이다.

우리는 정치적 의제를 더 훌륭하게 확장하기 위하여 더욱 많은 것을 더욱 심도 있게 다루기 위하여 정치적 경쟁과 사회적 실험의 의제에서 어떤 것을 제외한다. 우리는 개인적이고 집단적인 정체성의 의미와 나아가 혁신이 초래하는 불안정에 맞선 안전의 의미가 사회경제적 생활의 기성 형태를 보존하는 데에 허비되는 상황을 허용하지 않는다. 우리는 (경제, 사회, 심지어 주체의) 변화를 가로막기 위해서가 아니라 우리의 창조적이고 변혁적인 권능을 향상시키기 위해서 개별 노동자-시민의 안전장치와 기부재원을 발전시킨다.

이러한 방향에서 운동의 작은 단초로서의 사례는 유연안전성이라는

---

98   가소성(可塑性)은 상온에서는 고체 상태로 존재하지만 열을 가하면 부드러워지는 플라스틱 소재의 특성을 의미한다. 사회경제적 제도를 쇄신하기 위해서는 고에너지를 분출하는 민주정치가 필요하다는 사고와 연결된다. 웅거의 이상적인 사회상은 고도로 가소적이고 실험주의적 사회이고, 구조로 말하자면 구조들을 갖지 않은 구조(structure of no structures)이다. 그러한 사회에서는 '맥락보존적 활동'과 '맥락변경적 활동' 사이에 격차가 매우 줄어든다.

딱지가 붙은 역사적 사민주의의 현대적 개혁이다. 유연안전성은 노동과 관련된 권리와 편익을 특정한 직업보유에 종속시키기보다는 완전히 휴대 가능하게 하기 위해 그러한 권리와 편익을 다시 규정한 것이다. 유연안전성의 제안자들은 이를 오늘날 가장 부유한 나라의 통치 엘리트들이 가진 지배적인 기획(유럽식 사회보호와 미국식 경제적 유연성의 조화)의 일부로 생각했다. 그러나 우리는 유연안전성을 이와 달리 영구혁신의 충동을 내부화하는 협력체제들을 발전시키려는 더욱 광범위한 기획에서 하나의 계기이자 하나의 단편으로 생각할 수도 있다.

일단 우리가 목표를 이렇게 다시 규정한다면, 우리는 두 가지 병행하는 기획들을 통해 다양한 수단으로 이 목표를 추구해야만 한다. 첫 번째 기획은 예컨대 출생시에 모든 사람에게 그가 삶의 전환점마다 융통하고 의지할 수 있는 사회상속분[99], 즉 사회의 생산자산에 대한 지분을 제공함으로써 안전장치와 기부재원의 패키지를 발전시킬 것이다. 두 번째 유형

---

[99] 사회상속(social inheritance 또는 social endowments)은 원래 개인상속을 부인하고, 공동체가 상속을 하고, 공동체가 신규 참가자에게 출발자금을 제공하고, 이러한 제도를 세대를 넘어 지속시키는 방식이다. 중세 길드 조직에서 관행화되었으며 19세기에 급진적인 공화주의자들이 이를 전사회적인 제도로 구상하였다. 1830년대에 토마스 스킷모어(Thomas Skidmore)는 연중 사망자들의 총 합재산을 사회가 상속하고 연중 성년에 이른 모든 사람들에게 균등하게 나누는 방식을 제안하였다. 실제로 이러한 발상에서 소득세, 상속세, 증여세 등과 같은 현대적인 재분배적인 세제가 탄생하였다. 오늘날 고율의 상속세로 세대 간의 불평등을 조정한다. 이러한 상속세가 재분배조치를 위한 도구로서 연결성을 확고하게 갖는지는 의문이며, 신규진입자의 기본자산으로 활용되는지는 더욱 의문이다. 기본소득은 사회상속제 발상의 단편에 해당한다. 스파르타의 토지제도나 유대인의 희년제도도 사회상속제의 관점에서 재조명해볼 수 있다. 웅거는 『민주주의를 넘어』에서 상속인의 생활에 필요한 기본적인 재산을 공제한 나머지 재산에 대하여 사회상속제를 제안하였다. 존 스튜어트 밀도 이와 유사한 견해를 『정치경제학원리』에서 이미 전개하였다. 웅거는 동시에 이러한 사회상속의 초기형태로서 '기본소득'(guaranteed income)을 제안하였다.

의 기획은 변화의 기회로서 위기[전쟁이나 경제 붕괴]가 발생하지 않는 경우에도 사회의 기성 구조를 부분적이지만 누적적인 재구성에 더 개방함으로써 경제생활과 정치생활을 동시에 재정비할 것이다. 이 두 가지 기획은 특정한 순간 또는 특정한 쟁점과 관련하여 충돌할 소지도 있다. 그러나 똑같은 비전이 두 가지 기획들을 자극하기 때문에 둘 사이에는 전면적인 모순이나 지속적인 모순은 존재하지 않는다.

시장경제의 어떤 단일한 조직도 만인의 잠재력이나 모든 경제적 실험 노선의 가치를 제대로 포착할 수 없다. 비인격적 옳음(right)의 어떠한 체계도 좋음(good)의 실질적 관념들 사이에서 중립적일 수 없다. 그럼에도 불구하고 비인격적인 옳음의 체계는 공상적이고 위험한 중립성의 이상을 모순과 시정에 대한 개방성이라는 유용하고 가치 있는 목적으로 교체할 수 있다.[100] 그러므로 분산적 경제의 이상도 자연적인 형태를 갖고 있지 않다. 즉, 사유재산과 계약의 자연적인 체계가 없음은 물론이고 시장 질서의 확정적이고 전(全)목적적인 형태도 존재하지 않는다.

19세기에 가장 순수하고 비타협적인 형태로 발전하였고 그 이후 사법과 법리에서 중심적 지위를 결코 상실한 적이 없는 재산권과 계약에 대한 특정한 접근 방식[고전적 자유주의 법학]은 사유할 가치가 있는 모든 경제적 사고를 우리가 사유하고, 수립할 만한 가치가 있는 모든 경제적 기획을 우리가 수립할 수 있게 하는 자연적인 법률 언어가 아니다. 그러한

---

100 웅거는 전반적으로 롤즈가 『정치적 자유주의』에서 내세운 선(the good)에 대한 옳음(the right)의 우선성을 거부한다.

특정한 접근 방법은 제한적인 언어일 뿐이고 이러한 접근에 유리하게 동원된 중립성과 유연성이라는 구실로 더욱더 제약적으로 되었다.

시장을 조직할 때 어떤 방식은 다른 방식보다 낫다. 어떤 방식들은 더 다양한 방법으로 생산의 자원과 기회에 대한 더욱 분산적인 접근을 제공할 수 있기 때문에 더 나을 수 있다. 어떤 방식들은 또한 경제적 분산을 제도적이고 법적으로 형성하는 데에서 발명과 실험을 허용하기 때문에 더 나을 수 있다.

이 두 가지 장점들은 서로 연결되어 있다. 분산적 경제활동을 위한 수단의 조직에서뿐만 아니라 결과적으로 재산권과 계약의 체제에서도 다양성과 실험의 여지가 클수록, 시장 조직이 특정한 집단, 계급, 경제주체들 및 생산활동 직군들에게 기득권을 제공하게 될 개연성은 그만큼 작아진다. 각 재산체제(달리 말하면, 생산적 자원과 기회에 대한 분산적 접근을 조직하는 각각의 방법)는 서로 다른 유형의 행위자와 이해관계를 우대하는 경향을 보일 것이다. 개방성의 최적 보장은 시장근본주의와 같은 방식으로 특정한 시장형태를 자연적이고 필수적인 형태로 성화하려는 것이 아니다. 그것은 많은 형태들(재산과 계약의 많은 체제들)이 동일한 시장경제와 동일한 법체계 안에서 실험적으로 공존하도록 허용하려는 것이다.[101]

대체로 소수의 편익을 위한 단일한 시장형태의 구축 결과는 협력적

---

[101] 웅거는 시장질서 안에서 다양한 재산형태(사적 재산과 사회적 재산)와 기업형식들이 공존하는 방식을 제안하고 이를 사회주의도 자본주의도 아닌 실험주의적 경제로 부른다. 이러한 맥락에서 웅거의 입장을 자유사회주의라고 부른다.

의지와 능력의 강화를 위해 매우 중요한 (기업이나 경제에서 나아가 국가 전체 차원에서) 공통 대의의 함양에 대해 정당한 의구심을 던질 것이다. 연대의 이상을 위한 기본 쟁점은 언제나 그 구조적 가정들(분산적 활동의 기회를 풍부하게 간직한 경제를 조직하는 방법을 통해 연대의 이상이 당연시하는 것)을 확인하고 정당화하는 것이다.

연대 방침의 해악은 불변적이고 심지어 인식조차 되지 않은 제도적 틀에 부여된 후광으로 복무해온 것이다. 협력의 요구는 갈등을 완충시키는 자극제가 된다. 예컨대, 협력의 요구는 특히 20세기 양차대전의 간전기 국면에서 유럽 정치와 가톨릭교회의 사회 교리에서 발생하였다.[102] 즉, 기업과 경제부문 전체에서 노동자와 소유자의 협력을 촉구하는 방식은 계급 갈등을 국민적 통합과 사회적 조화로 전환하려고 고민하는 국가의 시아에서 노동의 전투성과 사회주의적 선동에 맞서는 무기로 봉사하였다. 그러한 방식은 그때나 지금이나 발전되고 확산된 지식경제가 의존해야만 하는 도덕적 사회적 기반을 강화시키기 보다는 약화시키는 결과를 발생시켰다.

협력체제의 향상에서 수용할 만한 유일한 형식은 이러한 오류를 회피하는 형식이다. 이러한 오류를 회피하기 위해서 협력체제는 시장경제의 유일하고 배타적인 조직 방식에 의해 포획되는 상황에 저항해야 한다. 그

---

102   당시 유럽 정치에서 사회자유주의(수정된 자유주의), 사민주의, 사회연대주의(특히 프랑스)가 융성하기 시작하였고, 가톨릭교회는 1891년 「새로운 사태」와 1931년 「40주년」이라는 회칙을 통해 사회교리를 반포하였다. 가톨릭교회의 사회교리는 자유방임적 경제관을 수정하고 동시에 공산주의를 반대하기 위하여 공동체주의적인 사회책임을 강조하였다.

러한 저항에서 성공을 거두기 위해서는 협력체제는 분산된 경제적 주도
권 및 생산적 자원과 기회들에 대한 분산된 접근이 동일한 시장경제 안에
서 실험적으로 공존하도록 구조화하는 대안적 방식들을 허용하는 방향
으로 움직여야만 한다. 나는 이러한 주장이 시장의 제도적 재구성에 어떤
의미를 갖는지를 지금 논의해 보겠다.

3.
법적−제도적 요구사항들

　포용적 전위주의는 시장경제의 제도적 안배들의 누적적 수정을 요청한다. 고립적 전위주의의 유산(침체, 불평등, 왜소화)을 극복하기 위해서는 시장을 더욱 강력하게 규제하거나 누진세와 사회적 권리와 이전지출을 통해 경제적 불평등을 시정하고자 우리가 지금까지 실천해왔던 것에서 더 나아가는 것만으로는 충분하지 않다. 우리는 시장경제를 규정하는 제도적 안배들을 쇄신해야만 한다. 우리는 마치 우리가 시장을 더 많이 혹은 더 작게 취하는 것과 시장에 대한 정부의 개입을 더 많이 혹은 더 작게 취하는 것 사이에서만 선택할 수 있는 것처럼 시장 질서를 잠자코 받아들이거나 아니면 모조리 거부하는 식의 양자택일을 거부할 수 있고 또한 거부해야 한다. 우리는 또 다른 시장경제를 수립하는 방식을 선택할 수 있다.

　이 주장은 다수의 실천적인 경제학과 경제정책에 관한 사유에서 하나의 특징적인 가정과 충돌한다. 이러한 가정에 따르면, 경제적 실패는 시장경쟁 자체에 내재하거나 그러한 시장 실패들에 대한 규제적 대응으로 나타나는 국지적인 결함들(노동가격의 경직성, 정보비대칭 또는 대리인과 본인의 관계에서의 교란 등)에서 비롯된다. 시장질서의 제도적이고 법적인 쇄신 관념은 시장과 국가 간의 차이, 혹은 성립될 균형을 둘러싸고 구축된 현대 이데올로기적 논쟁의 역사와 충돌한다.

마찬가지로 포용적 전위주의 관념은 다수의 고전적 사회이론의 공통적인 견해, 즉 역사가 그 자체로 불가분적 체계로서의 사회경제적 체제들(예컨대, "자본주의")의 완결된 목록에 따라 진화한다는 사고와도 양립할 수 없다. 결과적으로 포용적 전위주의 관념은 정치를 통한 변화는 오늘날 제도적으로 보수적인 사민주의자나 사회자유주의자들이 생각하는 것처럼 혁명적(현존 체계를 다른 체계로 교체하는 것)이거나 아니면 개량주의적(현존 체계를 관리하거나 인간화하는 것)일 수밖에 없다는 사고와도 충돌한다.

그 대신에 이러한 관념은 구조변화가 거의 항상 부분적이고 점진적이라는 점을 긍정한다. 운동이 특정한 방향을 유지한다면 급진적인 목표들은 점진적인 수단을 통해 달성될 수 있고 대체로 달성된다. 그러한 방향을 상상하고 그 방향을 일련의 단계들로 전환하는 것은 변혁적 실천과 프로그램적 사고[103]의 소관이다.

이러한 정신에서 또한 이러한 작업가정들에 입각해서 포용적인 지식경제의 제도적 법적 기초들의 발전에서 세 단계를 상상해보자. 제도적 안배들은 법의 형태로 존속한다. 법은 국민생활의 제도적 형식이다. 우리의 이익과 이상은 항상 우리의 제도와 관행의 십자가에 못박혀있다. 법은 이 십자가형이 집행된 장소이다. 법은 두 가지 성격을 가지고 있다. 법은 세

---

103 웅거는 사회의 미래에 대한 완전한 청사진을 제시하는 체계적 사고(전복적 사고)가 아니라 시간의 흐름에 따라 일련의 시퀀스를 배치하는 사고를 '프로그램적 사고'(비판적이고 재구성적인 사고)라고 부른다.

부적인 제도적 안배들의 보고(寶庫)이자 그러한 안배들이 봉사하고자 하는 이익과 이상에 관한 이해의 표현이다.[104]

법적·제도적 혁신의 제1단계 과업은 이중적이다. 그 과업은 특히 가장 선진적인 새로운 생산방식의 후보자인 신흥기업들(Emerging firms)에게 유리하게 생산자원과 기회의 접근을 넓히려고 시도해야만 한다. 제1단계 과업은 또한 포용적 전위주의의 최선의 경로를 실험적으로 발견할 수 있게 하는 과정을 조직하는 데에 조력해야만 한다.

자본과 선진기술, 이와 연관된 관행과 능력, 필수적인 숙련기술을 갖춘 노동력, 나아가 (수요의 원천뿐만 아니라 벤치마크의 원천으로서) 국내외 시장 등에 대한 접근은 모두 필수적이다. 그러나 이러한 접근 형식들을 분리된 채로 제공하는 것만으로는 충분하지 않다. 가장 중요하고 어려운 과업은 이러한 접근 형식들이 고립적인 지식경제의 친숙한 대표자(예컨대, 첨단기술산업)를 넘어 생산체계의 모든 부분에 도달하도록 조직하면서 이러한 접근 형식들을 조화롭게 조정하는 것이다.

민간 벤처캐피털은 (금융활동 전체에 비추어볼 때) 단지 소규모로 또한 현재 국한된 형태의 지식경제의 문화에 젖은 비교적 배타적인 신생기업

---

104 웅거는 『비판법학운동』에서 법은 승리자의 권리명세서에 그치지 않고 패배자들의 관심도 감추고 있다고 규정하고, 법안에 내재한 모순, 다양성, 모호성을 최대로 활용하여 법질서를 보통 사람들의 이익과 이상에 부합하게 변형시키고, 그리하여 지배적 법 담론에서 점차 탈피해야 한다고 제안한다. 그는 자신의 법 방법을 지배적 법 담론(형식주의와 객관주의의 결합), (네오)마르크주의의 결정론, 수사학적인 해체주의와는 다른 제도주의라고 규정한다. 그는 기성 법질서 안에서 지배적 해법 아래 가려진 이탈적 해법을 부각시키고 대안적 사회 비전을 외부에서 차용하면서 법질서를 재구성하고자 한다. 그는 이러한 비판적이고 재구성적인 법학 방법을 이탈주의적 원리(deviationist principle) 또는 확장적 원리(extended principle)라고 명명한다.

들(start-ups)에 주안점을 두고 이러한 역할을 역사적으로 수행해왔다. 정부는 더 폭넓은 경제 행위자들의 후보군(지식경제의 과업에 참여하려는 기업들의 새로운 물결)을 대신하여 더 장기적인 시계(視界)를 갖고 지식경제의 과업에 착수하는 다수의 독립적이고 경쟁적인 실체들[기구들]을 (출범 시에 공적 자금지원을 통해) 창조하는 일을 조력해야만 할지도 모른다. 정부는 (비록 새로운 종류의 시장을 개발하기 위한 노력의 일환으로서 그렇게 하지만) 시장규칙에 따라 또한 벤처 자본가들이 하는 것처럼 기업활동에 대한 지분을 취득하는 방식으로 기업을 창조할 수 있다.[105] 그 목표는 이러한 유사벤처캐피털이 가능한 한 조속히 자체적으로 금융을 조달할 수 있도록 만드는 것이어야 한다.

지식경제의 실례들과 주체들이 확장됨에 따라 기업들 자체의 관련 경험의 폭도 더욱 풍부하게 된다. 비록 지식경제의 제품을 구매하여 이용하고 있다 하더라도 현재까지 지식경제의 관행과 문화에 영향을 받지 않은 사람들과 기업들에게 기존의 통제된 지식경제의 기술과 관행을 상세하게 적응시키는 방법에 관한 신뢰할 만한 확립된 지식체계는 존재하지 않는다. 그러므로 시장경제의 제도적 재구성의 시작단계에서 중요한 목표는 확장된 접근의 수혜자들이 겪은 경험을 통해서 어떤 관행이 최상으로 작동하는지 알아내고 이윽고 이러한 관행을 보급하는 것이다.

---

105 신산업(new industry)에 대한 정부의 지원 및 육성책은 국가지분과 기업부채의 형태(국부펀드나 국민연금이 관리하는)로 전환되지 않으면 정치권과 유착된 사업가후보자들의 영리활동에 봉사할 것이고, 기업이 사업에서 성공을 거두더라도 자산계급만이 주식시장의 이윤잔치에 참여하게 될 것이다.

이것 역시도 국가의 과업이다. 그러나 성공적 생산이 요구하는 자원들의 각각에 대한 접근의 조정과 마찬가지로, 일련의 통일된 규칙과 정책을 정식화하는 과업은 중앙통제방식에 따라 행동하는 전통적인 행정기구가 수행하기에는 적합하지 않다. 그러한 과업은 19세기에 미국과 여타 국가들에서 처음 발전된 농업확장 체계와 유사하게 정부와 고객 기업들 중간에 있는 지원센터들이 최상으로 수행할 만하다.

제2단계에서 시장경제의 대안적인 제도적 법적 구조가 출현하기 시작할 수도 있다. 제1단계의 변화와 달리 제2단계의 조치들은 시장경제의 전체적인 조직방식에 대해 명백한 결론들을 함축할 수도 있다. 그러한 조치들은 확립된 시장체제 안으로 새로운 행위자와 관행을 이끄는 것 그 이상을 수행할 수도 있다. 3단계의 변화와는 달리, 2단계의 조치들은 생산자원의 분산적인 접근기제와 나아가 사법(私法)의 내용에서는 급진적 혁신에 미치지 못할 수도 있다. 제2단계에서 이러한 변화를 두 가지 축, 즉 정부와 기업 간의 관계라는 수직축과 기업들 간의 관계라는 수평축에서 고려해보자.

세계에는 오랫동안 정부와 기업 간의 관계에 있어 활용 가능한 두 가지 모형이 존재해왔다. 그 두 가지는 기업에 대한 정부의 팔 길이 규제(arm's-length regulation)[106]라는 미국식 모형과 통일적인 무역 및 산업정책을 정부관료가 하향식으로 부과하는 동북아시아 모형이다. 이러한 모형 중 어느 것도 지식경제의 심화와 확산을 위한 기반을 제공할 제도의 발전

---

106 '팔 길이 규제'는 지원은 하되 간섭하지 않는다는 규제방식이다.

에 적합하지 않다.

첫 번째 미국식 규제모형은 기성 시장체제의 안배들을 당연시한다. 포용적 전위주의가 기성의 안배들 아래서 자연스럽게 일어나지 않는다는 사정은 현대경제 안에서 포용적 전위주의가 발전하지 못한다는 사실로 증명된다. 우리는 포용적 전위주의가 일어나지 않은 원인을 높은 신뢰와 재량에 우호적인 교육의 필수적인 형태나 도덕적 문화와 같은 다른 조건들의 부재에서 찾을 수 있다. 그러나 그 경우 우리는 어떤 경제적 제도들이 이와 같은 다른 변화들을 억제하거나 장려하는지를 물어야만 한다. 첫 번째 규제모형은 규제가 쇄신으로 바뀌는 지점에 이르지 못함으로써 시장질서가 지식집약적이고 실험적인 생산의 발전에 대한 더욱 광범위한 참여에 복무하도록 시장질서를 재발명할 기제를 전혀 창조하지 못한다.

두 번째 동북아시아 모형(통일적인 무역 및 산업 정책)은 시장경제의 제도적 개편을 전지적인 국가의 권한 사항으로 한정한다. 그러한 국가는 경제발전의 공식적인 담지자로서 어떤 사업이나 부문들을 다른 사업이나 부문들보다 선호한다. 그러한 국가는 어느 부문들이 "미래의 담지자들"에 해당하는지를 감히 판단하면서 부문들과 관련해서는 적극적이다. 그러나 그러한 국가는 고도의 식견을 갖고 있다는 구실 아래 우승 예상마들을 부리면서 부문들 중 선택을 내릴 정도로 막강한 국가를 요구한다는 점을 제외하면, 제도와 관련해서는 소극적이다.

포용적 전위주의에 대한 옹호의 인식론적 가정은 이 두 모형이 모두 오류라는 것을 시사한다. 가장 선진적인 관행을 촉진하기 위해서는 우리는 경제적 제도들을 다소간 공격적으로 규제하는 것에 그치지 않고 경제적 제도를 혁신하는 것을 필요로 한다. 어쨌든 우리는 방법과 절차의 발전에서 대담한 태도를 견지하더라도 생산 부문들과 생산 업종들에 대해서 불가지론적인 태도를 취해야 한다. 결국 우리는 현재의 고립적 형태에서도 지식경제가 이미 다양한 부문에서 일어나며 생산체제의 어떤 부분과도 배타적인 연관성을 갖지 않는다는 점을 안다. 통일적인 무역 및 산업 정책의 부과는 부문들에 대한 독단론과 기성 시장질서의 수동적인 수용을 결합한다. 만약 이러한 접근법의 옹호자들이 국가를 개혁한다면 그들은 개혁을 통해 결과적으로 정치적이고 관료적인 간부들에게 어떤 기업들에게는 도움을 주고 어떤 기업들에게는 도움을 거절하도록 할 뿐이다.

이 두 가지 모형의 대안은 정부와 기업 사이에 분권적이고 다원주의적이며, 참여적이고 실험적인 성격을 지닌 전략적 조정 관행이다. 이러한 대안의 근접한 목표는 내가 제도적 혁신의 1단계(자본, 선진기술, 능력에 대한 접근의 확대와 조정)라고 부른 것과 동일하다. 대안의 숨은 목적은 지식경제 시대에 국민경제의 후위 부분을 전위 부분에 수렴시키는 것이다. 대안의 주요한 행위자들은 시장에 의한 경쟁적 선택에서 활용 가능한 자료를 더욱 훌륭하게 다각화하기 위하여 경제의 동일하거나 상이한 분야들에서 다양한 접근 방법을 추구하는 (정부에 의해 설치되었지만 정부로부터 독립적인) 일련의 기구들이다.

그러한 기구들을 이전의 역사에서 발전된 농업 확장 프로그램들과 유사한 것으로 고려해 보겠다. 그러한 기구들은 처음에만 공적인 자금 지원을 필요로 할지도 모른다. 이러한 기구들은 나중에는 그들이 제공한 서비스에 대한 수수료로 또는 기구들이 일으킨 기업에 대한 지분으로 또는 자본과 부채의 혼합으로 자금을 조달받을 수 있고, 경영자와 임원들이 이 활동의 손익과 위험에 참여할 수도 있다. 이러한 기구들의 작업 방법은 경제 각 분야에서 후위들을 전위들로 변화시키는 조치들에 대한 분산적이고 비교적인 실험이다.

기업들 간의 관계라는 수평축에서 보자면 시장의 변화된 법적 제도적 구조들은 중소기업(작은 규모로 인해 경쟁을 억제할 위험을 갖지 않는 기업들) 간의 협력적 경쟁을 허용하고 장려할 수도 있다. 그러한 기업들은 규모[의 경제]를 더 훌륭하게 달성하고 또한 심화되고 확산된 지식경제의 속성들을 가진 생산장치를 공동으로 더 훌륭하게 건설하기 위해 서로 간에 경쟁을 유지하면서 일정한 자원들을 공동으로 관리할 수도 있다.

미국과 서유럽에서 가장 성공적인 고립적 지식경제의 사례들은 회사법, 노동법 및 재산법이 설정한 제약들에만 (항상 그런 것은 아니지만) 복종하면서 기업들 간에 사람, 관행, 아이디어의 교류로 특징지어진다. 우리는 이 교류를 협력적 경쟁의 최초의 계기로 볼 수도 있다. 두 번째 계기는 미국의 생명공학이나 제약회사들 사이에서 볼 수 있듯이 특정한 생산라인들을 조직하기 위해 기업들 간에 불완전하게 협상된 계속적인 관계적 계약(relational contract)[107]의 활용이다. 세 번째 계기는 관계적 계약을 넘어

---

[107] 관계적 계약이론은 법학자 맥네일(Ian Roderick Macneil)과 매콜리(Stewart Macaulay)에 의해 발전된 이론으로서 계약 당사자 간의 신뢰관계를 중시하는 계약관념이다. 전통적인 쌍무계약에 대비되고 있다. 관계적 계약은 단순한 거래가 아니라 관계를 중시하고 사무적 거래관계 대신에 협력관계(신뢰, 투명성, 양립가능성의 토대)를 수립하고 이러한 관계 속에 사회규범들(호혜성, 자율성, 정직성, 충실성, 형평, 진정성)을 포함시키고 이해관계의 결속을 통해 위험을 회피하고 완화시키며 공정하고 유연한 틀을 창조한다.

서는 협력적 경쟁의 관행과 사법의 발전이다.

정부와 기업 간의 관계뿐만 아니라 기업 간의 관계에서도 현대적인 혁신은 시장경제가 모 아니면 도라는 식으로 존재하지 않는다는 원칙을 이미 범례적으로 보여준다. 우리는 시장경제를 규제하거나 시정적 재분배 수단을 통해 그 불평등을 완화시키는 것으로 만족하지 않는다. 우리는 시장경제를 쇄신할 수 있고 이를 통해 경제적 편익의 일차적인 분배에 영향을 미칠 수 있다.

지식경제의 법적, 제도적 구조에서의 이러한 변화는 더욱 광범위하고 다양한 기존 기업이나 신규기업에 복무하도록 중요한 자원과 기회에 대한 접근을 확대했는지를 되돌아본다. 이러한 변화들은 개인과 기업이 생산을 위해 (넓게 정의된) 자본을 동원할 수 있는 조건에서 더욱 급진적인 새로움과 다양성이 일어나기를 기대한다.

시장질서의 법적 제도적 구조에 대한 3단계의 혁신은 경제활동의 분산 조건과 생산수단에 대한 경제주체의 권리를 규정하는 재산법체제의 변화와 함께 시작될 수도 있다. 요점은 19세기에 겨우 확립되고 이론화된 통일적인 재산권을, 예컨대 기업의 노동자에게 부여된 마찬가지로 배타적인 또 다른 재산 형태로 교체하려는 것에 있지 않다.[108] 이와 달리 그 목

---

[108] 웅거는 모든 기업형식을 노동자자주관리기업이나 종업원지주기업으로 전환시키려는 시도(존 스튜어트 밀은 한때 이러한 사회주의적 기업형식을 선호하였다)를 거부한다. 웅거는 다양한 기업형식들의 공존 상태를 선호하고 경쟁을 장려한다. 노동자소유기업이 민주주의의 이상에 부합하는 것처럼 보이지만 중요한 것은 노동자의 영향력과 기업의 상황적 유연성을 확보하는 것이다. 이러한 기업도 시장에서의 경쟁과 자연적 도태를 피할 수 없고 생존과 번영을 위해서는 지속적인 혁신을 추구해야 하기 때문이다. 그는 『민주주의를 넘어』에서 노동자들이 기업경영에 영향력을 행

적은 자본과 다른 생산수단에 대한 분산적 접근형식들을 근본적으로 다각화하는 것일 수 있다.

전통적인 통일적 재산권은 재산과 관련된 모든 권한(시민법 전통[109]은 수입 흐름에 대한 통제권으로서 용익권과 양도 또는 처분의 권리로서 지배권을 구분하였다)을 결합하고 유일한 권리자로서 소유권자에게 모든 권한을 부여한다. 통일적인 재산은 동일한 시장질서 속에서 다른 재산 체제들과 실험적으로 공존하는 일부 재산 체제들 중 하나로 그칠 수 있다. 결과적으로 시장 경제는 단일한 형태에 더 이상 얽매이지 않을 수 있다. 생산과 교환의 불변적인 구조틀 안에서 생산요소들을 재조합할 수 있는 자유는 법적으로 규정된 시장의 제도적 안배들을 혁신할 수 있는, 더 큰 권능으로 발전할 수도 있다. 그 결과는 경제적 분권화의 논리(중앙권력의 전지함의 요구보다 많은 사람들에 의한 실험을 선호하는 논리)를 억누르거나 대체하기보다는 이를 강화하는 것일 수 있다.

통일적 재산권의 장점은 이러한 재산이 위험을 감수하려는 기업가에게 다양한 이해관계자들의 잠재적인 반대표들을 고려할 필요도 없이 다른 어떤 사람도 미더워 하지 않은 어떤 사업을 감행하도록 허용한다는 점이다. 통일적 재산권의 단점은 이 편익의 이면이다. 통일적 재산권은 다양

사할 수 있는 정도의 지분(20-30%)을 보유하는 것으로 충분하다고 한다.

109 시민법 전통은 로마법의 기초에서 발전한 대륙법계 전통을 말한다. 이탈리아, 독일, 프랑스, 스페인 등이 여기에 해당하고 한국이나 일본도 이러한 법 전통을 계수하였다. 이러한 법 전통과 대비되는 흐름은 영미법계 전통으로서 영국을 포함하여 미국, 캐나다, 호주 등 과거의 영국의 식민지를 지배한다.

한 이해관계자들이 보유한 다양한 종류의 이익들을 동일한 생산적 자원에 결부시킬 수 있는 법적 구조를 제공하지 못한다. 이러한 목적을 위해서 우리는 통일적인 재산을 분해함으로써 나타나는 파편적이고 조건적이고 임시적인 재산권[관념]을 필요로 한다.

이러한 분해 방법은 확립되어 있다. 재산의 분해는 19세기 이전의 서양에서도 재산의 일상적인 모습이었다. 게다가 분해는 오늘날의 경제와 법에서도 존재한다. 예컨대 옵션, 풋옵션, 콜옵션[110]의 기본 목록을 포함한 금융파생상품은 그 명칭이 제안하는 것과 정확히 일치한다. 즉, 금융파생상품들은 여타 통일적인 재산권의 파편적인 요소들의 시장을 창출하기 위해 고안된 상품들이다. 통일적인 재산권 모형에서 이탈한 재산들이 두터운 잠재 영역을 형성하고 있음에도 불구하고 통일적인 재산권이 여전히 재산의 표준 형태로 간주되고 있기 때문에 분해원칙의 이해와 적용은 극적으로 위축되었다.

분해원칙이 반기업적인 활동을 용이하게 하기 때문에 통일적인 재산권은 앞으로도 지식경제의 발전에 유용하고 심지어 불가피할 것이다. 그러나 통일적인 재산권은 경제적 주도권을 분산시키는 데 기본적인 방식으로 남기보다는 시간이 지남에 따라 제한적인 사례로 변할 수도 있다.

---

110 옵션(option)은 파생 상품의 일종이며, 미리 결정된 기간 안에 특정 기초자산을 정해진 가격으로 사고 팔 수 있는 권리를 말한다. 이러한 권리는 만기일이나 만기일 이전에 특정 금융 상품을 정해진 가격에 매입할 수 있는 권리를 가진 '콜 옵션'(call option)과 매도할 수 있는 권리를 가진 '풋 옵션'(put option)으로 나뉜다. 주식, 상품, 담보, 지분, 선물계약에 관한 장내거래옵션뿐만 아니라 이자율, 교차통화, 스왑 등 장외거래 옵션 등이 존재한다. 옵션거래의 포지션에 따라 다양한 이해관계들로 구체화된다.

더 일상적인 재산권 형태는 생산수단에 대한 단편적이거나 일시적이거나 조건적인 청구권들로 분해된 형태가 될 수도 있다.

그러한 분해는 동일한 생산자원에 대한 민간투자자나 공적투자자, 노동자, 지방정부와 지역사회와 같은 다양한 이해관계자들이 보유한 청구권들이 공존하도록 조직할 수도 있다. 그러한 분해는 경제적 주도권(자신의 주도로 자신의 계산으로 협상할 경제주체들의 수)의 분산을 확대하는 것을 가능하게 할 수도 있다. 그러나 분해는 통일적인 재산권이 표시하는 권리 영역의 경계 안에서 권리보유자(소유자)에게 통일적인 재산권이 부여하는 거의 절대적이고 지속적인 통제권을 제약함으로써 그렇게 할 수도 있다.[111] 소유권의 바로 이러한 전포괄적인 성질 때문에 19세기 법사상은 소유권을 권리의 범형으로 간주하였다.

분해된 재산에 관한 법과 이론의 발전은 전통적이고 통일적인 재산권 관념에 감춰진 모순을 드러낸다. 이러한 관념은 경제적 주도권의 분산을 조직할 권리의 두 가지 가장 추상적인 차원, 즉 경제적 분산의 정도(자신의 주도로 자신의 계산으로 협상할 수 있는 경제주체들의 확대)의 차원과 이러한 주체들 각자가 가처분 자원들에 대해 보유한 무조건적이고 거의 무제약적인 통제의 차원은 당연히 필연적으로 함께 간다는 점을 전제한다. 실제로 재산의 이 두 측면은 서로 다를 뿐만 아니라 서로 간에 긴장관계에 있다. 우리는 각 행위 주체가 행사하는 통제의 획일적이고 절대적이며 영

111 　토지나 부동산에 대해서 말하자면 소유권과 이용권을 구분하거나 임차권과 임대권을 구분함으로써 지대를 통제하거나 환수하는 방식도 가능하다.

구적인 성격을 축소함으로써 경제주체들의 범위와 다양성을 증가시키는 것을 희망할지도 모른다. 추상적인 재산 관념에서의 이러한 긴장을 깨닫지 못한 사정은 통일적인 재산이 어떻게든 시장경제의 중심적이고 범례적인 형태라는 관념을 지속시키는 가장 중요한 이유들 중 하나이다.

지식경제의 미래에 관건적인 재산 체제의 개혁 분야는 지식재산법이다. 특허권과 저작권에 관한 법은 대부분 19세기의 창조물로서 포용적 전위주의의 발전을 억제한다. 그러한 지식재산법은 주로 경제주체들이 지식경제의 발전에 참여하고 그 보상을 공유할 수 있는 방법에 대해 매우 제한적인 잣대를 부과함으로써 포용적 전위주의의 발전을 억제한다. 지식재산법의 실질적인 결과는 소수의 거대기업[IP기업]들이 직접 개발했거나 원래의 발명가들에게서 구입한 핵심 기술에 대한 독점권을 보유하게 함으로써 생산의 전위 부문들을 지배하는 데 조력하는 것이다. 풍부한 자본을 가진 소수의 경제주체들에게 그러한 지대를 집중시키는 것에 대한 변명은 불확실한 미래에 오랫동안 투자한 사람들에게 보상을 제공하면서 혁신의 유인 수단을 제공할 필요성이다. 그러나 그 결과는 다수를 좌절시키고 배제시킴으로써 소수에게만 혜택을 주는 것이다. 이는 결과적으로 또한 지식경제의 통제에서 이미 결정적인 대규모의 편익들을 더욱 확대시킨다.

수백만 명의 데이터 거래가 이뤄지는 지식경제의 분야에서는 특별한 문제와 독특한 기회가 존재한다. 지식재산법에서의 변화는 가장 즉각적이고 혁명적인 결과를 발생시킬지도 모른다. 이와는 대조적으로, 현재의 안배들은 자신의 활동을 데이터로 제공한 개인에 대하여 보상하지 않고 개인적 데이터를 플랫폼 기업들이 자본화할 수 있도록 허용하면서 기존의 지식재산체제의 타락상을 부채질한다. 지식재산체제는 특허권, 저작권, 상표권 및 여타 지식재산권을 통해 중요한 혁신들에 대한 배타적인 권리를 소수의 거대기업들에게 부여하면서 플랫폼 기업의 사업모형이 의존하는 수백만 명의 데이터 주체들을 빈손으로 방치한다.[112]

나는 포용적 지식경제에 기여할 수 있는 법적, 제도적 변화의 제3단계에 대한 설명에서 지식재산법의 변혁 프로그램을 개괄해보겠다. 그러나 제안된 많은 변화는 시장질서의 재구성을 위한 더 앞선 계기들에서도 예상할 수도 있고 예상해야 한다. 지식재산에 대한 두 가지 개혁이 가장 중요하다. 첫 번째 유형의 개혁은 데이터가 주목하는 삶과 취향을 가진 개인에 의한 개인적 데이터와 그 경제적 가치에 대한 청구권의 통제에 관한 것이다. 두 번째 유형의 개혁은 현재의 특허법과 저작권법을 혁신자들에게 보상을 제공하고 그들의 발견과 발명의 사용을 조직하는 여러 방식 중 하나로 격을 낮추는 것에 관한 것이다.

데이터는 사회 속의 인성의 표현의 일부로서 데이터를 생성시키는 개인에게 속해야 한다. 경제적 이익을 위해 데이터를 이용하는 사람들은 이용에 대한 동의를 얻고 그 대가를 지불해야 한다. 데이터(많은 지식경제에서 매우 중요한 투입요소)에 대한 재산권의 급진적인 분산은 데이터 이용자

---

112 최근 통과된 데이터 3법은 이러한 정보주체들이 문제제기할 수 있는 모든 빌미를 제거하고 데이터를 소수 기업들에게 독점적으로 보유하고 이용하여 그 이익을 전유할 수 있는 고속도로를 만들어 놓았다.

가 데이터 생성자에게 이용 대가를 지급하는 것 외에 매우 다양한 보상 수단을 장려할 수도 있다. 이와 같은 대안적인 보상 형태들은 부분적인 지분(持分)들을 포함할 수도 있다. 그러한 지분들은 이윽고 이를 현금화하고 거래할 수도 있는 또 다른 시장에서 공동으로 관리될 수 있다.

동의와 보상의 기제에서의 이와 같은 다양성은 데이터 이용자의 사업에 대한 데이터 주체들의 참여 등급에서 더욱 풍부한 다원성을 낳을지도 모른다. 개인적 데이터 프로필들을 심화하고 상세화하는 것은 금전지급이나 지분으로 보상되는 사업의 일부 측면에 대한 데이터 주체들의 참여를 때때로 전제한다. 이러한 참여의 결과는 참여가 없었더라면 자료의 수동적인 출처에 지나지 않았을 데이터 주체들을 적극적인 주체로 전환시킬 수도 있다.

저작권, 특허권 및 현행법상 유사한 권리들은 지식재산의 지주로서의 특출하고 거의 독점적인 지위를 내려놓아야 한다. 우리는 지식재산을 생산에서 혁신적인 활동을 조직하고 장려하며 보호하는, 더 광범위한 방법들의 일부로 개조해야 한다. 그러한 활동은 지식경제의 중심을 차지한다. 새로운 선진적 관행은 지금까지 수용되어온 생산에서 투입요소의 증가에 대한 한계수확체감의 비타협적인 제약을 완화시키고 심지어 역전시킬 것을 약속한다. 이 약속을 지킬 전망은 혁신의 일회적 성격이 아닌 영구적 성격에 달려 있다. 지식경제의 특징적인 혁신은 생산체제의 외부에서 추구한 과학의 응용을 통해서도 중단 없이 일어나고 생산체제 내부에서도 중단 없이 일어난다.

배타적인 소유에서 개방적 접근까지의 연속체를 따라 배열된 지식재산권에 대한 접근의 스펙트럼을 상상해 보자. 이 스펙트럼의 한 축에는 저작권, 특허권 및 현대 지식재산권 체제의 상투적인 부분에 해당하는 다른 권리들이 있을 것이다. 이러한 권리들은 개인 소유자나 기업 소유자에 의해 소유되는 것과 만인에게 개방된 것 간의 명료한 경계선에 특징적인 초점을 맞춘, 19세기의 통일적인 재산권을 모형으로 삼고 있다. 그러한 통일적인 재산권은 제약 산업과 생명공학 산업에서처럼 기술혁신이 장기간에 걸쳐 큰 위험을 감수하면서 많은 양의 민간자본의 투입을 요구할 때 여전히 유용하거나 필수적인 안배이다. 어쨌든 국가는 기술혁신에 기여한 한도 안에서 그 대가로 기획(예컨대 특수목적성 민관협동기업들)의 산출물에 대한 지분을 확보하든지 지식재산에 대한 무상접근을 제한하는 소유자의 권력에 대한 통제권을 확보해야 한다.

　　현재의 지식재산체제를 폐지하는 대신에 우리는 혁신을 보호하고 조직하는 유일한 방법이 아니라 여러 방법 중 하나로 지식재산권 체제의 위상을 낮추어야 한다. 지식재산체제는 어떤 상황에는 적용되지만 다른 많은 상황에는 적용되지 않을 수도 있다. 비록 역할이 축소될지라도 지식재산체제를 유지하는 것이 기본적으로 정당하다는 점은 전통적인 통일적인 재산권 그 자체에 대한 옹호와 마찬가지이다. 통일적이고 거의 절대적인 재산은 기업가가 위험을 인수하고 아무도 시도하지 않을 사업을 시작하고 성공하는 경우 자신의 대담성에 대한 보상을 받도록 허용한다. 통일적 재산권은 생산적 자원과 기회의 분산적 접근을 조직하는 여러 가지 방법 중 하나에 불과한 것과 꼭 마찬가지로 특허와 저작권에 의해 부여된 배타적이고 수입-창출적인 특권은 기술혁신의 장려와 그 업적의 보호를 위한 많은 안배들 중 하나로 그쳐야 한다.

스펙트럼의 다른 극에는 자유이용저작물(public domain)에 대한 혁신이 존재하며, 발명에 대한 배타적인 소유권을 부정하는 것에 대한 대가로 혁신가들에게 보상과 수익이 제공되기도 하고 그렇지 않기도 하다.

배타적 소유권에서 무상 접근까지 스펙트럼상의 양극 사이에서 지식경제는 혁신을 유인하고 혁신이 창출하는 수입 흐름에 대한 청구권들을 분배하는 일련의 대안적 안배들을 활용할 수 있어야 한다. 안배들의 각각은 지식경제가 확산되고 심화됨에 따라 지식경제에서 일어날 개연성이 있는 일련의 특징적인 여건에 적합할 수 있다. 이제 약간의 변형을 가한 것이지만 경제적으로 부유한 모든 국가들에서 현재 시행되고 있는 지식재산법을 기준으로 복잡성과 차이가 늘어나는 순서로 세 가지 대안을 제시해 보겠다.

첫 번째 가장 간단한 대안(법적 변화를 최저로 요구하는 대안)은 저작권, 특허권, 상표권 및 그 연장물의 특권을 누리는 사람들에 의한 무료 사용의 허가 방식이다. 그러한 사례는 21세기 초에 처음 시도된 저작물이용허락표시(CCL)이다. 이러한 대안은 유연성의 장점을 가진다. 예컨대 이러한 방안은 허가권자에게 비영리적 이용을 특권적으로 처리하도록 허용한다. 그러나 저작물이용허락표시는 현재 체제가 부여한 배타적 권리를 향유하는 당사자의 일방적 주도권과 관대함에 의존한다는 중대한 약점을 안고 있다. 이러한 방식은 원래 영리적 용도로 고안된 혁신을 이용하려는 비영리활동에 혜택을 부여하는 데에 가장 적합하다.

두 번째 대안은 지식재산체제가 현재 모습을 취하기 시작한 19세기 후반에 일상적이었던 관행을 발전시키는 것이다. 국가는 발명과 혁신에 대한 포상을 조직한다. 그러한 보수는 일회적인 금전의 이전일 수 있다. 보수는 또한 시간의 흐름에 따라 새로운 기술이나 관행의 생산적 이용에 의해 발생한 세수(稅收)의 일정비율에 따라 제공될 수 있다. 이러한 방식은 혁신가가 창조해놓은 것을 이용하는 데에 어떠한 제약도 부가하지 않는 혁신활동의 장려책이다. 그것은 현재로서는 이상하게 보일지 모르지만 과거에는 예삿일이었고 미래에 다시 예삿일로 여겨질지도 모르는 상황(기술과 이러한 기술이 입각하고 있는 아이디어들의 초기 발전에서 비영리적 환경에서 작업하는 상대적으로 고립적인 발명가의 상황)에 가장 적합하다. 우리는 정부기관이 아니라 법에 의해 설치되고 정부에서 자금을 지원받지만 정부의 통제에서 독립적인 공공기관에 그러한 보수를 제공하는 업무를 배정할 수 있다. 그러한 기관들의 인력은 다양한 분야에서 선도적인 전문가들로 충원될 수 있다.

세 번째 대안은 선진적이고 포용적인 지식경제에서 반복될 가능성이 더 높은 상황을 겨냥한다. 많은 사람들이 혁신을 만들고 이러한 혁신을 영리적 용도로 발전시키는 데에 협력해왔다. 그들은 개인, 연구 기관 또는 사업 단체일 수도 있다. 현재 체제는 승자독식의 규칙을 따른다. 현재 체제는 한 명의 소유자에게 지식재산권을 부여하고 보호받는 발명에 대한 접근에서 만인을 배제시키고 발명의 이용에 대하여 그가 뽑아낼 수 있는 것이면 무엇이든지 부담시키는 권능을 소유자에게 부여한다.

그러나 지식경제는 협력적 경쟁과 자원, 관행, 아이디어, 사람들의 교류에 입각해서 번창한다. 지식경제의 성과들 중 일부는 많은 사람들이 기여한 제품일 것이다. 중앙정부의 통제에서 자유로운 독립적인 공공신탁기구나 재단 또는 그 일련의 조직들은 법에 정해진 규칙과 기준에 따라 특수목적성 기구들을 조직할 권한을 가져야 하며, 이러한 기구들의 결정을 통해서 신규성에 기여한 다수의 사람은 비례적 지분을 보유할 수도 있다. 이해관계자[지분보유자]들이 타인을 자신의 혁신에 대한 무상접근에서 배제하고 그 이용에 대한 대가를 부과하기 위하여 향유할 수 있는 권리의 범위와 존속기한은 그러한 특수목적기구의 설계에서 고려할 사항이 될 수도 있다. 이해관계자들의 지분의 상대적 크기는 각자의 기여도에 따라 달라질 수도 있다. 이해관계자들의 모든 지분을 정하는 기준은 발명의 상대적 신규성과 이러한 발명이 특정한 생산 분야에서 일반적인 과학적, 공학적, 기술적 진보라기보다는 자신들의 통찰과 활동에서 발생한 정도를 포함할 수도 있다. 그러한 기준을 정교화하는 행정적, 중재적 사례법은 조만간 발전할 수 있다. 법은 절대적인 소유권과 무상접근 사이에서 또는 하나의 혁신에 대하여 집단적 저작자 지위의 인정을 요구하는 복수의 청구권자들 사이에서 선택할 필요가 없을지도 모른다.

지식재산에서 전부와 전무 사이의 중간 공간에 있는 두 번째와 세 번째 대안은 제도설계에서의 진보(국가기구가 아닌 공공기구들의 설치)를 전제의 하나로 삼는다. 그러한 기구들 가운데는 혁신가들의 비례적 지분을 보유하고 그들의 공동 창작물의 이용에 대한 약정된 대가를 징수하는 특수목적기금들을 설치함으로써 혁신의 보수를 분배하거나 기술적인 혁신의 공동저작자 지위를 인정할 수도 있는 공공신탁기구들이나 공공재단들이 존재한다. 그 중에는 또한 (지식경제의 법적 제도적 구조에 관한 주장의 앞

부분을 상기시킨다면) 이용자 공동체들의 규모에서 나오는 사회적, 경제적 가치를 상실할 우려 때문에 해체를 주저하게 하는 플랫폼 기업들의 지배구조 안에서 시민사회를 대표하는 위원회들도 존재한다.

포용적인 지식경제는 내가 이 책의 앞부분에서 탐구한 속성을 가진 사회와 문화의 자식이다. 우리는 지식경제를 시장이나 국가의 피조물로 취급해서는 안 된다. 국가와 시장을 넘어선 사회가 스스로 창조에 일조해왔던 지식경제의 지배구조와 조직에서 대표되어야 한다. 혁신과 발명의 수익에 참여할 청구권들의 확립과 배정에서 그러한 대표를 옹호할 가장 큰 이유가 존재한다. 지식재산을 개혁할 필요성은 일반적 주장의 작은 실례에 지나지 않는다. 그 일반적 주장은, 지식집약적 생산의 광범위하고 심화된 형태는 시장경제의 제도적 법적 쇄신을 요구한다는 점이다.

지식경제의 심화와 확산이 지식재산을 포함한 사법과 재산권의 어휘들의 쇄신에 의존해야 한다는 사정은 이미 그 법적 구조의 진화의 초기 단계(정부와 기업 간의 분산적인 전략적 조정과 기업 간의 협력적 경쟁)에서 드러난다. 그러한 제도적 발전의 방향은 주도권에서 민관의 결합을 장려하고 조직하며, 많은 다른 종류의 이해관계자들이 동일한 생산적 자원에 대해 보유하는 다양한 지분들이 공존하도록 법적 형상을 부여하는 안배들을 가리킨다.

이것은 시작에 불과하다. 시장경제의 잠재력의 동시발생적인 급진화와 확산을 통해 그 잠재력을 성취하고자 한다면 우리는 경제적 분산의 제도적, 법적 형태에 대한 실험을 여전히 억누르는 제약들을 제거해야 한다. 어떤 목적에 좋은 형태는 다른 목적에 적합하지 않다.

시장경제에 대한 인식론적 옹호의 근거는 독단적 통일성보다는 실험적 다양성이 우리가 경제에서 무엇을 성취할 수 있고 어떻게 성취할 수 있는지를 발견하는 경로로서 우월하다는 점이다. 시장질서가 실험주의의 제도적 표현이고자 한다면, 그 제도적 표현에도 실험주의적인 충동이 적용되어야만 한다.[113] 우리는 시장질서가 그 자체로 단일하고 배타적인 형태로 고착되게 해서는 안 된다. 우리는 시장질서의 제도적이고 법적인 재발명을 시장질서의 일상적인 업무로 전환시켜야만 한다. 우리는 질서정연하고 창조적인 아나키를 확립하려는 시장의 본질적인 충동[114]의 범위를 초월하여 시장의 구성적인 안배들을 설치하려는 시도를 거부해야만 한다.

---

[113] 코스나 포스너는 시장경제에 대한 우월성을 주장하는 것을 넘어서 현재 영미식 자본주의를 숭배하는 단계에 이를 정도로 시장자체에 대한 실험을 배제하고 있다. 웅거는 이러한 시장근본주의, 시장숭배론을 반제도주의적 제도주의라고 꼬집고 있다. 웅거에 따르면 이 세상에 자연발생적으로 완전한 제도는 존재하지 않으며 어떠한 제도도 우리의 수정 대상으로서 인공물에 지나지 않는다.

[114] 영구혁명론이나 영구혁신론이 전제하는 충동이다. 이 문장에서 청사진에 입각하여 하나의 시장질서를 다른 질서로 전면교체를 시도하거나 완전히 체념한 가운데 기존 질서를 고수하며 이를 인간화하려는 입장을 동시에 거부한다.

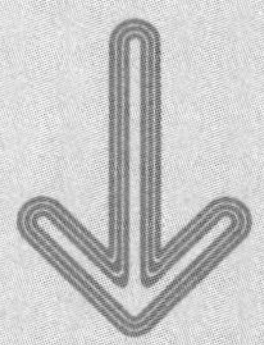

제4장

배후 장려책들:
일반화된 실험주의와 고에너지 민주주의

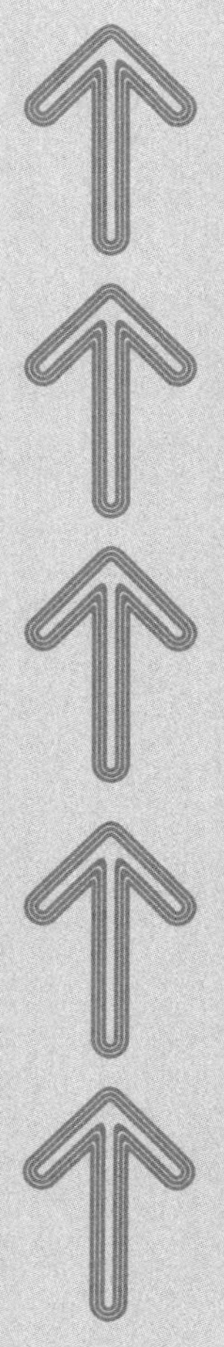

제1장에서 3장까지 탐구한바 확산되고 발전된 지식경제의 요구사항들을 충족시킬 수 있게 되리라는 점을 더욱 개연적으로 만드는 배경조건들은 무엇인가? 이러한 배경조건들은 두 종류, 즉 문화와 의식과 관련된 조건과 민주주의의 쇄신과 관련된 조건이다.

우리는 문화와 정치의 이러한 특징들을 포용적 전위주의의 의제를 추진하려는 희망을 품기도 전에 충족해야 할 선행조건으로 취급해서는 안 된다. 문화와 정치의 이러한 특성들을 그런 식으로 본다면 우리는 이 프로그램을 전부 실행해야 하거나 아니면 전혀 실행할 수 없는 체계로 취급하는 오류를 범하는 것이다. 우리는 배경조건을 충족시키지 못함으로써 부가되는 제약조건들에 봉착하기 전까지 전경요건들의 어느 것에서도 진전할 수도 있다. 전경을 변화시키는 데에서의 전진은 그 자체로 문화적, 정치적 배경을 바꾸는 작업의 시작일지도 모른다. 결합되고 불균등한 발전과정에서 전경과 배경은 상호 연결되기 때문이다.

더욱이 배경조건들의 성취는 포용적 지식경제의 대의에 유용할 뿐만 아니라 유용성을 초월하는 가치를 가진다. 우리의 권능과 경험을 고차적인 수준으로 끌어올리는 것이 중요한 관심사이다. 지식경제의 발전과 확산은 이와 같은 더 큰 변혁의 일부에 지나지 않을 것이다.

지식경제의 심화와 보급을 위한 문화적 배경조건은 사회생활의 모든 부분에서 실험주의 충동의 일반화를 의미한다. 경제에서 실험주의 충동의 형태는 사회의 다른 모든 곳에서 실험주의 충동을 강화한다. 실험주의 충동의 비경제적인 표현은 순차적으로 실험주의 충동의 경제적 입지를 강화한다.

경제 안팎에서 실험주의 충동의 일반화에 대한 자극의 일부를 고려해 보자. 하나의 자극은 전수받은 지식에 변증법적인 접근을 채택하는 교육이다. 모든 지식을 대립적인 관점에서 제시하는 방식을 통해 고취된 지배적인 관념과 사물 자체를 구별하는 습관은 기성의견에 대한 의존성에 맞서도록 하고 평생 동안 문제를 제기하는 태도를 유발한다.

또 다른 자극은 중년기에 전직의 기회와 지원을 제공하는 것이다. 그러한 도움은 교육적이면서도 재정적이어야만 한다. 이러한 기회는 가장 자유롭고 가장 부유한 현대사회들의 신낭만주의적인 문화[115]가 장려하기는 하지만, 거의 지원하지는 않는 주체의 재발명을 독려할 수도 있다.

단연코 실험주의 충동의 일반화를 위한 가장 중요한 자극은 사회상속

---

115 낭만주의 또는 그 후속편인 신낭만주의는 구조를 부정하고 주체의 끝없는 고양과 주관적인 모험을 영원히 부추길 뿐, 인간의 삶의 조건을 개선하려는 구체적인 제도적인 처방을 결여한다. 웅거는 여러 저작에서 '헤겔적 이단'과 '사르트르적 이단'을 대비한다. '헤겔적 이단', 특히 신헤겔주의는 현실을 확정적 공식으로 수용하고 현실제도를 신비화한다고 지적하고, 사르트르적 이단은 구조에 대한 반란을 꿈꾸지만 제도를 통해 자유를 점진적으로 실현하는 인간의 구조초월적인 역량을 무시한다고 지적한다. 웅거는 '헤겔적 이단'을 제도적 물신숭배로, '사르트르적 이단'을 구조적 물신숭배로 규정한다.

분(나라의 부의 수준에 따라 모든 개인에게 확정된 경제적 기부재원과 안전장치들의 패키지)의 제공이다. 이 사회상속분은 소수가 돈 많은 가족들로부터 물려받는 것이 아니라 모두가 국가로부터 상속받는 것으로 우리를 에워싸고 있는 변화, 불확실성, 갈등 속에서 담대하게 살아가는 것을 가능하게 한다. 경제와 정치의 부침에 맞서 보호하는 일련의 재원과 보호의 상대적 강화는 사회의 다른 모든 것을 도전과 변화에 내던지게 하는 것에 대한 불가피한 보완장치로 역할을 한다. 사회상속의 이상적인 목표는 모든 사람을 강건하고 확고하고 담대한 사람으로, 『실낙원』에 나오는 세라프 압디엘[116]로 바꾸는 것이다.

실험주의 충동의 핵심적 의미를 행동방식과 이해방식으로 고찰해보자.

행동방식으로서 실험주의 충동은 불변적인 구조틀 안에서 우리가 수행하는 일상적인 운동[맥락보존적 운동]과 그러한 구조틀의 부분들에 도전하고 변화시키는 특별한 운동[맥락변경적 운동] 간의 격차를 줄인다. 실험주의 충동은 후자를 전자의 연장으로 바꾼다. 내가 여기서 경제조직과 정치조직에서 제안하는 것과 같은 제도적 변화는 맥락보존적인 활동과 맥락변경적 활동을 지속적으로 결합한다. 실험주의 충동의 본분은 정치적 덕성이 제도개혁을 예시하고 제도가 이러한 덕성을 활용할 수 있는 것과 마찬가지로 그러한 제도적 변화의 결과를 예시하는 것이다.

---

[116] 밀턴의 『실낙원』 제5권과 제6권에 등장하는 신심이 두터운 인간이다. 압디엘은 히브리말로 하느님의 종으로서 역대기(상) 5장 15절에 나온다. 혹자는 압디엘은 『실낙원』에 심어놓은 밀턴의 분신이라고 한다.

이해방식으로서 실험주의 충동은 지식과 경험의 각 부분에서 확립된 방법과 전제들에 대한 우리의 의존성을 완화시킨다. 실험주의 충동은 우리에게 대안적 전제들의 시각에서 사물을 보고 경험의 다른 부분에 적용되는 방법을 통해 경험의 당면한 부분을 파악하도록 습관적으로 유도한다.

쇼펜하우어는 재능 있는 사람이 다른 사람이 맞힐 수 없는 과녁을 맞히는 궁수라면, 천재는 남이 볼 수 없는 과녁을 맞히는 궁수라고 말했다.[117] 민주주의자와 실험주의자의 희망은 보통 사람들의 고차적인 삶을 구성하는 더 큰 비전이 천재성에 의존할 필요가 없다는 데에 있다. 그러한 희망은 공유재산이 될 수 있다. 희망이 공유재산이 되려면, 희망은 예언자이자 천재가 동시대인들에게 전달하는 명시적이고 포괄적인 메시지라기보다는 일상생활의 단편적이지만 대체로 언급되지도 않은 깨달음으로 존재해야 한다. 이러한 관점에서 볼 때, 실험주의 충동의 일반화는 포용적 전위주의가 촉진해야 할 더 높은 목적으로서 평범한 것의 확장의 또 다른 예를 나타낸다.

포용적 전위주의의 전경요건들을 충족시킬 능력을 우대하는 또 다른 배경조건은 민주정치의 조직, 즉 급진적 개혁의 가능조건으로서 위기를 필요로 하지 않고 살아있는 자들에 대한 죽은 자들의 지배를 전복하고 경제구조의 모든 부분들을 이론상으로나 실제상으로도 법으로 형태화된 급진적 개혁의 대상으로 삼는 고에너지 민주주의의 발전과 관련된다. 불평

---

117 쇼펜하우어의 『의지와 표상으로서의 세계』에 나오는 문장이다.

등한 사회에서도 민주주의가 지속하는 까닭에 그러한 민주주의는 반드시 사회의 제도들이 가장 강력하고 조직적인 이익들로 포획당하는 상태에 저항할 수 있도록 설계되어야 한다.

국익을 위해 통치한다고 감히 주장하고 국민에게 비굴한 정치적 침묵을 강요하는 정치적, 기술관료적 엘리트들의 집단적 독재는 이러한 목표들로 가는 지름길을 제공하지만 그 대가는 혹독하다. 집단적 독재는 경로의 규정과 발전에서 열린 토론과 조직적인 실험을 결합할 기회를 그 나라에게서 박탈함으로써 사회의 미래를 지배 엘리트들의 독단적 선입견의 볼모로 맡기며, 정책적 및 제도적 변화의 광범위한 제안이 집단적 독재의 권력적 이익과의 관계라는 잣대로 심판받도록 허락한다. 집단적 독재는 또한 정치적 권력을 경제적 이익으로, 경제적 이익을 정치적 권력으로 전환시킬 위험 속에 사회적 세계를 영원히 방치하며, 더 많은 경계심을 속에서 더 많이 간섭하는 폭정에 의탁하는 경우에만 정실주의와 부패로 인한 붕괴를 회피할 수 있다. 나아가 집단적 독재는 집단적 폭군들이 물려받은 정통과의 제휴 속에서 번영의 변덕보다 더 강력하고 지속적인 정당성의 기초를 추구하도록 부추긴다. 그 정통의 어휘들이 시간이 흐르면서 의미를 상실함에 따라 독재자들은 변화하는 환경에 대한 적응과 통치 권력의 보존에 대한 자신의 이익을 결합하려는 의도에서 그 어휘들의 다른 의미들을 발명하도록 강요받기에 이른다.

중국은 이러한 정치생활의 가장 중요한 실례를 제공해왔다. 기업과 정부 및 지역자치단체 또는 기업과 기업을 연결시키는 방식에 있어서 중국의 풍부한 미시제도적 실험들은 내가 기술한 방향에서 경제를 재편하는 출발점으로 복무하였을지도 모른다. 대신에, 이러한 경제적 분권화의 새로운 형태들은 국가자본주의 및 집단적 독재와 시장경제의 가능적이고 당위적인 모습에 관한 친숙한 세계적인 이해를 화해시키는 역할에 대체로 국한되었다.

그러나 세상에 존재하는 모든 민주국가들은 허약한 민주국가들이다. 그들은 사회에서 대립하는 세력들의 미세한 정치적 변화만 허용한다. 이러한 국가의 안배들은 국가의 부분들 간의 차이가 교착상태를 야기하도록 허용하고 그 다음 교착 상태를 신속하고 단호하게 해결하기 보다는 이를 영구화한다. 우리가 실제로 강력한 중앙 주도권과 지방 정부에 대한 권한 이양을 동시에 더 많이 확보하는 것을 희망할 수 있고 희망해야 할 때, 허약한 국가들은 양자를 마치 역의 관계에 있는 것처럼 취급한다. 드문 예외가 존재하기는 하지만, 허약한 민주국가의 제도들은 정치생활에 대한 시민의 참여를 낮은 수준에 묶어 두고 (파국과 전쟁이 깨우지 않는 한 잠들어 있는) 직접민주주의나 참여민주주의의 요소들로 대의민주주의를 풍요롭게 하지 못한다. 결과적으로 허약한 민주국가들은 조직적인 이익들에 쉽게 사로잡힌다. 경제위기나 군사적 충돌이 변화의 가능조건으로 작동하는 경우를 제외하고는 이러한 국가들은 급진개혁의 실천을 억제한다.

허약한 민주주의는 세 가지 요인들의 산물이다. 첫 번째 요인은 민주정치의 관념이 불충분하다는 점이다. 두 번째 요인은 민주국가의 구조가 의지할 수 있는 헌법적 안배들을 포함한 제도적 형태들의 재고가 참을 수 없을 정도로 제한되어 있다는 점이다. 세 번째 요인은 한편으로 민주정치의 약속과 전제들 사이의 모순, 다른 한편으로 사람들에게 극명하게 불평등한 삶의 기회들을 계속적으로 배정하는 사회에서의 실존의 현실들 간의 모순을 인식하지 못한다는 점이다. 정치생활이 사회적 경제적 불평등을 단순히 반영하고 강화하는 것을 용납하지 않으면서 국민의 이익들, 이상들, 정체성들에 관한 국민의 이해에 발언권을 부여하는 것은 민주주의의 역설적 야망(평등권과 평등한 시민권이라는 추상적 관념으로 요약된 야망)이다.

사회생활의 기성구조를 극복하고 이를 영원한 시험에 회부할 수 있는 강력한 민주주의[118]는 미래의 다수자가 되며 그 사이 이견과 이탈을 고취할 소수자의 권리로 제약받는 다수자의 자기통치로 간단히 이해될 수는 없다. 민주주의의 관념은 새로움의 영구적인 창조와 기존 안배들에 대한 사회의 초월과 승리를 포함해야만 한다.

민주주의의 제도적 역사는 우리에게 수용 불가능한 선택지를 제공한다. 한편으로는 현대 서구 역사에서 시험되고 다른 세계로 수출된 매우 제한적인 일련의 대안적인 헌법적 안배들이 존재한다. 이러한 안배들은 허약한 민주주의의 징표를 간직하고 있으며 또한 허약한 민주주의의 결과를 낳는 데 일조한다. 다른 한편으로는 평의회나 "소비에트"라는 직접 민주주의의 꿈이 존재한다. 이러한 민주주의는 저항적 열정의 순간에 발흥하지만 항상 그래왔듯이 실패하는 경우에는 결과적으로 전제주의나 허

---

118 웅거는 민주적 경성국가(democratic hard state)를 옹호한다. 이 책에서 말한 고에너지 민주주의를 구현한 국가라고 보아도 무방하다. 경성국가는 시장질서를 개혁하는 데에 이른바 경제 권력의 요구에 호락호락하지 않는 국가를 지칭하는 데 흔히 사용된다.

약한 민주주의에 굴복한다. 결혼생활의 규칙적 일상에 대한 낭만적인 중단처럼 일상적인 정치생활에서의 혁명적 간주기는 기성제도와 우리의 구조-부인적인 자유의 관계에서 영속적인 변화의 전망을 전혀 제공하지 않으면서 기성구조를 순식간에 교란한다.

고에너지 민주주의는 계급사회의 불평등의 수동적인 반영과 강화의 수단으로 복무하지 않아야만 한다. 정치적 평등을 실천하려면 사회의 제도들은 계급적 편익의 정치적 영향력을 중화시키도록 고안되어야만 한다. 사회의 제도들이 평등한 시민권의 특권을 인정함으로써 계층적으로 구획된 경제의 현실과 긴장상태에 놓인 사람들의 연결방식을 구체화하는 것만으로는 충분하지 않다. 그러한 경제에서 대부분의 사람들은 경제적으로 종속적인 임노동이나 경제적 종속성의 위장형태인 비자발적인 자영업[119]에 내몰리고 있다. 민주적인 제도들은 민주주의가 만인에게 약속한 바(개인적 주도권의 집단적 맥락을 형성하는 데에 참여할 기회)를 예속과 왜소화의 체험으로 대체하는 경제생활의 특성들을 시간이 지남에 따라 와해시키고 변혁하는 혁신들의 구조를 제공해야만 한다.

이러한 목적을 위해 민주주의의 교리와 관행은 자체 수정을 용이하게 할 뿐만 아니라 경제질서(시장경제의 제도적이고 법적인 구성)에서 정치적

---

119 웅거는 대안적 자유노동의 형식으로서 줄곧 자영업(self-employment)과 협동조합이나 협동기업체(cooperatives)를 제시한다. 웅거가 지지하는 자영업자는 프루동의 독립소생산자(생산수단을 소유하고 독립적으로 자기영업을 수행하는 사람)에 가깝다. 오늘날에도 이 말에 독립적인 직업활동가의 의미까지 포함된다. 본문에서 말하는 비자발적 자영업은 종속노동자보다 못한 무산자인 자영업을 말하며 한국사회에서 만연한 임차인 자영업자의 대부분은 여기에 해당한다.

재발명과 쇄신의 범위에서 벗어나려는 모든 요구를 배제하는 정치적 안배들의 수립을 포함하는 것까지 확장될 필요가 있다. 이러한 방향에서 민주주의에 대한 우리의 견해를 확장하려는 시도가 현재 세계에서 활용 가능한 민주정치와 민주국가의 조직 방식들의 빈약한 재고를 확장시키는 작업을 병행조건으로 삼지 않는다면 그러한 시도는 무의미할 수도 있다.

이러한 민주주의를 성취하는 데 유용한 제도적 형식들은 각 나라의 상황과 역사에 따라 달라진다. 철학자들의 사변에 그친다면 몰라도 제도적 혁신은 결코 백지상태에서 작동하지 않는다. 제도적 혁신은 내가 방금 묘사한 것과 같이 급진적으로 변혁적인 함축들을 가진 방향으로 움직일 수 있다. 그럼에도 불구하고 제도적 혁신은 혁신의 역사적 순간과 혁신의 국가적 여건에서 활용 가능한 아이디어, 제도, 관행을 출발점으로 삼는다. 제도적 혁신은 유추에 의한 확장과 재조합을 통해 그 나라와 세계에 존재하는 제도적 선택지들을 증가시킴으로써 매우 빈번히 전진한다.

혁신의 제도적 수작업은 정치경제학의 종파적이고 일시적인 의제에 굴복해서는 안 된다. 제도적 혁신은 국민의 정치생활에서 이러한 의제들의 경쟁과 승계를 수용하고 조직할 수 있어야 한다. 그러나 제도적 혁신은 좋음(good)에 대한 비전들의 충돌에서 중립성을 유지할 수 없다. 제도적 혁신은 경험, 이익, 열망의 다양성에 대한 개방성이라는 현실주의적 목표를 열망하고 자체 쇄신을 위한 기회를 배가하면서 제도적 혁신의 반대, 즉 정치체제와 함께 사회경제적 생활의 기성형태에 경제적, 사회적 말뚝을 박으려는 기획을 위해 항상 동원되어온 중립성이라는 허위적이고 위험한 요구를 포기해야 한다.

고에너지 민주주의는 심화되고 확산된 지식경제에 가장 유용한 정치적 배경이다. 그러나 고에너지 민주주의가 경제생활에서의 변화에만 터 잡은 경우에는 우리는 그러한 민주주의를 상상할 수도 없고 정당화할 수도 없으며 발전시킬 수도 없다. 고에너지 민주주의의 동기와 매력들은 내가 서술했던 포용적 전위주의가 복무하는 이익과 이상에 있을 뿐만 아니라 자체 개선을 용이하게 하고 이를 조직하는 구조의 창조에 대한 우리의 결정적인 이익에도 있다.

이러한 민주적 이상은 우리가 수립하고 살아가는 사회적, 개념적 세계보다 더 많은 것을 포함하는 행위주체로서 우리 자신에 대한 시각을 표현한다. 바로 행위주체성, 역량강화, 초월이라는 원대한 시각[120]이 고에너지 민주주의의 개념에서 뚜렷이 드러난다. 고에너지 민주주의는 내가 여기서 약술한 경제개혁의 프로그램과 상충하는 여타 많은 경제적 형식들을 취할 수도 있다.

120　웅거는 발전, 역량강화, 초월을 강조한다. 이것은 아리스토텔레스적인 귀족주의적인 역량이나 탁월성 관념이 아니다. 웅거는 현대사회 또는 현대의 정치가 보통 사람들의 무한한 잠재력과 역량을 사장시키고 있다는 불만에서 출발한다. 그는 사회제도의 혁신을 통해 사람들 간의 평등이 아니라 보통 사람들의 위대성을 추구한다. 웅거는 "모든 사람에게 영을 부어준다"는 『요엘서』의 관점에서 모든 사람을 정치적으로, 경제적으로, 인성적으로 주체화하는 것을 추구한다. 모든 사람이 영을 타고났다는 것은 신학적으로는 만민사제주의이지만, 정치적으로는 참여적 민주주의를, 경제적으로는 생산기회와 재산의 분산에 입각한 경제민주주의를 의미한다. 웅거는 『주체의 각성』에서 자신의 입장을 중세에서 르네상스로 이행하는 시기에 나타난 걸출한 신학자이자 철학자인 니콜라스 쿠자누스(Nicholas Cusanus)와 가장 유사하다고 보았다. 쿠자누스는 세계형성적 주체, 소우주로서 인간, 인간의 무한전진, 대립물의 조화라는 관념을 제시하였다. 웅거는 『미래종교』에서 자신의 신학적 관념을 베르그송과 화이트헤드의 과정신학(process theologism)에도 견주며, 인간에 내재된 영적 역량의 무한한 상승을 피력한다. 영구적인 혁신을 통한 인간의 무한상승만이 인간의 잠재된 역량에 부합하는 길이라고 주장한다.

제도설계에서 무시하기 어려운 네 가지 원칙들은 앞선 지면에서 논의한 기준들에 부응하는 고에너지 민주주의 제도들로 가는 운동 경로를 표시한다. 우리는 상황과 역사를 고려하고 보유한 제도적 자료들과 아이디어들뿐만 아니라 여기에 덧붙일 만한 것들로 그러한 제도들을 상세하게 기안해야만 한다. 우리는 낙담하지 말아야 한다. 만약 방향에 대한 명료한 이해를 얻는다면, 초기의 조치들이 시시하고 이러한 조치들이 상황적 제약을 받는다는 사정으로 인해 우리와 우리의 계승자들은 원대한 변화를 달성하는 일에서 방해받지 않을 것이다. 이 원칙들은 일반적이고 추상적이다. 그러나 이 원칙들은 공허하지 않다. 이러한 원칙들은 오늘날 허약한 민주국가에서 대부분의 헌법적 안배, 정치적 제도와 관행과 조화될 수 없다.

제1원칙은 집단적 차이의 정치적 표현, 각성, 강화 원칙이다.[121] 이 원칙은 민주정치가 사회에 존재하는 다양한 이익들과 비전의 충돌을 반영할 뿐만 아니라 충돌하는 경향들에 차이를 가다듬고 발전시킬 수단을 제공하도록 민주정치를 조직하라고 우리에게 명령한다. 경제에서 시장에 기반을 둔 경쟁적 선택 방법의 다산성은 경쟁적 선택이 선택하는 소재의 풍부함에 따라 달라진다. 그래서 고에너지 민주주의의 실험주의 문화도 엄청난 다수의 경쟁하는 이익들과 정체성들에서 영감을 찾는다.

이러한 상충적인 시각들은 정치적 표를 얻을 필요가 있다. 그러므로 상충하는 시각들은 대부분의 상황에서 소선구제와 한 차례 결선투표보다

비례대표제와 여러 차례 투표제를 선호한다. 같은 이유로 하나의 정당에서 대변되지 못하는 이익이나 의견의 경향이 다른 정당에서 그 기회를 확보할 수 있도록 국가는 많은 정당을 보유해야만 한다. 정치에서뿐만 아니라 국가에서도 갈등의 표현이 일관된 주도권의 마비를 야기할 위험은 교착상태를 신속하게 해결하려는 제2원칙으로 처리된다.

정치와 국가가 사회에 존재하는 명백한 차이들을 반영하는 것만으로는 충분하지 않다. 고에너지 민주주의는 이러한 차이들을 억압하기 보다는 이를 드러내고 일깨운다. 그와 같은 하나의 견해가 국가의 일부나 나라의 일부를 장악하는 경우 그 견해는 차이가 구체적인 주도권으로 변하도록 돕는다. 따라서 제3원칙은 사회가 일정한 경로를 밟아나가는 경우 사회는 무리한 도박을 회피하고 나라나 경제의 부분들이 지배적인 법과 정책에서 이탈하는 것을 허용하고 그 나라에 다른 경로의 상을 제시해야 한다고 말할 것이다. 고에너지 민주주의 공공문화는 시민적 조화의 명분으로 종교적 신념의 정치적 표현을 금지해서는 안 되며 어떤 종교나 세계관에 대한 다른 종교나 세계관에 의한 종교적 비판을 억제해서는 안 된다. 고에너지 민주주의의 목적은 가장 열정적인 불화의 근원으로부터 차폐된, 냉각된 공적 공간을 제공하려는 데에 있지 않을 것이다. 그 목적은 정치적인 것의 공간을 확장시키고 이러한 공간과 전면적이고 모순적인 사회문화 생활 사이의 분리의 벽[122]을 무너뜨리는 데 있을 것이다.

---

[122] 토마스 제퍼슨은 분리의 벽(wall of separation)이라는 용어로서 신앙의 영역과 정치적 공적 영역을 구획하는 자유주의적 정치원리를 표현하였다. 웅거의 고에너지 민주주의(제4장)는 정치의 영역에

정치에서의 상충하는 다양성을 수동적으로 표현하는 것뿐만 아니라 이를 의도적으로 깨우는 것은 사회를 영구적인 분열의 문턱에 놓은 것처럼 보일지 모른다. 우리의 경험의 다른 부문에서 배양된 희망과 공포를 정치로 가져온다는 의문스러운 이점 이외에는 어떠한 명료한 편익이 없다는 점에서 그렇게 보일지도 모른다. 이익들 및 비전들의 충돌이 단순화되는 경우에만, 달리 말하면 이익과 의견의 모든 차이들이 한줄로 정돈되고 전체 시민들이 광범위한 이익들과 특징적인 의견들의 결합으로서의 몇몇 집단들로 균열되는 경우에만 그러한 충돌은 분리를 필요로 한다. 그러나 만약 사람들이 많은 재단선들을 따라 분열된다면 이제 이러한 단순화는 존재하지 않게 될 것이다. 정치사회를 두세 가지 전투 진영들의 여건으로 환원시키지 않는다면 차이는 확산되고 강화될 것이다.

자유주의 정치이론은 때때로 이와 같이 겹치지 않은 차이의 증가를 민주주의 아래 사는 복잡하고 다원적인 사회의 자연적 조건으로 여겨왔다. 실제로 이와 같은 이른바 자연적 조건이 지배하는 정도는 정치의 조직에 따라 달라질 수도 있다. 정치가 차이를 억누르는가 혹은 차이를 단순화시키는가 아니면 특히나 정치적 행동에서 차이를 발전시키기 위한 수단을 추구함으로써 차이가 번성하도록 자극하는가에 따라 달라질 수도 있다.

더욱이 국민국가와 그 대리인에 의한 것이든 혹은 국민국가 안에서

서 공(公)과 사(私)를 엄격히 구분하는 자유주의나 사(私)를 공(公)에 희생하라는 급진적 공화주의를 모두 거부한다.

집단들의 것이든 집단적 차이에의 의지가 실제적인 차이를 창조할 힘을 박탈당한 채 그저 다르고자 하는 의지로 위축되어 있다면 그러한 집단적 차이에의 의지는 위험하다. 실제적인 차이를 창조할 힘을 갖지 못한 차이에의 의지는 집단적 증오로 변한다. 어떤 집단이나 어떤 국민은 인접한 다른 집단이나 다른 국민을 증오하는데, 그 이유는 달라서가 아니라 달라지고 싶으나 실제로는 더 비슷해지고 있다는 데에 있다. 해결책은 차이의 추구를 억제하는 것이 아니라 차이의 추구를 독려하는 것이다. 의욕된 차이는 한갓 비타협적이고 좌절된 신앙의 원인과 대상에 불과할 수 있다. 실제적인 차이는 여러 가지 구멍을 가지고 있고 순수하지 않고 모호한 것이며, 원리적으로는 열광과 비타협이 존재하는 경우에도 실제에서는 혼합과 타협을 불러온다.

그럼에도 불구하고 우리는 이러한 차이의 각성원칙이 집단적 실험의 폭을 확장하라는 선동 외에 어떤 이익에 봉사하는지를 물을 수 있다. 정답은 차이와 갈등의 한 가운데서 만들어지는 개인들과 사회생활 형식들이 간직한 활기와 힘이다. 각 국민, 국민 안에서는 특징적인 일련의 종족집단과 결사체들 나아가 각 개인들은 인류 안에서 하나의 실험을 대표한다. 사회가 자연적이고 필연적인 형식을 갖고 있지 않다면, 우리는 우리의 힘을 상이한 방향으로 발휘하는 경우에만 그 힘을 발전시킬 수 있다. 다양성은 수단이지 목적이 아니다. 특징적인 생활형식을 보호하기 위해 조직된 국가로서도 또한 자신이 속한 여러 집단들에 의해서뿐만 아니라 이들에 맞서서 형성되는 개인으로서도 그 목적은 삶을 더욱 완전하게 향유하는 것[123]이고 스스로 독창적인 존재[124]가 되는 것이다.

차이의 인정, 각성, 강화 원칙에 대한 적(敵)은 경제 및 정치 생활의 조직에서 질서와 무정부 간의 투박한 대립이다. 이와 같은 편견에 따르면, 질서의 사소한 차질도 무정부상태로 향하는 꼬투리를 의미한다. 경제적, 정치적 질서의 모든 고차적 형식들은 자체 수정을 더 훌륭하게 자극하고 유도하기 위하여 대조적인 경험들과 아이디어들의 변증법을 장려하는 것을 특징으로 갖는다. 지식경제의 더 깊고 확산된 형태는 생산의 영역에서 질서와 무정부 사이에 존재하는 차이의 타파를 범례적으로 제시해야 하고, 이를 경제 및 정치 제도에서 그 근거로 삼아야 한다. 이 개념의 이상적 한계는 구조를 초월하는 생명의 충일성을 인정하고 유지하는 질서정연한 아나키[125] 관념이다.

고에너지 민주주의의 나머지 세 가지 제도적 원칙은 좀 더 간략하게 말할 수 있다. 이러한 원칙들은 서로 제약할 뿐만 아니라 제1원칙도 제약한다.

---

123 영생이 아니라 현재의 '삶을 더 완전하게 향유하는 것'과, 일상의 무력감, 소외, 왜소화에 찌들어 수많은 작은 죽음들을 반복적으로 수용하는 것이 아니라 '오직 한번만 죽는 것'을 웅거는 『미래종교』의 주제로 다루고 있다.

124 독창적 존재(the original)는 인성에 대한 에머슨의 표현이다. 웅거는 에머슨의 관념에서 다소 귀족주의적 취향(영웅성이나 천재성)이 느껴진다고 지적하면서 보통 사람들의 위대성이라는 취지에서 이를 즐겨 사용한다.

125 질서정연한 아나키(ordered anarchy)는 무정부주의자들이 이데올로기적인 공세에 맞서 자신들을 방어하는 취지로 역사적으로 사용하였을 것이다. 웅거가 자신의 입장을 표현하는 데에 이 용어를 이 책에서 두 번 사용하였다. 대체로 분산적(분권적)이고 실험주의적이고 가소적인 사회를 표현하는 용어라고 생각된다. 실제로 웅거가 국가의 중요성을 전반적으로 인정하기 때문에 그를 프루동적인 맥락에서 무정부주의자로 보기 어렵다.

제2원칙은 교착상태의 신속하고 단호한 해결 원칙이다. 사회에서 차이의 각성과 강화 그리고 정치와 국가조직에서 그러한 차이의 표현은 마비의 위험을 야기한다. 그리하여 대립하는 세력들, 이익들, 비전들은 서로를 상대적 불능상태로 빠뜨릴지도 모른다.

사회경제적 생활의 각 부분은 어정쩡한 타협보다는 단호한 행동을 통해 그러한 마비상태를 타개하는 데 우호적으로 작용하도록 조직되어야 한다. 교착상태를 영구화하는 것은 우리 자신에게서 명료한 대안을 개발하고 시험하는 편익을 제거하는 것이다. 교착상태의 영구화는 우리의 집단적 활동의 각 영역에서 일련의 차선책들로 봉합할 위험을 무릅쓰는 것이다.

사회생활의 특정한 영역에서 교착상태를 극복할 수 없다면, 교착상태의 해결은 사회경제적 관행의 모든 영역에서 변혁의 궁극적인 조건을 법으로 정하는 정치로 귀착된다. 국가가 이익과 의견의 상이한 결합들의 영향을 수용하고 주도권의 독립적 원천들로 복무할 수 있는 다수의 부분들이나 분야들을 포함한다면 (제1원칙은 국가가 이를 포함해야 한다고 주장하고 있으므로) 국가는 스스로 교착상태로 인하여 마비상태에 이르기 쉽다. 제2원칙의 취지는 국가 내에서 마비적인 모순의 사례를 회피하는 것이 아니라 교착상태를 빨리 타개하고 중앙의 강력한 주도권을 가능하게 만드는 것이다.

제2원칙이 배격하는 헌법적 구조를 확인함으로써 제2원칙의 헌법적 결론을 가장 잘 해명할 수 있다. 한편으로는 매디슨식 견제와 균형의 구조[126]는 권력분립에 기초한 정부에서 교착상태를 영속화하고 이러한 영속화를 문제라기보다는 해법으로 취급함으로써 경제와 사회를 변화시키는 데에 정치의 활용을 억제하기 때문에 고에너지 민주주의 관념은 이러한 매디슨식 구조를 반대한다. 다른 한편으로 영국식 정치체제가 도달하게 되는 것과 같은 순수한 의원내각제는 총리의 유사독재를 우대하기 때문에 고에너지 민주주의는 의원내각제도 거부한다. 의원내각제의 충동은 정부와 국가 내부에서 갈등을 억제하고 사회 내부에서의 이익과 비전의 모순이 정부에 반영되는 정도를 축소하려는 것이다. [제2원칙의] 요체는 갈등, 심지어 국가 내부의 갈등 자체를 억제하거나 회피함으로써 중앙의 강력한 주도권을 확보하는 데에 있지 않다. 그 요체는 사회 내부에서뿐만 아니라 국가 안에서 갈등을 불러일으키지만 이윽고 갈등을 해결하려는 데에 있다. 이어서 갈등은 정치의 속도를 촉진하면서 새로운 형태를 갖는다.

미국의 헌법구조는 연방정부 안에서도 나아가 연방제 전반에 걸쳐서 권력분할이라는 자유주의 원칙과 정치의 속도제한이라는 보수주의 원칙의 의도적인 혼동에 입각하고 있다. 두 번째 원칙의 함축은 자유주의 원칙을 긍정하면서도 보수주의 원칙을 거부하는 헌법적 안배들을 선호하는 것이다. 영국 정치체제의 불문헌법은 국가에서 갈등의 표현을 우선적으로 통제하거나 예방하는 경우에만 단호한 중앙주도권의 실천적인 장점을

---

126 제임스 매디슨은 미국의 4대 대통령이다. 그는 연방파(federalist)로서 미국 헌법의 작성 과정에서 급진적 공화파(anti-federalist)의 직접민주주의적이고 참여민주주의적 경향에 대하여 경계하였고 그리하여 오늘날 견제와 균형이라는 미국식 헌법구조를 형성시켰다. 그의 정치적 헌법적 견해는 『페더럴리스트 페이퍼(The Federalist Paper)』에서 잘 드러난다.

성취할 수 있다고 상정한다. 이제 그 대가는 제1원칙을 정당화하는 편익을 포기하는 것이고, 규제된 해체의 장점들을 포기함으로써 그저 정부 행동의 통일성을 달성하려는 것이다.

이러한 발언은 특히 제2차 세계대전 이후 수십 년 동안 다수의 유럽 헌법에서 일상화되었던 유형의 반(半)대통령제[127]에 대한 선호를 암시할지도 모른다. 그러나 이러한 체제들의 헌법구조는 기껏해야 이러한 제도적 구조의 제1원칙과 제2원칙을 실행하기 위한 출발점을 제공한다. 이러한 체제들은 사회와 국가 안에서 갈등을 유발하고 제도화하기에는 너무 무능하고 이윽고 갈등이 확립된 다음에는 그 갈등을 신속하고 단호하게 해결하는 데에도 너무 무능하다. 예를 들어, 프랑스 제5공화국의 헌법은 대통령과 의회 다수파 사이에 불일치가 존재하는 경우("코아비타시옹"[128]) 대통령과 의회의 조기선거를 용이하게 하거나 종합적인 강령적 국민투표와 국민표결에 호소함으로써 정치의 빠른 속도를 향해 작동하기보다는 정치의 느린 속도를 허용한다.

제2원칙의 적(敵)은 사회에서의 모순 및 국가에서 그 모순의 표현과 중앙의 결정적 주도권을 위한 역량 사이에 역(逆)의 관계가 존재한다는

---

127 반(半)대통령제는 대통령제와 의원내각제의 요소들이 결합된 정부형태를 의미한다. 대통령이 통일, 외교, 국방의 문제를 관장하고 의회를 대표하는 총리나 수상은 일반 행정을 관장하는 방식이다. 독일 바이마르 공화국이나 프랑스의 제5공화국의 정부형태가 그 실례이다. 이원집정부제 또는 분권형 대통령제와 혼용되기도 한다.

128 다당제국가에서 연립정부가 수립되는 경우 대통령과 총리(수상)가 각기 다른 당에 속하는 경우가 빈번하지만 특히 프랑스에서의 코아비타시옹은 연립정부 안에서 좌우정당의 불편한 동거를 가리키는 데 사용된다.

잘못된 가정이다. 대립하는 이익들 및 의견들의 황무지에서는 어떠한 힘도 존재할 수 없다. [제2원칙의] 목적은 정치의 온도를 높이는 동시에 정치의 속도를 올리는 것이다. "가능한 한 빨리 실수를 하는 것이다."

고에너지 민주주의의 제도적 설계에서 제3원칙은 권한 이양의 원칙이다. 교착상태의 신속한 해결(제2원칙)에 의해 보장되고, 사회와 국가에서 차이의 각성과 강화(제1원칙)로 자극받은 강력한 중앙 주도권은 국가의 부분들(영토상) 또는 심지어 경제의 부분들(분야들)이 중앙 주도권에 의해 결정된 지배적인 국가적 경로에서 이탈하고 국가적 장래의 대항모형을 창출하는 기회들과 결합되어야 한다.

이러한 제3원칙을 자극하는 직관적인 핵심 아이디어는 국가가 특정한 경로를 따라가는 경우 국가는 도박의 위험을 회피하거나 회피할 수 있어야 한다는 것이다. 핵심 아이디어는 패배하였거나 상상된 대안들에 대한 부분별 탐구를 가능하도록 해야 한다는 것이다. 그 탐구가 유익하고 설득력을 갖기 위해서는 그 대항모형을 실제로 시험해보아야만 한다. 대항모형을 실현되지 않은 교리로 남겨둘 수 없다. 사회와 국가에서 차이의 각성과 강화는 이탈의 동기들이 항상 존재할 것이라는 점을 보장한다.[129]

권한 이양의 원칙을 적용하는 가장 직접적인 구조는 특히 연방제에서 중앙정부와 지방정부의 관계에 대한 조직이다. 어떤 조건 아래서는 주정부나 시정부는 관행적인 연방주의가 전통적으로 허용한 것보다 훨씬 많이 그리고 훨씬 멀리까지 확립된 연방법과 국가 정책으로부터의 이탈을 허용

---

129 이른바 hierarchy보다 poliarchy를 염두에 두고 있다.

할 수도 있다. 발전된 대항모형(이탈선상에 사회적, 경제적 생활의 일부를 조직하는 것)은 다수의 연결된 제도적 안배들과 나아가 이러한 안배들에 형상을 부여하는 법의 부분에 결합된 기술혁신을 동원할 개연성이 있다.

관행적인 연방주의의 전제는 연방제의 각 부분(주정부 상호 간, 시정부 상호 간)이 동일한 수준의 자치권을 보유해야 한다는 것이다. 입법권한의 위임에서 획일성을 고집하는 것은 더욱 급진적인 이탈을 억제하면서 자율성의 범위를 제한한다.

주정부 또는 시정부는 그와 같은 특별한 이탈을 감행할 특권을 의회와 법원에 요구할 수 있어야 한다. 의회는 제안된 실험이 국익을 위협하는지 여부를 결정할 것이다. 법원은 그 실험이 불가역적이지 않다는 기준과 그 실험이 어떤 집단을 구축된 불이익 형태(문제의 집단이 경제적 주도권과 그들이 활용할 수 있는 정치적 행동으로 용이하게 빠져나갈 수 없는 불이익)에 고착시키는 결과를 발생시키지 않는다는 기준을 만족시키는지 여부를 결정할 것이다.

연방제에서 통용되는 것은 프랑스나 영국과 같은 단일국가들에도 통용된다. 단일국가에서 강력한 중앙 주도권과 철저한 권한 이양을 화해시킬 수 없다는 것은 순전히 교조적 편견이다. 단일국가에서 양자의 결합은 연방제 하에서보다 이행하기 더욱 용이하고 편익에 있어서 더욱 성과적일 수도 있다. 그러한 단일국가는 연방 안에서 자치권의 정도는 획일적이어야만 한다는 연방제의 특징적인 가정과 싸울 필요가 없을 것이다. 동시에 헌법적 안배들이 정부를 분할하고 교착상태를 영구화하려고 공모하지 않는 한, 국가의 통일성은 강력한 중앙 주도권에 당연히 우호적일 수 있는 정치구도를 창조한다.

연방제나 단일국가 아래서 모두 강력한 중앙 주도권과 철저한 권력 이양을 조화시킬 두 가지 방법이 있다. 첫 번째 방법은 중앙 주도권이 포괄적 관할권을 보유하되 국가의 한정된 지역만이 국가적 경로에서 과감하게 이탈할 특권을 행사하는 것이다. 이 특권을 행사하려는 경향은 특권 행사에 따른 위험과 비용으로 인해 예외적인 것으로 드러날 가능성이 높다. 두 번째 방법은 중앙의 주도권과 급진적 권한 이양이 서로 충돌하지 않도록 사회경제적 생활의 어떤 부분에서 전진하고 다른 부분에서 그렇지 않음으로써 포괄성을 제약하는 것이다. 가장 야심찬 개혁 프로그램조차도 선별성을 갖는다는 점을 고려하면 이는 있을 법한 결과이다.

권한 이양의 원칙에 대한 적(敵)은 중앙권력과 이양된 권력이 역의 관계에 있다는 전제이다. 중심이 더 많은 권력을 가질수록 주변, 즉 주와 시정부는 더 작은 권력을 보유한다는 것이다. 이러한 유압식 모형[130] 또는 이러한 권력총량불변의 관점은 자명한 사실처럼 보일지도 모른다. 앞의 토론[노동총량불변이론]에서 보여주었듯이 그러한 모형이나 관점은 실제로 거짓이다. 이는 제도적 상상력의 실패에서 나온 관점이다.

고에너지 민주주의의 제도적 설계에서 제4원칙은 참여의 원칙이다. 그것은 정치생활에서 조직적인 대중 참여의 수준을 제고할 것을 권고한

130　유압식 모형은 밀폐된 용기에 담긴 비압축성 유체에 가해진 압력은 유체의 모든 지점에 같은 크기로 전달된다는 파스칼의 원리에 입각한 수리적 모형이다. 웅거는 권력총량이 불변적이라는 시각을 권력의 유압식 모형으로 규정한다.

다. 만약 교착상태의 신속하고 결정적인 해결에 관한 제2원칙이 정치의
속도를 올리는 것이라면, 제4원칙은 정치의 온도 상승, 즉 조직적이고 지
속적인 동원을 지지한다. 이러한 온도 상승은 고에너지 민주주의라는 용
어가 가리키는 높은 활력을 의미한다.

제4원칙의 직관적인 동기는 구조적 콘텐츠가 풍부한 정치(위기의 자
극이 없어도 그 자체조직을 포함한 모든 것에서 대안을 만들어내고 이행하고 혁
신할 수 있는 능력)가 높은 참여의 정치여야만 한다는 견해다. 그 참여는 시
민의 열정과 환멸의 일시적인 조류들에 의존해서는 안 된다. 제도들이 정
치적 덕성을 필요로 하지만 이를 효과적으로 이용한다는 전제에서 높은
참여는 제도적 안배들의 지원을 받아야만 한다.

오늘날 허약한 민주국가에서 국민은 국가적 비상사태가 그들을 깨울
때까지 잠들어 있다. 이는 변화의 위기 의존성을 확인시켜준다. 그러는 사
이 국민은 자신의 과업을 직업적인 정치인 집단에게 위임한다. 이러한 귀
결의 불가피성은 짧은 혁명적 간주기에 시험되었던 평의회정부의 반복적
인 실패로 확인된 것처럼 보인다. 급진적 공화주의 이론의 환상은, 사적인
관심들이 전(全)포괄적이며 이타적인 시민적 대의에 희생되어야 한다는
요구와 더불어 허약한 민주국가의 정치문화가 정치적 자유의 (유일한 기
회는 아니더라도) 가장 현실적인 기회를 제공하는 것처럼 보이게 하는 데
복무해왔다.

그러나 대안은 실생활에서 피와 살을 가진 이기적인 개인을 이타적인
시민으로 대체하는 것도 아니고 사회 전체에서 직접민주주의라는 절망적
인 꿈을 아래로부터 부활시키는 것도 아니다. 대안은 우리의 정치적 권력

과 관심사의 범위를 점차 넓혀가고, 구조변화나 급진개혁이 정상적인 정치와 일상생활에서 더욱 용이하게 지속적으로 일어나도록 허용하고, 변화의 조건으로서 경제적 또는 군사적 트라우마를 더는 필요로 하지 않는 기획들을 마련하는 것이다.

이런 점에서 세 가지 법률적 제도적 혁신은 매우 중요하다. 첫 번째 혁신은 돈과 정치의 관계에 대한 혁신이다. 즉 정치활동의 자금을 제공하고 사적 자금의 정치적 영향력(시간의 투입과 구별되는)을 부인하는 공적 재원을 확보하는 것이다. 두 번째 혁신은 여론매체, 특히 TV에 대한 사회운동권이나 정당의 무상접근을 미디어 회사들의 경영에 대한 철회가 능한 면허의 조건으로 확정하는 것이다. 세 번째 가장 중요한 혁신은 대의민주주의를 직접민주주의로 대체하는 대신 직접민주주의의 요소로 대의민주주의를 풍요롭게 하는 것이다. 예컨대, 자신의 고유한 지역적 업무 관리와 정부자원들의 통제에 대한 조직된 지역공동체의 참여를 통해서, 다양한 제3섹터나 협동적 형식들을 매개로 정부와 협력관계를 유지하면서 공공 서비스(보건 및 교육을 포함)의 실험적인 제공에 대한 조직된 시민 사회의 참여를 통해서, 광역 통신수단을 활용한 풍부한 토론이 공론조사(consultation)에 선행해야 한다는 전제 아래서 종합적이든 혹은 단일 쟁점 식이든 국민투표(plebiscite)와 국민표결(referendum)의 확장된 활용을 통해서 대의민주주의를 풍요롭게 한다.

이 세 가지 기획들은 참여의 원칙을 실천하는 동시에 차이의 각성과 강화 원칙의 정치적 결과를 확장하고 정교화하는 데 도움을 준다. 이러한 기획들의 누적적 결과는 사회에서 정치적 동원의 수준을 높이는 것이다.

참여의 고양이 지속가능해지려면 참여의 고양을 일상적인 관심의 희생이 아닌 확장으로 경험해야만 한다. 그 의미는 당연하게 여기는 안배와 가정의 체제 안에서 수행하는 일상적인 운동과 (전형적으로 위기의 압박이나 자극 아래서) 체제의 부분들의 수정을 둘러싸고 투쟁하는 비상적인 운동 사이의 격차를 줄임으로써 우리의 역량을 강화하려는 데 있다.

제4원칙의 적(敵)은 (황제주의[131]에서 보듯이) 정치가 제도적이고 냉각된 것이거나 혹은 반제도적이고 뜨거운 것이라는 양자택일적인 견해이다. 이러한 견해는 보수적인 정치학의 전제를 제공할 뿐만 아니라 제도적 구조와 인간의 구조부인적인 자유 사이의 관계를 변화시키는 것을 포기한 낭만적 정치적 상상력의 전제도 제공한다. 제4원칙의 핵심은 뜨거우면서도 동시에 제도적인 정치를 지향하는 것이다. 포용적 전위주의의 기획과 같은 프로그램들은 바로 이러한 정치적 구도 안에서 전진할 수 있는 최상의 전망을 확보하게 된다.

---

131 황제주의(caesarism)라는 용어는 다양한 역사적 맥락을 갖고 있기 때문에 웅거가 정확히 무엇을 꼬집으려고 하는지 알 수 없다. 현대에 들어와 막스 베버가 황제주의의 윤곽을 제시하였다. 베버는 선거의 국민투표제적 성격, 의회의 경시, 정부 내의 자율적인 권력기구들에 대한 불관용, 독자적인 정치적 견해들의 수용실패 등을 권위주의적 독재로 길을 열어놓은 황제주의적 경향으로 불렀다.

제5장

포용적 전위주의와 경제발전의 딜레마

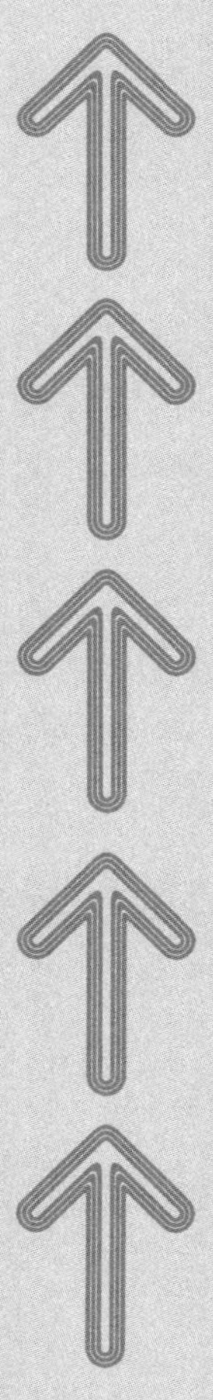

앞에서 나는 지식경제를 국한되고 얕은 형태와 확산되고 심화된 형태로 구분하여 해명하고 지식경제를 심화하고 확산시키기 위한 요구사항들과 이러한 요구사항을 충족시키기 위한 배경조건을 탐구하였기 때문에 이제 나는 이 주제에 관해 더 큰 세 가지 시각을 검토하겠다. 첫 번째 시각은 오늘날 개발도상국들이 직면한 선택지들과 포용적 전위주의의 관계다. 두 번째 시각은 세계 최고 부국들의 정치경제학 및 정치와 포용적 전위주의의 관계다. 세 번째 시각은 경제생활의 가장 기초적인 측면(공급과 수요의 상호수용이나 반복적인 불균형)에 대한 지식경제(고립적 형태이든 포용적 형태이든)에 관한 나의 주장이 갖는 중요성이다. 이 세 번째 시각은 이어서 경제이론의 일부 중심적인 문제들에 대한 이 책의 주장이 함축하는 바를 이해할 수 있는 기반을 제공한다. 세 번째 시각은 가장 선진적인 생산방식에 대한 연구가 경제생활의 가장 심층적이고 보편적인 특성들을 파악하는 최선의 방식이라는 애덤 스미스와 카를 마르크스의 판단을 지지한다.

오늘날 개발도상국들은 명백한 딜레마에 직면해 있다. 20세기 후반의 발전경제학의 중요한 공식은 산업화가 표준적인 형태의 포드주의 대량생산의 수립을 의미한다는 전제에서 산업화를 통한 가장 부유한 경제를 따라잡는 것이었다. 이 공식은 내가 차차 논의하려는 이유들로 인해 작동하지 않게 되었다. 어쨌든 이 공식에 대한 대안, 즉 지식경제의 확산되고 포용적인 형태는 요원한 것처럼 보인다. 가장 강력한 제도적 역량과 교육적 자원을 가진 가장 부유한 경제들조차 이런 방향에서 크게 전진한 것처럼 보이지 않는다면, 포용적 전위주의의 요건에서 더욱 빈약한 개발도상국들이 전진한다는 것을 어떻게 기대할 수 있을까?

낡은 전략은 실패한다. 새로운 전략은 낡은 전략에 대한 실현가능한 대안을 제시하기에는 너무 까다롭고 너무 동떨어져 있다. 오늘날 발전에 대한 모든 사유는 이 딜레마와 교전함으로써 시작되어야만 한다. 이 딜레마는 경제발전에 가장 절박한 실제적인 도전이 되었으며, 동시에 현재 활용 가능한 발전 관념들이 부적절하다는 점을 폭로한다.

고전적인 발전경제학의 주요 메시지를 상기해보자. 이러한 관점에 따르면 장기적으로 경제성장은 기초 여건들, 즉 교육과 제도들에 의해 제약된다. 앞서 말했듯이 발전경제학이 '인적 자본'의 형성에 대해 했던 입에 발린 말에도 불구하고 발전경제학은 교육의 내용과 방법, 제도적 구조에 대해 할 말이 거의 없었다. 그 이유는 간단하다. 고전적인 발전경제학에서 욕망의 현실적인 표적이었던 대량생산 방식의 산업화는 교육의 면에서 거의 아무것도 요구하지 않았기 때문이다. 교육의 주요한 요구는 노동자들에게 기계처럼 움직이라는 것이었다. 너무 많은 교육은 문제를 불러일으킬 수도 있기 때문이다.

여타 근본적 제도들과 관련해서 말하자면 발전경제학은 역사적 상황(규제받는 혼합적인 시장경제)에서 기성품으로 발견한 경제적 제도들을 거의 수정 없이 추천하는 것에 대체로 만족하였다. 중요한 관심사는 투자자들이 그들의 재산에서 또한 재산이 창출한 소득흐름에서 안전해야 한다는 점과 국가가 장기발전전략을 수립하고 이러한 전략을 단기정책으로 전환하는 업무를 전담하는 계획기구를 위한 공간을 만들어야 한다는 점이었다.

고전적인 발전경제학의 주요 메시지는 다른 곳에도 있었다. 중단기적으로 경제성장을 촉진하는 최상의 방식은 노동자와 자원을 경제의 생산성이 낮은 부문에서 높은 부분으로 이동시키는 것이다. 그것은 실제로 농업에서 표준화된 대량생산 방식을 갖춘 제조업으로 이동하는 것이었다. 대량생산에 필요한 기술과 능력의 천편일률적인 특성과 대량생산을 위한 교육적 제도적 전제조건들의 상대적 소박성은 생산성 증가와 더불어 성장 증가가 단시간에 달성될 수 있다는 것을 의미했다. 성장 증가는 계속 전진하다가 기초 여건에서의 상응하는 전진을 이루지 못함으로써 한계에 직면한다. 그러나 선행하는 제약조건들과의 충돌은 위험요소가 되기보다는 그러한 한계들을 극복하고 가장 선진적인 생산방식이 관철된 부문(포드주의 제조업)으로 노동자와 자원을 이전시키면서 시작되었던 변혁을 지속시키는 자극으로 봉사할 수도 있다. 상대적으로 자본집약적인 대량생산이 가장 부유한 사회들과 연결되었던 세계경제에서 산업화는 국제적 노동분업의 증가를 의미했다.

개발도상국들은 경제성장을 지속하기 위해 이러한 처방에 더는 의존할 수 없으며, 자신들과 가장 부유한 국가들 사이의 격차를 해소하는 작업에 착수할 수도 없다. 일부 개발도상국들은 오래 전부터 너무 이른 탈

산업화라고 일컬어지는 현상을 겪어왔다. 또 다른 개발도상국들은 지식집약적인 생산의 거대기업들에 유용한 지구적 가치사슬에서 (국제기준에 비추어) 저임금과 분업화되고 종속적인 틈새를 결합함으로써 대량생산의 수명을 연장하려고 노력해왔다. 이러한 개도국들은 그 상부국가, 즉 전형적으로 멀리 떨어져 있는 부국에서 실험주의적이고 지식집약적인 생산의 친숙한 고립적 형태를 범례적으로 보여주는 기업의 상품화된 측면을 끌어안았다. 소수의 국가들(특히 중국과 인도, 어느 정도는 러시아와 브라질)만이 언제나 고립적 형태로서 세계적인 지식경제의 전초기지들을 설치해왔다.

발전경제학의 표준적인 산업화 처방이 작동을 멈춘 데에는 서로 연관된 다양한 이유들이 있다. 첫째, 세계에 산재한 그 독점적 기지들로부터 나온 선진적인 생산은 철 지난 대량생산을 점차 경쟁에서 물리칠 수 있다. 선진적인 생산은 전통적인 제조업의 제품들을 더 효율적으로 더욱 우수하게 생산할 수 있는 방법들을 발견함으로써 직접적으로 그렇게 할 수 있다. 내가 초-전위주의라고 불러온 체제 아래서는 선진적인 생산은 생산라인의 표준화된 부분을 대체로 임금과 세금이 낮은 다른 나라에 위치한 공장에 할당함으로써 그렇게 할 수 있다. 이러한 기업은 발전경제학이 지금까지 생각했던 전위라기보다는 이제 지구적인 생산라인들에 대한 위성(짝패)으로 변한다.

둘째, 이러한 맥락에서 전통적 산업화는 국제적인 노동분업의 증가와 더 이상 연관되지 않는다. 세계 경제에서 더 유효한 구분선은 제조업과 여타 모든 것(특히 농업) 사이에는 더 이상 존재하지 않는다. 그러한 구분선은 (과학적) 영농을 포함한 모든 부문에서 확립된 선진적인 생산의 프린지와 여타 모든 것 사이에 존재한다.

셋째, 고전적 발전경제학의 메시지의 중대한 전제라고 할 수 있는 부문들 간의 구분들은 효력을 상실한다. 이러한 구분들의 경직성은 상대적 후진성의 신호를 나타낸다. 모든 형태의 지식경제는 일천하고 제한적인 형태이든 발전되고 확산된 형태이든 이러한 구분들을 전복한다. 지식경제는 특히 제조업과 서비스업의 차이를 약화시킨다.

넷째, 대량생산 제조업이 생존하는 경우에는 노동과 조세에서의 차익 취득이 낙후한 생산의 입지를 몰아냄에 따라 대량생산 제조업은 더 낮은 임금과 더 작은 세금을 향한 경주에 입각해서만 지속적으로 경쟁력을 유지할 수 있다. 생산의 기반설비로서 운송, 통신, 에너지 나아가 사람과 사람의 능력에 대한 공적투자 재원의 부재와 저임금은 전위부문을 향하는 운동을 위축시킨다.

그러나 고전적 발전경제학의 실패한 공식에 대한 대안은 무엇인가? (고전적인 발전경제학의 계승형태는 대체로 어떤 일반적인 견해와 처방을 포기하였다. 그 계승형태는 빈곤층에 대한 상이한 정책들의 차별적인 효과들에 대한 미시적 연구에서 피난처를 찾았다. 고전적 발전경제학은 결함 있는 구조적 비전을 갖고 있었다. 그 계승형태는 현대사회과학의 지배적인 조류와 일치하여 구조적 비전을 전혀 갖지 않은 것을 선호한다.) 실패한 공식에 대한 대안은 오늘날 개발도상국의 경제 여건에서 이곳에서 그곳으로 이르는 데에 필요하게 될지도 모르는 매개적인 조치들을 통해 포용적 전위주의의 방향에로의 이동일 수 있다.

그러나 이 지점에서 낡은 메시지에 대한 대안을 찾는 사람들은 당연히 낙담할지도 모르겠다. 포용적 전위주의의 약속과 그다지 격차를 보이지 않는 경제체제에서도 포용적 전위주의가 외견상 영웅적이고 불가능한 기획으로 머문다면, 포용적 전위주의의 교육적, 도덕적, 제도적 요건을 충족시키는 일이 더욱 요원해 보이는 사회에서 포용적 전위주의는 어떻게 구현될 수 있을까? 전체적으로 이러한 사회는 교육 및 법의 기초와 계속해서 씨름하고 극단적인 불평등과 방향들 및 체제들의 혼란(이러한 혼란은 노골적인 혹은 은근한 독재를 통해서만 중단된다) 사이에서 자주 표류하는 나라들이다. 이러한 나라의 시민들은 최저치에 대한 자신들의 이해도 허약한 상태인데 어떻게 우리가 그들에게 최대치를 요구할 수 있는가라고 반론을 펼지도 모른다.

이 반론에 대한 답변을 고려하기 전에, 이 문제가 21세기 초반의 브라질과 같은 경제에서 어떻게 나타나는지를 생각해 보자. 이 사례는 포용적 전위주의의 추구라는 과업이 제시한 도전이 부유한 경제뿐만 아니라 개발도상국에도 불가피한 이유를 보여줄 것이다. 그러한 사례도 문제를 해결하기 적합한 형태로 다시 규정하는 작업에 일조할 것이다.

고전적인 발전경제학의 자극 아래서 브라질의 남동부, 특히 상파울루 주에 위치한 브라질 제조업의 핵심은 대량생산이었다. 대량생산은 처음 설치된 시점에서도 이미 철 지난 것이었다. 대량생산은 제조업에서 탁월성의 기준에 도달하였고 그 이래로 일반적으로 이 기준을 유지해왔다. 어쨌든 대량생산은 기술적이고 조직적인 핵심에서 퇴행적인 제조업 생산양식으로 점차 변모해왔다는 부담 아래서 그렇게 해왔다. 이러한 철 지난 포드주의는 노동수익에 대한 엄격한 통제와 (빈번히 속류-케인스주의[132]의 엄호 아래 제공된 신용보조금과 세금우대 등) 국가지원에 대한 의존을 대가로 해서만 경쟁력을 갖는다.

지식경제는 브라질에서도 출현했지만 매우 고립적인 형태로 몇 군데에서 신생기업들과 첨단 제조업과 서비스업으로 출현하였다. 유명한 준(準)국가적인 기술학교와 지원센터의 네트워크(바르가스 치세[133]의 조합주의의 유산)는 선진적인 제조업에서 이러한 고립적인 활동들을 지원해왔다. 브라질은 세계에서 가장 큰 개발은행 중 하나를 포함하여 막강한 공공은행들을 거느리고 있으며 또한 중소기업에 대한 가장 까다롭고 매우 이례적인 지원 형태, 즉 생산적 관행(농업 외의 확장 서비스)의 개선을 전문적으로 지도하는 기구도 보유한다. 이러한 지도관행에서 발전된 원리는 정부와 신흥기업 간의 분산적 협력관계와 그러한 기업들 간의 협력적 경

---

132 속류 케인스주의에 대한 학술적인 정의는 찾기 어렵다. 대체로 완전고용, 사회적 형평, 생활수준의 향상을 촉진하기 위한 수단으로 정부의 만성적인 재정적자가 불가피하다고 사고하는 유형의 경제학을 가리킨다. 웅거는 2015년 영국 BBC방송에 출현하여 브라질 경제가 속류 케인스주의의 희생양이 되었다고 주장한다. 많은 경우 속류 케인스주의자들은 균형재정이나 재정적 엄격성을 강조하는 사람들을 경제적 정통이나 신자유주의에 굴복하는 사람으로 규정한다. 웅거는 고전파경제학과 케인스주의를 모두 끌어들이고 동시에 극복하고자 한다.

133 바르가스는 브라질에서 정치의 풍운아라고 불리며 대공황 이후 집권하여 신헌법을 제정하고 신국가체제를 선포하여 좌익의 정치활동을 금지하고 포퓰리스트적이고 조합주의적 정책을 시행하여 중산층과 노동자들의 지지를 받았다. 바르가스는 제2차 세계대전 후 하야하였으나 다시 복귀하여 총 19년을 집권하였다. 바르가스 자신은 가난한 집안의 태생으로서 스스로 노동자의 옹호자로 불리기를 기대하였다. 웅거에게 많은 영향을 준 외할아버지는 브라질 외무장관을 역임하다가 바르가스 집권기에 미국으로 망명하였다.

쟁을 서술한 "지역적 생산 협정제도(local productive arrangements)[134]"의 개념을 포함하였다.

그러나 대부분의 현대경제체제들에서 전략적 역할을 수행하는 기업(선진적인 중견기업)은 대체로 결여되었다. 나아가 브라질의 제도적 장치나 발전의 원리들(수입대체 산업화에서 재정적 신뢰의 추구까지) 중 그 어느 것도 브라질이 너무 이른 탈산업화의 가장 두드러진 실례가 되는 것을 막지 못했다. 21세기 첫 10년간 상품가격의 상승과 농업, 목축업, 광업 제품에 대한 중국발 수요의 여파로 제조업은 생산과 수출품들의 백분율에서 극적으로 감소했다. 철 지난 포드주의는 대체되거나 전환되기보다 간단히 위축되었다. 브라질은 부자가 되기 전에 늙어가는 중이었으며, 지식경제를 성취하기도 전에 대량생산을 상실하고 있었다.

한편 브라질은 세계에서 가장 활기찬 기업적 문화들 중 하나를 계속해서 지원했다. 두 번째 혼혈인종의 프티부르주아 계급과 이 계급의 경로를 따르려고 시도하고 독립성과 주도성을 추구하는 이 계급의 문화를 포용하는 수백만 명의 가난한 브라질 노동자들은 이러한 문화의 강력한 담지자들이었다. 수백만 명의 가난한 노동자들은 자신의 포부를 실현할 수단도 갖고 있지 않으면서도 프티부르주아 계급의 경로를 따르고자 하였다.

동북부의 반-건조한 오지들과 같은 일부 극빈지역에서 17세기 선대

---

[134] 지역생산협정제도는 생산, 경쟁, 상호작용, 학습, 금융 등의 현안을 광범위하게 다루는 방식으로서 민간기업 뿐만 아니라 공공기관, 대학, 학교도 참여하는 네트워크이다. 일종의 생산 클러스터라고 할 수 있다.

제수공업부터 20세기 후반의 낡은 대량생산에 이르기까지 유럽 시장경제들의 다양한 관행, 법적 기구들, 심지어 기술이 공존하였던 페르남부코 내지의 섬유산업지대와 같은 지역을 찾을 수 있었다. 이렇게 풍부한 기업가적 정신은 대체로 지원을 받지도 못하고 방향을 잃었지만 거의 기적적으로 원기를 회복하였다. 국가발전의 새로운 의제가 제시되기만 한다면 이러한 사례는 그러한 의제의 원재료였다.

이러한 상황들이 제기한 질문은 온 나라가 나중에 다른 것이 되기 위해 철 지난 포드주의의 연옥에서 한탄하면서 20세기 중반의 상파울루가 먼저 되어야만 할 것인지 아니면 이 나라와 이 정부가 남동부의 낡은 산업 중심지들 바깥에서 포드주의 이전 단계에서부터 포드주의 이후 단계로의 직접적인 이행을 조직할 수도 있는지였다. 이 질문에 대한 전자의 답변은 이 장의 도입부에서 열거한 모든 이유들로 인해 어떤 희망도 주지 못하는 것처럼 보였다. 전자의 경로를 답습하는 것은 전자의 결과를 성취하지 못할 수도 있다. 그러나 후자의 대답은 세상에 전례가 없는 어떤 것의 성취를 요구하는 것처럼 보였다. 이것이 앞선 지면에서 기술한 발전의 딜레마의 브라질다운 형태에 불과하였다.

브라질 사례는 발전 딜레마의 몇 가지 측면을 보여준다. 첫 번째 요점은 이 딜레마가 허위의 딜레마라는 점이다. 포용적 전위주의의 전진은 어떤 조건에서도 어렵지만, 개발도상국의 조건에서는 특히 어렵다. 그러나 전통적인 제조업에 사후(死後)세계를 부여하려고 시도함으로써 이러한 어려움에 응답하는 것은 어려운 것이라기보다는 더 나쁜 것이며 실로 부질없는 짓이다. 그러한 제조업은 고전적 발전경제학이 가정하였던 것과 같은 "무조건적 수렴"의 매개체로서 더 이상 복무할 수 없으며, 앞서 내가 논의한 모든 이유들로 인해 작동할 가능성은 더욱 줄어든다.

공장제 대량생산은 더 이상 가장 선진적인 생산방식이 아니므로 고전적 발전경제학의 메시지는 더 위축되고 더 제한적인 어조를 띤다. 그 메시지는 개발도상국에게 "관례적으로 산업화하고 차례를 기다리라"고 말한다. 이 메시지는 명백히 겸손함의 호소력을 갖는다. 메시지는 잘 알려진 경로에서 인내심을 제안하기 때문이다. 그러나 이 메시지는 우리의 생산능력의 진화뿐만 아니라 결과적으로 세계 노동분업에서 일어날 불가역적인 변화들을 고려하지 못한다.

고전적 발전경제학의 주장은 모든 경제체제들이 자신보다 앞서는 경제체제들의 과거를 나중의 역사적 시기에 자신의 미래로 예행연습하면서 똑같이 가차 없는 진화의 순서도를 따라야만 한다는 견해에 의존한다. 가장 선진적인 생산방식의 본성은 하나의 장소에서만 변화해온 것이 아니다. 그 본성은 세계의 모든 주요 경제체제에서 변화해왔으며 그 본성도 명백하게 드러난다. 가장 선진적인 생산방식의 입지는 직접적으로 또한 국제적인 노동분업에 대한 생산방식의 영향을 통해 간접적으로 대량생산을 국가적 발전의 더 높은 수준으로 상승하기 위한 도구로 이용하는 것을 가로막는다. 브라질의 예에서, 브라질 경제의 나머지 부분을 20세기 중반의 상파울루로 바꾸려는 시도는 사라진 세계와는 다른 어떤 것(퇴각임과 동시에 투항으로 이해되는 후퇴, 달리 말하면 국제적 전위부문에서는 퇴각이고 생산의 전선에 도달한 국가들과 기업들에 대해서는 투항)을 생산해낼 수도 있다.

브라질의 사례를 통해 드러나는 두 번째 요점은 포용적 전위주의의 주요한 구성 요소가 세계의 많은 곳과 마찬가지로 브라질에서도 풍부하게 존재한다는 점이다. 이는 포용적 전위주의와 이전의 가장 선진적인 생산방식을 구분해주는 (앞의 장들에서 논의한) 조건들의 하나가 아니다. 이는 모든 선진적인 방식의 형성에 관건적인 자원(사회에 널리 확산된 부단한 활기와 기업가적 충동)이다. 그 특징적인 의식형태는 엄청난 수의 빈곤한 노동자들 사이에서도 프롤레타리아적이기보다는 프티부르주아적이다. 노동자들은 어느 정도의 성공과 독립성을 열망한다. 욕망의 기본 목표는 전통적이고 퇴행적인 가족기업이다. 경제의 핵심적인 불행은 기회와 수단의 부족으로 이와 같은 인간의 에너지와 생명의 엄청난 저량(貯量)을 거부하고 통제하고 위축시키면서 탕진하는 것이다.

어느 경제에서도 대량생산은 자립과 주도성의 세계로 진입하려는 후보자들 중에서 소수만을 채용해왔다. 대량생산과 제조업의 제휴와 표준화의 이면으로서 대규모 대량생산에 대한 의존은 대량생산이 다수에게 해결책을 제시하는 것을 언제나 가로막았다. 고립적이고 일천한 전위주의의 엘리트주의적 제약 아래에 있는 것으로 현재 알려진 지식경제는 이와 같은 내재적 제약을 갖고 있지 않다. 그럼에도 불구하고 포용적이고 심화되는 지식경제로 가는 경로는 고단하다.

개발도상국의 상황에서 광범위한 경제성장을 위해 이와 같은 인간의 에너지를 활용하려면 두 가지 문제, 즉 정치적 전략적 문제와 개념적 제도적 문제에 대처하는 것이 필수적이다. 정치적 전략적 문제는 이러한 경제적 기획을 자신의 대의로 삼는 좌파가 소생산자계급과 이들의 물질적 야망과 도덕적 태도를 공유하는 훨씬 더 많은 수의 사람들에 대해 품고 있는 편견이다. 좌파들은 이러한 프티부르주아 계급을 이러한 계급의 관점에서 만나고 이 계급이 자신의 꿈을 실현할 수도 있는 형태들에 대한 관념을 확장하는 데에 도움을 주는 대신에 전통적으로 이들을 적으로 선택하였으며, 이는 20세기 유럽 역사에서 재앙적인 결과를 낳았다.

개념적이고 제도적인 문제는 실제로 그러든지 혹은 말로만 그러든지 프티부르주아 계급에게 고립되고 후진적인 가족기업이라는 기본형태 이외에도 자신의 야망을 충족하는 방법을 제공해야할 필요성이다. 그것은 포용적 전위주의의 법적 제도적 조건에 대한 나의 앞선 논의에서 제시한 의제이다. 이 의제는 시장질서의 제도적 재구축에서 시작되고 거기에서 끝난다. 처음에는 생산자원의 접근 수단을 적절하게 수정함으로써, 그 다음에는 정부와 기업들 사이에 분권적이고 다원주의적이고 실험주의적인 조정을 형성하는 법적 혁신들을 통해서, 마지막으로 분권화된 경제주체들이 사회의 자본자원을 이용하고 서로의 노동에 대한 권리를 주장할 수 있는 조건들의 근본적인 확대와 다각화를 통해 이루어진다.

브라질의 사례를 통해 예증된 세 번째 요점은 포용적 전위주의에 봉사하도록 시장질서의 쇄신을 시작할 제도적 기제가 단편적인 형태이기는 하지만 온 세상에 널리 퍼져 있다는 점이다. 제도적 기제의 부분들은 모든 주요 경제에 존재한다. 제도적 쇄신작업은 맨땅에서 시작하지 않아도 된다. 따라서 브라질 정부와 심지어 지역 주정부들도 내가 앞서 설명한 제도혁신의 첫 번째 단계에서 요구된 다수의 기구들에 의존할 수 있다. 즉 개발은행들, 자신의 관행을 개선하려는 소기업을 지원하기 위해 고안된 조직들, 개발도상국의 상대적으로 낙후된 기업들이 보유한 수용의 여건과 역량에 기술을 적응시킴으로써 기술의 개발과 전수를 목표로 한 기구들, 선진적인 제조업을 전담하는 지원센터와 학교를 포함하여 기술학교들의 준정부적인 네트워크 등에 의존할 수 있다. 여전히 결여된 요소는 이러한 도구들을 종합하고 이를 포용적 전위주의의 프로그램에 복무하도록 활용하는 방식이다. 접근형태들을 조정하는 방식이 없다는 점보다는 대량생산이 절정에 이른 이후에 일어나는 발전경로에 관한 지도적인 이론적, 프로그램적 견해가 없다는 점이 더욱 중차대하다.

이러한 발전의 딜레마는 진짜 딜레마가 전혀 아니다. 이 딜레마의 한 축(고전적인 발전경제학이 권고한 경로를 계속 따라가고 전통적인 대량생산을 개발도상국에 대한 현실주의적인 도달지평으로 수용하라는 선택지)은 스스로 지킬 수 없는 약속을 내놓는다. 딜레마의 첫 번째 축이 제공하는 것은 기껏해야 미래의 전망이 없는 현상유지책이다.

포용적 전위주의라는 접근하기 불가능해 보이는 목표에 어떻게 접근해야 하는지에 대한 상세한 견해가 없으므로 이러한 후방진지는 현실주의라는 부당한 평판을 획득한다. 이러한 후방진지는 익숙한 것에 대한 공상적 견고함에 의존할 수 있다. 21세기 초에 부유한 북대서양 국가들에서 쇠락하는 대량생산을 국내외 경쟁에 맞서 필사적으로 방어하는 일이 우파 포퓰리즘과 동시에 전통적인 사민주의의 경제프로그램의 큰 부분을 이루었다. 가장 부유한 국가에서 이와 같은 프로그램의 영향은 이윽고 정신적 식민주의의 확립된 작동기제를 통해 개발도상국들에서 그 위신을 높여왔다.

이 딜레마의 다른 축(개발도상국의 여건에서 다수의 사람들을 위해 지식경제를 발전시키는 것)은 온갖 어려움에도 불구하고 유일한 현실적인 대안이다. 이러한 대안을 실천하는 열쇠는 불가능해 보이는 과업을 조각들로 분해하고 이를 단계별로 실천하는 것이다. 포용적 전위주의의 법적 제도적 요건들이 보여주듯이, 우리는 하나의 체계를 실천할 필요가 없다. 우리는 도중에 지도를 수정하면서 길을 걷는 것이 필요하다. 이러한 궤도를 따라서 '결합되고 불균등한 발전'은 이 경로를 여행하는 하나의 가능한 방법일 뿐만 아니라 거의 항상 유일한 방법일 수밖에 없다.

이러한 [지식]경제로 나아갈 가능성이 가장 부유한 국가들보다 주요한 개발도상국에서 더 제한적이라고 예상할 이유는 없다. 이러한 주장을 마르크스가 자본주의의 극복이 가장 발전한 국가에서 먼저 일어나고 나중에야 다른 세계로 확산되는 것을 기대하는 것이 옳았던 것인지에 대한 마르크스의 추종자들 사이에 벌어진 논쟁과 비교해 보자.[135] 마르크스의 추론은 경제사회의 조직형태들이 단선적인 진화적 계기를 이룬다는 동일한 가정에 의존하였고, 이러한 가정이 그의 모든 사회경제이론을 고무시켰다. 오로지 선진경제들만이 불가피한 여정의 모든 단계들 완성하였을 것이기 때문에 선진경제들은 역사가 지정한 자본주의에서 사회주의로의 이행을 위한 조건이 될지도 모른다.

---

135 러시아 혁명 직후 레닌이나 볼세비키 대다수들은 러시아 후진성을 고민하고 프롤레타리아 혁명이 완수되기 전에 부르주아 혁명이 필요하다고 생각한 반면에 트로츠키는 러시아 혁명이 서유럽에서 같은 시기에 일어났더라면 러시아의 후진성이 극복되고 사회주의 국면으로 진행되었을 것이라고 생각하였다. 결과적으로 그들은 러시아에서 사회주의를 건설하고 세계각지로 혁명을 수출하기로 결정하였다.

역사는 마르크스가 예상한 대로 진행되지 않았다. 상대적 후진성의 조건에서 수행된 이행은 과정과 결과에서도 이론이 제시한 모형을 따르지 않았다. 제1차 세계대전의 여파로 서유럽에서 착수된 혁명적 사회체제들의 짧은 경험들이 보여주었듯이 선진경제국에서도 이행은 그러한 모형을 따르지 않았다.

주변부 경제에 대한 중심부 경제의 우위성 관념은 도전적인 교란이 유발하는 독보적인 이점을 인식하지 못했다. 달리 말하면 그러한 관념은 다른 곳에서 수입된 제도적 안배들이 원래 있던 곳과는 달리 이곳에서 기능하지 않았고 기본적인 필요나 높은 희망을 충족시키지도 못함으로 인해 이러한 안배들을 거부하는 데에서 나오는 장점을 깨닫지 못했다. 중심부 경제에서 더욱 근본적인 대안들에 대한 개방성은 경제적 혹은 군사적 재앙의 자극이 없다면 점차 성취되기 어렵다고 드러났다. 그러한 자극이 존재하는 경우에도 엘리트들의 국가적 혹은 초국가적 연대는 역사적 기회의 창을 닫아걸고 중요한 대안들로 인해 동요하지 않는 질서를 복원한 정도로 강하다는 것을 대체로 증명하였다.

다음 두 가지 요인들은 서로 결합하여 개발도상국들(특히 자신을 세계에서 지배적인 이익과 사상에 저항하는 거점으로 상상할 수 있을 정도로 큰 나라들[136])에게서 고립적 형태보다는 포용적 형태의 지식경제를 발전시킬 기

---

136 웅거는 『민주주의를 넘어』에서 이를 주변부 거대국가로 칭하고 중국, 인도, 브라질, 러시아, 인도네시아를 거론한다. 국제적으로 대안적인 경제질서를 수립하고 전파하기 위해서는 수렴테제나 제3의 길을 거부하고 성공을 거둔 시장모형이 바로 이러한 나라에서 출현해야 한다고 주장한다. 웅거는 특히 중국과 관련해서 사회주의 혁신동력을 경제질서에 활용할 것을 제안함과 동시에 중국

회를 빼앗았다. 첫 번째 요인은 이러한 나라에서 민주주의의 허약성이다. 여기에서 민주주의는 집단적 전제주의에 희생되거나 아니면 그 변혁적 잠재력이 북대서양 국가의 헌법적 안배들을 모방하면서 빠져나갔다.

두 번째 요인은 정신적 식민주의이다. 개발도상국의 지적 생활이 세계에서 가장 부유하지만 가장 체념적인 나라들에서 우세한 사조에 굴복하는 현상이다. 정신적 식민주의에 대한 해독제는 발전과 제도의 지역적 이단을 육성하는 것이다. 이러한 해독제는 해독제가 겨냥하는 메시지만큼 그 목표에서 국제적인 메시지를 공식화하고 전파하는 것이다. 즉 보편적 정통[무조건적 수렴테제]에 맞서 이단들을 보편화시키는 것이다. 포용적 전위주의의 프로그램은 기존 생산형태의 한계점에 도달한 사회만이 누릴 수 있는 사치품이 아니다. 포용적 전위주의는 경제발전의 가장 믿을 만한 공식[무조건적 수렴]이 어디에서도 작동하지 않았다는 불편한 사실에 대한 응답이다.

이 고도의 발전을 성취하기 위해서는 정치적 다원성, 민주주의의 발전이 불가피하다고 주장한다. 경제학자 코스가 중국의 경제에 대해 사유재산제도의 확립(자본주의)과 다당제(제1의 길)를 제안하였다면, 웅거는 『민주주의를 넘어』에서 경제적 다원성(시장경제와 소유방식의 다각화)과 정치적 다원성이라는 다른 경로를 제안하였다.

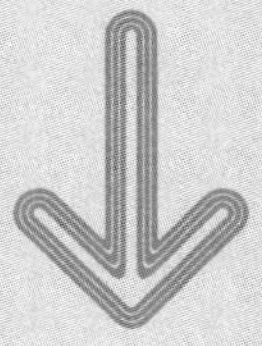

제6장

포용적 전위주의와 부국의 정치경제학

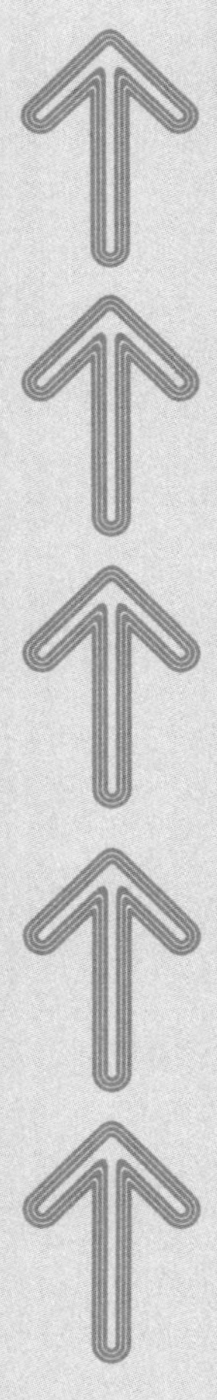

포용적 형태의 지식경제를 발전시키지 못하거나 이러한 발전을 정치-경제적 기획으로서 상상조차 못한 것은 부유한 국가들뿐만 아니라 그러한 국가의 정치에서 좌파와 우파에게도 엄청난 결과를 가져왔다. 우리는 관념의 영향력을 제대로 파악하지 못한다면 국가의 정치생활에서 어떤 일이 일어났는지 혹은 일어날 수 있는지를 이해할 수 없다. 기술적이고 경제적인 요인들과 계급적 이해관계만으로는 부유한 국가들에서 정치의 방향을 설명할 수도 없고 이러한 요인들이 성장을 어떻게 촉진시키고 불평등을 어떻게 줄이는지를 알아낼 수도 없다.

이러한 사회들뿐만 아니라 여타 모든 사회들의 역사적 경험은 관념의 형성적 역할과 관념 부재의 형성적 역할까지도 동시에 보여준다. 이러한 역할의 실례로서 동시에 이 장에서 탐구한 여건들에 대한 배경으로서 미국과 여타 북대서양 국가들에서 1930년대부터 지금까지 집권한 진보파들과 개혁파들이 포용한 의제의 진화를 고려해보겠다.

프랭클린 루스벨트와 그의 협력자 다수는 제도와 정책에 있어서는 견결하고 진정한 실험주의자들이었다. 대공황과 제2차 세계대전은 변혁적 의제를 추구할 수 있는 비상한 기회를 제공했다. 그럼에도 불구하고 초기 뉴딜의 제도적 실험주의는 연방정부와 대기업 간의 조정된 행동에 관한 조합주의적 관념을 그 조직원리로 삼았다. 이러한 조합주의적 관념의 주요한 목표는 시장질서를 민주화하려는 것이라기보다는 이를 재안정화하는 것이었다. 조정된 행동의 실천은 나중에 전시경제의 여건 아래서 극단적으로 계속되었다. 경제 회복과 재건에 대한 활기찬 가정들과 회복과 고용을 위한 많은 정책들의 세부사항에서 초기 뉴딜은 초기 나치 정권을 포함하여 같은 시대 다른 국가들의 정부가 경제 불황에 대해 취한 대응과 닮았다.

지금과 마찬가지로 당시에도 정치인과 정책 입안자들은 그들이 아이디어를 필요로 하는 때에는 필요로 하는 아이디어를 갖고 있는 것처럼 생각했다. 그들은 싸워야 할 유일한 장애물이 권력과 이익을 가진 사람들이라고 생각했다. 미국 민주당원과 독일 독재자는 모두 그들이 활용할 수 있는 아이디어들의 지배를 받았다. 조합주의에 대한 대안을 찾기 위해서는 대안을 발견하고 싶다는 것만으로는 충분하지 않았다.

뉴딜 정책의 발전에서 조합주의적 충동은 경제불안에 대한 안전장치를 마련하는 일에 초점을 한정하였다. (사회보장 프로그램은 그 가장 중요한 실례였다.) 경제불안에 대한 해독제의 제공은 전쟁과 전쟁경제 이후에 대량소비를 지원하기 위해 고안된 정책들로 차례로 이어졌다. 대량소비로의 전환은 부채와 신용의 확대, 흑자경제와 적자경제 사이의 극명한 불균형, 그리고 대중적인 케인스주의의 정신에서 경기순환에 대응하는 경제운영에 의존했다.

궤도의 각 단계를 거치는 동안에 동일한 가정들은 여전히 유지되었다. 이러한 가정들에 따르면, 국가는 시장경제를 더욱 집중적으로 규제할 수 있고 누진세와 사회지출을 이용하여 불평등을 사후적으로 완화시킬 수 있다는 것이다. 국가가 할 수 없는 일은 시장체제의 구성적인 제도적 법적 안배들을 재발명하는 것이다. 이러한 안배들은 원래 그대로이다.

지식경제의 포용적 형태의 발전에 유용한 사유는 이러한 가정들에 도전해야만 한다. 하나의 청사진이나 하나의 체계라기보다는 하나의 경로로 이해되는 법적 제도적 요건들은 이러한 대안의 조건들 가운데 가장 두드러진다. 이 경로는 정책적 아이디어들의 기성 재고를 구성하는 기획들에서 시작된다. 그러나 이 경로는 재산과 고용의 법적 체제들에 대한 혁신으로 나아간다. 그러한 혁신들은 국가에 맞서 시장의 공간을 증가시키거나 축소하는 것 그 이상을 행한다. 그러한 혁신들은 하나의 시장질서를 다른 시장질서로 대체한다.

이러한 관념과 경험의 역사는 현대 정치학과 정치경제학의 담론형태를 설명하는 데 일조한다. 한동안 북미와 서유럽에서 통치 엘리트들의 지배적인 기획은 기성의 경제적 제도와 법을 거의 수정하지 않으면서 미국식 경제적 유연성과 유럽식 사회적 보호를 조화시키는 것이었다.

이러한 사회에서 국가적 정치의 중심을 차지한 중요한 의제는 사민주의를 효율성과 공정성의 이름으로 더욱 "유연하게" 만들고 동시에 자유주의를 "사회적으로" 만드는 것이었다. 사민주의를 자유주의적으로 만드는 주된 방법은 노동법을 고쳐서 안정적이고 자본집약적인 노동시장에 존재하는 내부자와 현직자를 보호하고 실업자와 불안정한 고용상태에 있는 사람들에게 손해를 야기하는 방식이었다. 그것은 또한 사회적 경제적 권리들이 어떤 특정한 직업보유에 의존하기보다는 보편적이고 휴대 가능한 것이 되도록 이러한 권리들을 설계하는 방식이었다.

자유주의를 사회적으로 만들자는 주요한 제안은 노동시장의 유연성에서 발생하는 이득에 비례하여 경제불안에 대한 보증수단들을 강화하려는 것이었다. 이 제안은 종종 실현되지 않은 약속으로 남았다. 이러한 제안의 이행은 (1945년부터 1975년까지 북대서양 국가들에서 흔히 있었던 것과 같이) 급속한 경제성장의 배경 아래서 행동하는 재정적으로 원활한 국가를 요청할 수도 있다. 그러한 성장은 경제 전반에 걸쳐 가장 선진적인 생산방식의 확산으로 가능하게 된 생산성의 지속적인 향상을 요청할 수도 있다. 경제적 기회와 권한을 향상시키고 불안정고용과 투쟁함으로써 자유주의를 사회적으로 만들지 않으면서 사민주의를 자유주의적으로 만드는 것은 자랑할 만한 종합을 사실상 후퇴시키는 가운데 사민주의를 공동화하는 것이다.

요원한 경제적 정치적 성취물이 아니라 생생하고 영향력 있는 관념으로서 포용적 지식경제의 부재는 오늘날의 부유한 나라에서 우파와 죄파 나아가 중도파에게도 정치와 정책을 형성하는 데에 조력해왔다. 지식경제의 부재는 이러한 부재가 경제 침체와 불평등에 미치는 결과들을 통해 간접적으로 그렇게 해왔다. 지식경제의 부재는 또한 이러한 부재가 경제 정책과 경제성장의 현재 경로에 대한 대안들의 가정에 대해 미치는 효과를 통해 직접적으로 그렇게 했다. 원리에서나 실제에서도 이러한 대안의 결여는 1930년대 위기에서 정부와 기업 간의 조합주의적인 조정 행동에 대한 발전된 대안의 빈곤이 야기한 영향만큼 강한 영향력을 행사해 왔다.

이러한 사민주의적이고 사회자유주의적인 중도파의 왼쪽에는 경제에 대한 정부의 주도에 대한 신뢰를 잃었지만 제도적으로 보수적인 사민주의와 사민주의의 자유주의화가 진보파들의 역사적 목표를 완수하는 방법으로서 부적절하다고 인식하는 좌파들이 있다. 그 중도파의 오른쪽과 사회민주주의를 자유주의화하고 자유주의를 사회적으로 만드는 중도파의 프로그램의 오른쪽에는 우익 포퓰리즘이 존재한다. 우익 포퓰리즘은 중도파의 기획이 해결하지 못했거나 심지어 거론조차 못했던 문제들과 열망들을 가진 노동계급 다수의 충성을 얻으려고 한다.

이와 같은 우파와 좌파의 공유된 가정들을 고려하고 포용적 전위주의라는 대안을 인정함으로써 이들 간의 논쟁이 변화될 수도 있는 방식을 고려해 보자.

첫째로, 19세기 이래로 고전적 또는 보수적 자유주의자들이나 마르크스주의자들이 그랬던 것처럼 이 두 세력도 여전히 시장경제 또는 "자본주의"가 "자본주의의 변형들"[137]에 대한 문헌에서 탐구된 차이들과 같이 매우 제한된 범위의 변형만을 허용하는 안정적인 법적, 제도적 건축구조를 갖고 있다고 상정한다. 포용적 전위주의는 초기 단계를 넘어 발전을 이루려면 제산체제와 자유노동의 법형식에 대한 혁신뿐만 아니라 국가 또는 국가가 수립한 분권적 기구들이 기업과 함께 작업하고 기업들이 서로 함

---

137 『자본주의의 변형들』은 정치 경제학자 피터 A. 홀과 데이비스 소스키스가 2001년 펴낸 저서이다. 여기서 두 저자는 시장경제를 자유주의적 시장경제(영국, 미국, 캐나다, 뉴질랜드, 오스트레일리아, 아일랜드)와 조정된 시장경제(독일, 벨기에, 네덜란드, 스칸디나비아국가들, 오스트리아)로 구분하였다.

께 작업할 수 있는 조건들을 규정하는 안배들과 같은 근본적인 안배들에 대한 혁신까지 요구하지만, 앞서 말한 좌파와 우파의 공유된 가정은 이러한 포용적 전위주의의 프로그램을 아예 배제한다.

둘째로, 현대의 진보파들과 우익 포퓰리스트들은 대안적인 시장체제를 상상하지 않기 때문에, 그들은 경제의 공급측면에 대해 변혁적인 접근법을 가질 수 없다. 진보파들은 대체로 보수파들에게 공급측면을 내주고 수요지향적인 정책의 우선성에 전념해왔다. 공급측면에 대한 전통적인 (고전적 자유주의적인 또는 신자유주의적인) 보수파들과 포퓰리스트들의 기획은 그들이 자명하다고 여기는 법적 제도적 내용을 가진 시장질서를 보존하거나 복원하는 것이었다. 이들은 경제적 제도들을 재편하려는 어떠한 시도도 경제에 대한 정부개입으로 낙인찍고 시장을 억압하는 것과 이를 쇄신하는 것도 구별하지 못한다. 이들은 다른 시장체제의 존재를 상상할 수도 없고 상상하려고 하지도 않는다.

셋째로, 구조적 대안이 없는 경우 이러한 좌파와 우파는 대량생산을 선진적인 제조업과 관련된 서비스업(경제생활의 부분들에서 지식경제가 취하는 형식)으로 전환시키는 방향으로 노력하기보다는 철 지난 공장제 대량생산을 방어하는 데 몰두한다. 스위트하트 약정[138]은 해당 국가를 떠나거나 사업규모를 축소하겠다고 위협하는 기업들을 처리하고 무역 규제들

---

138 스위트하트 약정은 원래 조합에 속한 노동자에게 낮은 임금을 지급하기 위하여 노조간부와 불성실한 고용주의 담합에 의해 표준 이하로 체결된 계약을 의미한다. 여기서는 투자를 철수하려는 기업을 유인하기 위한 국가의 달콤한 정책을 의미한다.

도 동일한 [철 지난 공장제 대량생산]의 방향을 구성한다.[139]

전통적인 대량생산을 더욱 발전된 후속 형태로 만들려는 노력의 과정에서 시간을 벌기 위한 방법으로서 대량생산을 지지하는 것과 포드주의 제조업의 사후세계를 사라진 대안의 대체물로 사용하는 것은 서로 다른 문제이다. 고전적 발전경제학이 계속 누리고 있는 권위에도 불구하고 철 지난 포드주의 대량생산은 개발도상국에서 더 이상 미래가 없다는 동일한 이유로 [선진국에서도] 미래가 없는 절망적인 정책이다.

넷째로, 이러한 좌파와 우파는 경제성장의 기본전략으로 금융완화정책(중앙은행이 시행하는 확장적 통화정책)[140]의 사용을 묵인한다. 정부활동에 대한 재정적 제약은 확장적 재정정책의 역할과 특히 경제의 물리적 기반시설에 대한 대규모 공공투자의 전망을 위축시킨다. 그러나 금융완화정책은 잃어버린 경제성장 전략을 대신할 수 없다. 성장과 고용을 촉진하는 금융완화정책의 효과는 곧 소진된다.

경제활동 규제의 범위, 공공 서비스와 사회적 권리들의 수준, 금융조달 및 재분배적 특성, 누진세의 미덕, 심지어 새로운 기술을 개발하기 위한 공적자원과 정부시책의 이용과 관련하여 이러한 좌파와 우파의 차이들은 실질적이다. 그러나 정책의 수립과 실행에 이르면 그 차이들은 정도

---

139 미국의 압력에 의해 현대차그룹이 미국 앨라배마와 조지아에 대규모 자동차 생산라인을 구축한 사례가 여기에 해당한다.

140 easy money. 금융완화정책은 자금의 공급이 수요에 비하여 원활해져 자금조달이 용이한 상태를 말한다. 중앙은행이 국내 경기의 진흥책으로서 주로 민간기업의 투자활동을 자극하기 위하여 공정이율의 인하, 공개시장에서의 국채 및 기타 유가증권의 매입 조작, 지불준비율의 인하 등으로 싼 자금을 공급하는 조치를 취하는 것을 말한다.

의 문제로 내려앉는다. 내가 열거한 실천적인 정치경제학의 공유된 가정은 이러한 차이들의 의미를 제한한다. 공유된 가정들은 사회적으로 포용적인 경제성장의 확보 실패가 공유된 가정들의 호소력을 떨어뜨리는 상황에서도 경제적 유연성과 사회적 보호를 결합하고 사민주의를 자유주의화하고 자유주의를 사회적으로 만드는 중도적 프로젝트의 생명력을 갱신한다.

정치와 실천적 정치경제학의 지평 축소는 그 의미를 해명해주는 역사적 배경(20세기 중반의 사민주의적 타협안과 타협 조건들에 대한, 내가 말한 중도파, 좌파, 우파의 재론실패)을 갖고 있다. 우리는 이 타협안을 제2차 세계대전이 발발하기 전 소란스러운 시기에 예견되었고 대전 직후 30년 동안 마무리된 협상으로 이해할 수 있다. 이러한 협상의 조건 아래서 생산과 권력의 조직을 바꾸려고 시도했던 세력들은 이러한 도전을 포기했다. (혹은 이러한 도전을 포기하지 않는 경우에 그들은 국가정치의 변방으로 밀려나 있었다). 그 대가로 국가는 경제를 더욱 집중적으로 규제하고 누진적 과세와 사회지출을 통해 경제적 불평등을 완화하며 경기순환에 맞서 통화 및 재정 정책을 사용하여 경제불안을 완화시킬 권력을 획득할 수 있었다. 시장 질서를 새로이 상상하고 만들려는 시도의 완전한 포기는 하나의 관념 그 이상으로 변하였다. 그러한 포기는 이러한 나라들에서 제도나 관행 나아가 가장 영향력 있는 정치경제적 교리로 정립되었다. 그러한 포기는 내가 말한 중도, 진보, 보수적 입장들의 제도적, 이념적 맥락을 규정했다. 이러한 입장들의 전제들은 각 입장의 가정들에서 유래하였다.

그러나 현대사회의 근본적인 문제들 중 어떤 것도 이러한 타협안의 제도적, 이념적 여건들 안에서 해결될 수도 없고 심지어 거론조차 될 수도 없다. 그러한 문제들을 거론하고 해결하려면 우리는 경제적, 정치적 제도를 혁신함으로써 사민주의적 타협안의 조건들을 재론해야 한다. 어쨌든 우리는 구조적 변화가 일상적으로 가능한 유일한 방식으로서 단계적이고 점진적인 방식으로 그러한 작업을 수행해야 할 것이다. 그것은 19세기와 20세기의 급진적인 프로그램적인 의제들이 상상하듯이 하나의 확정된 제도적 체제를 다른 제도적 체제로 전면적으로 대체하는 형태로 일어나지 않는다.

이러한 문제들 가운데 선진부문과 후진부문 간에 경제의 계층적 분할이라는 문제가 존재한다. 이러한 분할은 대다수의 근로자와 기업이 더욱 생산적으로 되는 데에 필요한 수단을 거부하고 사회적으로 포용적인 경제성장의 기반을 파괴한다. 역사적인 형태이든 최신의 자유화된 형태이든, 사민주의적 타협안이 선진사회의 다양한 문제들을 해결하지 못한 사정은 그러한 사회의 현재 정치생활에서 매우 특징적인 좌절, 즉 노동계급 다수에게 자신의 이익과 열망이 희생당해 왔다는 확신을 심어주었다.

바로 여기에 세계 최고 부국들에 대한 포용적 전위주의 프로그램의 의미가 있다. 포용적 전위주의 프로그램의 가정과 제안들은 이러한 중도파, 좌익, 우익 진영의 그것과 차이를 보인다는 바로 그 이유에서만 경제적 침체와 불평등에 응답을 제공할 수 있다. 포용적 전위주의 프로그램은 20세기 중반의 타협안이 배제한 것(시장과 국가의 관계에서 행동의 여지를 다소간 부여하기보다는 시장을 규정하는 안배들을 쇄신하려는 시도)을 고수함으로써 이러한 타협안의 조건들을 재론한다.

이러한 맥락에서 볼 때 포용적 전위주의는 경제에 대한 하나의 아이디어 그 이상이다. 포용적 전위주의는 정치와 실천적 정치경제학에서 하나의 입장을 구성한다. 이러한 입장은 그와 같은 정치경제학의 핵심 내용을 이루는 세 가지 연결된 주제들 중 첫 번째 가장 중요한 주제이다. 나머지 두 주제는 금융과 실물경제의 관계 나아가 노동과 자본의 관계에 관한 것이다.

재정은 나쁜 주인보다는 좋은 하인이 되어야 한다. 재정은 스스로에게 봉사해도 무방한 것이라기보다는 사회의 생산적인 의제들에 봉사해야 하는 것이다. 새로운 방식으로 새로운 자산의 창출을 위한 자금조달은 현재로서는 자본시장 활동의 작은 부분을 이루고 있지만 장차 주요한 부분이 되어야 한다. 지식경제는 단순히 효율성을 제고하고 자본을 절약하는 기획을 요구하는 것이 아니라 자본집약적인 급진적 혁신을 요구한다.

우리는 부정적인 수단과 긍정적인 수단을 둘 다 활용함으로써 이 방향으로 움직일 수 있다. 우리는 산출물 증가와 생산성 향상에 그럴 듯한 기여를 하지 못하는 금융활동을 억제함으로써 부정적인 방식으로 움직일 수 있다. 우리는 자본을 생산으로, 특히 새로운 방식으로 새로운 자산의 창출로 연결시키고 자본에 대한 접근과 첨단 기술, 관행, 지식에 대한 접근을 조합하는 안배들을 만들어냄으로써 긍정적인 방식으로 움직일 수 있다.

지식경제가 갇혀 있는 고립적 전위부문들 바깥에서 더 높은 생산성을 추구하려면 자본과 노동의 관계에서 노동의 지지를 강화하는 일련의 제도적, 법적 혁신들이 필요하다. 노동수익의 증가는 역사적으로 생산성을 향상시키는 혁신 작업을 지속적으로 전진시키는 데 거의 필수적인 조건이었다. 더욱이 노동의 권한을 강화하면 가장 선진적인 생산방식의 더욱 확산된 형태가 간직한 경제적 잠재력은 자산 소유자의 재정적 이익이나 경영자의 권력적 이익에 희생되지 않게 된다. 심화되고 확산된 지식경제는 자유노동의 여건에서 번창한다. 한마디로 더 자유롭다면 더욱 좋은 것이다.

포용적인 지식경제의 법적 제도적 요구사항들에 대한 나의 논의는 자본과 노동의 관계에 대한 그러한 요구사항들의 함축들을 탐구하기 시작했다. 단기적으로, 우리는 생산의 재편이 세계경제에서 분산적인 계약상의 안배들과 노동과 세금 차익에 근거하여 노동력의 점차 많은 부분을 불안정한 고용에 내모는 것을 저지해야만 한다. 우리는 공장제 대량생산(민간고용)과 행정적 포드주의(정부고용)의 상황에 부응하는 기존 노동법 이외에 새로운 생산의 현실조건들을 극복하기 위한 제2의 노동법을 만들어야 한다. 제2의 노동법은 시간제 업무, 임시적 업무 및 하도급 업무 혹은 임노동자가 누리는 보장과 혜택도 갖지 못한 임노동의 변형으로 수행된 비자발적인 자영업 등 변칙적인 상황에 처한 노동자들의 조직과 대표를 가능하게 할 것이다.[141] 이러한 불안정 노동자들이 적절하게 조직 및 대표

---

141 제2의 노동법전은 조직된 노동자를 중심으로 내부자와 외부자의 격차를 뚜렷하게 유지하는 전통적인 사민주의적 제1의 노동법전를 보완한다. 웅거의 특이점은 임노동보다 못한 비자발적인 자영업자의 지위를 제2의 노동법전에 반영하고자 하는 점이다. 웅거는 전국적 노동조합조직을 이상적으로 자신의 노동을 통해 살아가는 사람들의 조직으로 상정한다. 그와 같은 법제도가 확립된다면 임대료의 통제와 협상을 위한 위원회도 설치할 수 있을 것이다. 비생산적 수입(투기와 렌트)의 통제와 환수가 경제민주화의 한 축이다. 이에 대해서는 『민주주의를 넘어』를 참조하라.

될 수 없거나 조직과 대표의 결과들이 충분하지 못한 경우 제2의 노동법은 불안정 노동자를 보호하기 위해 고용관계에 직접적으로 개입할 수도 있다. 가장 중요한 보호형식은 가격중립성이라는 법적 요건일 수 있다. 이러한 조건들 아래서 수행되는 노동은 안정적인 전일제고용체제 아래서 수행되는 가장 근접한 등가적인 노동과 최소한 동일한 임금이 지급되어야 할 것이다.

경제적으로 종속적인 임노동이 자유노동의 고차적인 형태, 즉 독립자영업과 협동조합 또는 동업관계에 자리를 양보함에 따라 노동은 장기적으로 더욱 자유로워진다. 독립자영업과 협동조합이 자원의 대규모 집적의 요구[규모의 경제]와 양립할 수 없다면, 독립자영업과 협동조합은 자유노동의 지도적인 형태가 될 수 없다. 독립자영업과 협동조합은 생산의 자원과 기회에 대한 분산적 접근의 조건, 즉 재산 및 계약 체제에 대한 혁신이 없다면 그러한 요구와 화해를 이룰 수 없다. 전통적인 통일적인 재산권은 분산적인 경제적 주도권을 조직하는 몇 가지 방법 중 하나로 취급되어야만 한다. 재산과 계약에 관한 대안적인 사법체제들은 동일한 시장경제 내에서 실험적으로 공존해야만 한다.

지식경제의 보급되고 급진화된 형태의 확립, 금융을 생산에 더 훌륭하게 가동하기 위한 금융과 실물경제의 관계의 재편, 불안정노동의 보호에서 시작하여 자유노동의 고차적 형태인 독립자영업과 협동기업으\로의 전진 등이 제도적으로 보수적인 사민주의와 사회자유주의와는 다른 대안의 핵심이다. 이러한 방안들은 20세기 중반에 자유화된 사민주의적 타협안이 더 이상 성취할 수 없는 과업, 즉 지속적이고 광범위한 생산성

향상을 위한 기반을 마련하고 경제의 계층적 분할로 인한 불평등을 해결하는 과업을 수행할 수 있는 경제적 의제의 주요한 축들을 규정한다. 이러한 정치경제학은 초기 단계들을 넘어 전진하려면 이 책의 앞부분[특히 제3장과 제4장]에서 논의된 사회, 정치, 문화에서의 여타 변화들에 의존해야만 한다.

첫째로, 실천적 정치경제학의 이러한 의제는 의제에 합당한 역량을 갖추려면 기계와 백과사전으로서의 정신에 맞서 상상력으로서 정신을 지지하는 교육방식에 의지한다. 이러한 의제는 모든 문화영역에서, 심지어 경제활동과는 무관한 것처럼 보이는 영역에서도 실험주의의 강화에 의지한다. 이러한 광범위한 문화적 변화가 없다면, 우리 경험의 지배적인 성격은 발견에 대한 제약들과 함께 경제적 재건 프로그램을 압도하고 약화시킬 우려가 크다.

둘째로, 이러한 의제는 사람과 그 능력에 대한 투자라는 역사적 사민주의의 최대 유산을 포기하기보다는 발전시키는 것을 필요로 한다. 이를 위해서는 행정적 포드주의(표준화된 공적 서비스의 관료적 제공)를 고수하는 것과 계약을 통해 공적 서비스를 이윤 추구 기업으로 이전하는 것 사이에 양자택일적으로 체념해서도 안 되며 그럴 필요도 없다. 공적 서비스의 제공은 광범위한 협력적 활동을 통해 정부와의 협력관계에 시민사회를 참여시키는 것을 필요로 한다. 경제적 정치적 제도들을 쇄신하는 것만으로는 충분하지 않다. 우리는 또한 국가와 시민사회의 관계에 관한 법적 제도적 형식에서도 혁신을 이루어야만 한다.

셋째로, 이러한 의제는 시장의 조직과 공적 서비스의 제공을 위한 안배들을 포함하여 사회의 기성구조를 압력과 시험의 대상으로 삼는 고에너지 민주주의를 요구한다. 고에너지 민주주의는 위기를 변화의 조건으로 요구하지 않으면서 구조변화를 일상적 경험의 평범한 연장으로 만든다. 고에너지 민주주의는 우리가 사회와 경제의 형성적 안배들과 가정들을 부분적이고 단계적인 형태로 바꾸도록 허용한다. 고에너지 민주주의는 정치의 온도[142]를 높이고 정치의 속도[143]를 촉진하는 정치 제도 하에서 그렇게 한다.

심화되고 보급된 지식경제, 변증법적인 교육, 공적 서비스 제공에서 국가와의 협력을 통한 시민사회의 자체 형성, 고에너지 민주주의 등은 상호보완적인 기획들이다. 그것들 중 어느 하나에서든 진전하지 못하는 것은 다른 모든 것에서 우리의 진전이 제약당할 수 있다는 것을 의미한다. 그러나 그러한 일련의 기획들은 어떤 체계를 형성하지 않는다. 상황과 선택은 다른 전선에서 전진의 실패로 부과되는 제약조건에 봉착하기 전에 어떤 전선들에서 우리가 먼저 전진해야 할지를 정해야만 한다.

이와 같이 결합되고 불균등한 발전의 과정에서 포용적 전위주의 프로그램은 주요한 역할을 한다. 우리의 모든 도덕적 이익뿐만 아니라 물질적 이익도 상당한 경제적 침체와 무력화의 상황에서는 달성하기가 더 어려워진다. 그러한 상황에서 우리는 대다수 보통 사람들에게 가장 선진적인

---

142 정치의 온도를 높인다는 말은 정치에 대한 시민참여를 강화시킴으로써 기성제도를 가소적으로 만드는 상황을 가리킨다.

143 정치의 속도를 촉진한다는 말은 권력분립이라는 자유주의적 목표를 훼손하지 않으면서 기성제도를 보수적으로 수성하려는 정치적 교착상태를 타개하는 상황을 가리킨다.

생산방식의 경험, 권능, 보수를 공유할 기회를 거부한다.

일단 우리가 이러한 노선을 따라 사유하고 행동하기 시작하면, 우리는 정치에서 좌파, 우파, 중도파 사이의 관계를 재해석할 수밖에 없다. 우리는 대중적 고충을 해결하기 위한 환상적인 비제도적인 지름길로서 포퓰리즘이라는 정치적 사고와 행동 형식을 더는 필요로 하지 않는다. 우리는 경제성장과 생산역량의 발전에 대한 우리의 물질적 이익과 행위주체성(개인들로서, 나아가 국가의 보호 아래 조직된 사람들로서 경제와 국가의 기성 제도에 대해 작용하고 혁신하고 형세를 전환시키는 우리의 능력)의 고양에 대한 우리의 도덕적 이익을 연결시킨다.

제7장

성장, 위기 그리고 수요와 공급의 제약들에 대한 연속적 돌파구들:

포용적 전위주의의 원대한 경제적 의미

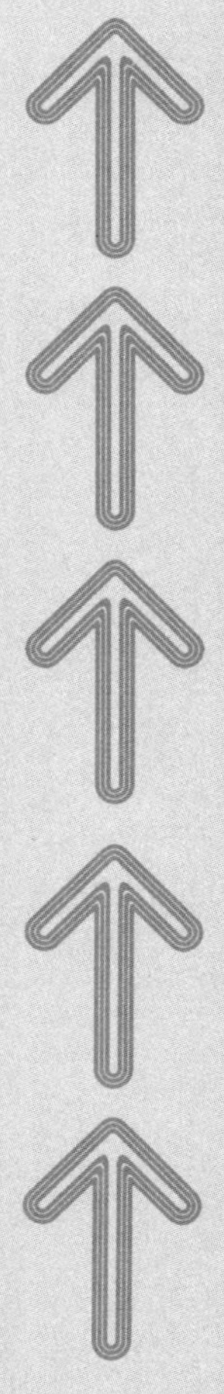

1.
수요와 공급의 수수께끼

이제 개발도상국이나 세계 최고 부국의 실천적인 전망들과 관련해서가 아니라 경제생활의 가장 기본적인 측면인 공급과 수요의 관계에 대한 확산된 지식경제의 중요성을 생각해 보자. 명료하고 단순한 것처럼 보이는 것은 사실 모호하고 수수께끼 같다. 수요와 공급의 관계에 대한 포용적 전위주의의 연관성을 파악하는 것은 많은 사람들이 공유하는 지식경제의 경제적 성장과 위기에 대한 우리의 이해를 전개하는 것이다.

적어도 19세기 후반의 한계주의 전향[144] 이래로 주류의 경제적 사유는 시장의 작동방식에 결함이 없는 경우 수요와 공급은 서로 조정할 것이라고 가르친다. 시장에서 나타나는 각각의 결함은 완전경쟁에서의 이탈로 이어진다. 이러한 결함들이 없는 경우에 수요와 공급은 균형에 이를 것이다. 수요와 공급의 상호조정 과정은 우리의 가장 소중한 자원, 우리의 시간, 인간의 노동을 포함해서 자원들이 가장 효율적인 용처들에 투입되는 것을 보장한다.

---

[144] 한계주의 전향은 19세기 후반 한계효용학파가 고전파 경제학을 대체하는 상황을 가리킨다. 이를 경제학에서는 '한계혁명'이라고도 한다.

이러한 사유방식에 따르면 공급과 수요의 각 원천들은 수요와 공급이 상호 조응하게 되는 기본적이고 보편적인 기제에 대한 이해와는 관련이 없다. 공급이나 수요의 원천이 무엇이든 간에 (시장 지배력뿐만 아니라 정보를 포함한 어떤 차원에서도) 완전경쟁의 실패가 수요공급의 상호조정을 방해하지 않는 한 수요와 공급은 결국 균형에 도달할 때까지 서로 조정할 것이다. 이러한 견해 아래서 우리는 수학적 표현을 이용하면서 수요와 공급을 각기 균질적이고 지속적인 정량으로 상상한다. 이제 우리는 수요와 공급의 상호조정에 대한 수학적 분석과 수요와 공급의 확장이나 축소의 원인에 대한 설명을 구별할 수 있다. 우리는 경제학의 개별적인 분야들, 특히 경제성장 이론과 경기순환 연구나 더 일반적으로 (그런 분과가 존재한다면) 경제위기 연구에 인과적 탐구를 할애할 수 있다.

나는 공급과 수요에 대한 사유의 또 다른 방식, 즉 포용적 전위주의를 제안한다. 이러한 사유방식은 지식경제와 그 미래에 대한 나의 접근방식을 밑받침하고 있는 일부 가정들을 명료화한다. 이 책에서 나는 이러한 견해의 우월성을 증명하는 것까지 희망할 수 없지만, 이러한 견해가 경제사에서 설명되지 않은 채로 남아 있는 많은 부분을 어떻게 더 잘 이해할 수 있게 해주는지를 보여주고 싶다. 이러한 측면 중에는 지식경제의 진화와 현재 상태와 관련되는 측면들도 있다.

모든 일반적인 견해와 마찬가지로 내가 개략적으로 제시한 견해도 직접적인 경험적인 반박을 허용하지 않는다. 그렇다고 이러한 견해가 경험적 도전에 난공불락이라는 결론은 나오지 않는다. 이러한 견해는 사실문제에 대한 결론들에서 넓은 주변부를 갖고 있다. 이러한 견해는 그러한 주변부에서 반증가능하다.

이러한 사고방식을 구성하는 여섯 가지 관념들이 있다.

첫 번째 관념은 경제성장은 공급과 수요의 제약들에 대한 연속적인 돌파구들을 요구한다는 것이다. 성장이 지속되기 위해서 경제의 수요측면에서의 진전은 공급측면에서의 상응하는 진전을 만나야만 하고 그 역도 마찬가지이다. 물론 수요와 공급에 대한 지배적인 접근도 이와 똑같은 관념을 통합하고 있다. 그러나 지배적인 접근은 특정한 시장의 불완전성이 가로막는 경우를 제외하고는 경제에서 공급측면의 진전과 수요측면의 진전 간의 일치가 자동적이라고 표상한다.

우리가 수요와 공급에 대한 지배적인 설명에 붙잡혀 있는 동안 놓치게 되는 하나의 문제를 제외한다면 이 모든 것은 거론할 필요가 없을 정도로 너무나 분명한 것처럼 보인다. 공급의 증가가 수요의 증가를 창출하고 수요의 증가가 공급의 증가를 유발한다면 공급과 수요의 상호조정은 영구적인 경제성장을 낳아야 한다. 한계수확체감의 제약(지금까지 경제생활에서 보편법칙의 배역에 가장 그럴 듯한 후보자)이 경제적 침체를 충분히 해명하는 경우를 제외하고는 생산성을 향상시키는 기술적이고 조직적인 혁신들이 발생하지 않더라도 [주류사고에 따르면] 수요와 공급의 상호조정은 영구적인 경제성장을 낳을 수도 있다.

두 번째 관념은 공급과 수요의 제약들에 대한 돌파구들은 불연속적이라는 것이다. 수요와 공급을 확장하는 방법들은 다양하다. 각 방법은 각각의 작동방식과 그 잠재력과 한계와 같은 각기 고유한 논리를 가지고 있다. 경제의 수요나 공급측면에서 확장을 지속시키는 이와 같이 특징적인 방식들은 각기 다른 파급 범위, 유효성과 지속력을 가지고 있다. 어떤 방식은 다른 방식보다 더 일천하고 더 단명하다. 어떤 방식들은 신속히 소진되지만 다른 방식들은 자체 보존적인 성격을 더 보여준다. 이러한 방식들은 경제주체들의 역량과 경제적 제도와 관행에 대해 더 변혁적인 효과를 갖기 때문에 그렇게 한다.

우리는 수요와 공급의 확대양상들을 계층으로 배열할 수 있다. 마치 이러한 확대양상 중에서 하나의 양상이 지닌 잠재력을 소진시키고 나면 다음 양상으로 이행이 보장되는 듯이 하나의 양상에서 그 다음 더 강력한 양상으로의 직접적인 혹은 자동적인 이행은 존재하지 않는다. 이와 같이 공급이나 수요를 증가시키는 하나의 기초에서 계층적으로 우위에 있는 그 다음의 기초로 자동적인 이행이 없다는 사정을 고려하여 나는 수요와 공급의 확대를 불연속적이라고 부른다. 지배적인 관념들과 달리 공급과 수요의 단기적 부침들과 경제성장 및 경제침체의 원인들을 분리하지 않는다면 우리는 이러한 불연속을 주목할 수밖에 없다.

나는 나중에 수요공급의 상호조정을 위한 이와 같이 다양한 기반들을 개관하고 경제성장을 지속시키는 잠재력의 역순으로 그러한 기반들의 순위를 매겨보겠다. 수요공급의 상호조정을 경제성장 메커니즘의 외형적이고 가시적인 형태로 전환하는 데에 있어서 각각의 기반은 그 이전 단계의 기반보다 전도유망하다.

세 번째 관념은 수요와 공급의 제약들에 대한 돌파구들이 타율적이라는 것이다. 이러한 관념은 수요나 공급의 확대를 위한 하나의 기초에서 진전과 공급이나 수요의 다른 측면에서의 진전 사이에는 자동적인 일치가 없다는 점을 의미한다. 수요를 지지하는 데에서 진전으로부터, 즉 이러한 진전을 위한 하나의 기초에서 또 다른 기초로 진전된다는 것(예컨대, 가계부채의 장려를 통해 구매력을 증가시키는 것에서 누진세 및 사회 지출을 통해 구매력을 증가시키는 것으로)으로부터 경제의 공급측면에서 일치하는 진전(예컨대, 생산성을 향상시키는 혁신이 없는 공급 확대에서 그러한 혁신을 동반한 공급 확대로의 진전)을 달성할 것이라는 결론은 나오지 않는다.

수요공급의 상호조정의 타율성은 불연속성의 효과를 심화시킨다. 불연속성은 일면적이다. 불연속성은 수요나 공급의 확대를 위한 하나의 기초에서 그 다음 더욱 효과적이고 변혁적인 기초로의 자동적인 이행이 없다는 점에 관한 것이다. 타율성은 양면적이다. 타율성은 경제의 한 측면(수요나 공급)에서의 진전이 다른 한 측면에서의 진전을 보증할 수 없다는 점에 관한 것이다.

네 번째 관념은 수요공급의 상호조정의 불연속성과 타율성이 경제불안의 주요한 원인이라는 것이다. 경제성장이 중단되기 쉬운 근본적인 이유는 지배적인 사고방식이 사실이라고 가정하는 것(시장의 결함이 없는 경우에 공급과 수요는 상호조정을 거쳐서 자원과 노동을 가장 효율적인 용처에 배정하는 것을 보장한다)이 없다는 데에 있다.

공급확대와 수요확대 사이의 자동적인 일치의 부재가 경제불안의 제1의 원인이라면, 경제불안의 제2의 원인은 실물경제와 금융의 관계가 과부하상태이고 가변적이라는 데에 있다. 나는 이 장의 다음 부분에서는 케인스가 매우 강조했던 이 관계의 측면(화폐가 중요하다)을 논평하겠다. 특정한 생산적 활동과 유리된 화폐시장균형[145]들의 유동성은 그러한 균형들이 두려움과 탐욕, 절망과 희망과 같은 충동들의 유순한 도구로 복무하도록 허용한다. 그러나 우리의 기질에 따른 이와 같은 화폐비축은 금융과 실물경제의 관계가 보여주는 더욱 근본적으로 불안정한 측면에 대해서 부수적인 사정일 뿐이다.

시장체제의 조직에서 자연적이고 필연적인 유일한 방식이 없는 것처럼 시장체제의 한 측면, 즉 금융과 실물경제의 관계의 형성에서도 자연적이고 필연적인 유일한 방식은 없다. 시장경제를 조직하는 상이한 방식들은 금융과 실물경제의 관계를 강화하거나 이완시킬 수 있다. 금융과 실물경제의 연결이 느슨해질수록 또한 실물경제의 거래가 더욱 금융활동의 참된 관심사라기보다는 그 구실이 될수록 그와 같은 금융이 폐해를 야기할 위험은 그만큼 더 커진다.

부유한 국가들에서 현재 확립된 안배들 하에서 생산체계는 대체로 금융을 자체적으로 조달한다. 생산자금은 주로 기업의 재투자용 사내유보이익, 따라서 생산체계 안에서 창출되는 자금에 의존한다. 새로운 방식으로 새로운 자산을 창출하는 것(벤처캐피털 및 유사한 금융형태들의 관심사)은 금융활동의 작은 부분을 차지한다. 심지어 1차적인 기업공개나 2차적인 기업공개[146]도 금융의 비교적 작은 부분을 나타낸다. 이러한 안배들

---

145 화폐시장균형은 화폐에 대한 수요와 공급의 일치를 의미한다.

146 1차적인 기업공개(IPO)는 기업설립 후 처음으로 외부투자자들에게 주식을 발행하고 매각하는 것이라면, 2차적인 기업공개는 기업활동 중 투자자금의 수요를 충당하기 위해 추가적으로 주식을 발행하고 매각하는 것이다.

아래서 금융은 좋은 하인보다는 나쁜 주인이 될 공산이 크다.

경제불안 혹은 경제위기에 관한 이론은 경제성장 이론의 이면에 불과하다. 경제불안과 경제위기에 대한 이론은 성장의 붕괴가능성을 다룬다. 그리고 수요와 공급이 어떻게 시간에 맞게 동적으로 서로 조정하는지에 대한 이해는 경제성장과 경제불안의 문제를 단기적으로 처리하는 한 가지 방법일 뿐이다.

다섯 번째 관념은 만일 우리가 공급과 수요의 확대에 대한 제약들을 극복하는 방식들의 계층을 멀리 넘어 가서 이러한 제약들을 폐지하는 더욱 파급력 있고 더욱 지속적인 방식들에 이른다면, 우리는 그러한 방식들이 공급을 증가시키는 데에 사용한 똑같은 수단으로 수요를 확대시키는 일단의 해법들(생산의 자원, 기회 및 역량에 대한 접근의 제도적 확장)도 확보할 수 있다는 것이다. 지배적인 사고방식이 경제생활의 자연적인 상태로 상정하는 수요공급의 상호조정은 실제로 경제조직의 예외적인 변형들(더 많은 경제주체들에게 생산적 활동의 수단과 기회를 제공함으로써 수요공급의 한계를 깨뜨리는 속성을 가진 변형들)이 가진 속성이다.

여섯 번째 관념은 다섯 번째 관념이 제시한 여건들 중 특히 유력하고 전도유망한 부분집합이 존재한다는 것이다. 이 부분집합은 가장 선진적인 생산방식에 대한 접근을 확장함으로써 수요공급의 제약을 깨뜨린다. 공급 측면에서 이러한 활동들은 경제의 가장 생산적인 분야의 업무에 참여할 수 있는 사람들의 수를 증가시킨다. 수요측면에서 이러한 활동들은 사람들에게 단순히 회고적이고 보상적인 재분배의 수혜자가 아니라 부의 창조자로서 그들이 생산에 기여한 부에 대한 몫을 청구할 지위를 부여한다.

이와 같은 가장 선진적인 생산방식이 지식경제라면, 수요와 공급의 확대 잠재력은 특히 크다. 지식경제는 기술혁신을 영구화하는 경향을 띠고 생산과정에서 투입요소의 증가에 대한 한계수확체감의 법칙을 완화시키거나 역전시키겠다고 약속하는 생산적 활동형태를 허용한다.

헨리 포드는 한때 노동자들이 포드사의 차를 살 수 있도록 그들에게 급여를 후하게 주는 것을 좋아한다고 귀띔했다. 노동자들은 다른 물건을 사거나 포드사의 경쟁업체들이 만든 차를 구입하기 위해 그 돈을 사용할 수도 있었을 것이다. 포드의 발언으로 야기된 문제에 대하여 [경제 전체의 차원에서] 계약상 해결책은 없다. 제도적인 해결책 밖에 없다.

지식경제의 발전되고 확산된 형태로서 포용적 전위주의가 바로 그러한 제도적 해결책이다. 포용적 전위주의는 더는 수요공급의 상호조정이 자연적인 것이라고 생각하지 않는다. 포용적 전위주의는 수요공급에 관한 지배적인 관념들이 불완전경쟁이 가로막지 않으면 자동적으로 일어난다고 그릇되게 가정하는 것[수요공급의 상호조정]을 도리어 시장경제에 새로운 형상을 부여함으로써 달성한다.[147]

---

[147] 포용적 전위주의가 수요공급의 확장 잠재력을 최대로 활용함으로써 수요공급의 상호적응을 낮은 수준에 만족하는 고전파 경제학을 거부한다. 그런 면에서 웅거의 이론은 케인스의 경제이론과 유사성을 보이지만 다음 항목에서 그 차이를 부각시킨다. 이 문장의 의미는 제7장 마지막 단락에서 명료해진다.

2.
케인스의 가르침과의 대조

내가 방금 개관한 수요공급에 대한 사고방식은 특히 『고용, 이자 및 화폐의 일반이론』(1936)에서 정식화된 케인스의 경제이론과 대조적이다. 20세기의 가장 영향력 있는 경제적 이단을 정식화한 케인스의 작품 배경은 1930년대 경제의 붕괴였다. 작품의 중심 주제는 수요와 공급이 조정에 실패하여 낮은 수준의 고용과 활동에서 균형을 이루게 된 양태였다. 그의 작품은 당시의 형태로나 지금의 형태로나 시장경제가 자체적으로 수정하고 모든 자원을 가장 효율적인 용처에 배정하는 기대된 역할을 수행한다는 것을 불신할 이유를 제시했다는 점에서 내가 방금 간략히 제시한 견해와 비슷하다. 노동력을 포함한 모든 자원을 가장 효율적으로 사용하기 위해서 시장경제는 완전고용을 유지해야 할지도 모른다.

내가 방금 간략히 제시한 접근법이 케인스의 견해와 어떻게 다른지를 표시하는 한 가지 방법은 내가 제안한 대안적 시각에서 케인스의 교리와 이러한 교리가 제공한 정책적 처방들이 어떤 점에서 결함을 가지는지를 제시하는 것이다.

케인스 이론의 첫 번째 제약은 그의 이론이 특수 사례의 이론이라는 점이다. 즉, 그의 이론은 수요와 공급이 조정에 실패하거나 고용과 활동의 위축된 수준에서만 조정을 이루는 많은 양상들 중 하나의 사례에 관한 이론이라는 점이다. 케인스의 이론이 다루었던 특수 사례는 세의 법칙[148]에 어긋나는 사례, 즉 공급이 그 자체로 수요를 창출하지 못하는 사례이다. 일정한 가격의 고정성(마셜[149]과 그의 제자인 피구[150]가 연구한 임금의 하방경직성)으로 인해 가능해진 저축의 생산적인 투자로의 전환 실패(결과적으로 퇴장(退藏))는 총수요의 유지 실패로 귀결될 수도 있다. 유동적인 화폐시장 균형들의 성향에 대한 의기양양함이나 낙담과 같은 인간의 불안정한 기질의 영향은 침체를 확대하고 연장시킬 수도 있다. 신뢰 실패로 시작된 것이 자생적인 수정기제가 있을 수도 없는 실물경제 활동에서 쇠퇴로 마

---

148 흔히 '세이의 법칙'으로 알려진 이 법칙은 프랑스 경제학자 장-바티스트 세(1767-1832)의 "공급은 스스로 수요를 창출한다"는 명제에서 비롯된다. 경제 전체에서 일단 공급이 이루어지면 수요가 자연적으로 발생하므로 유효 수요의 부족에 따른 공급과잉이 발생하지 않는다는 이러한 주장은 고전파 경제학의 중요한 기반이 되었다. '세의 법칙'은 공급중시 경제정책의 중요한 근거로 수용되었다. 이탈리아 경제학자 피에로 스라파(1896-1983)는 『경제적 조건하의 수확법칙』과 『상품이라는 수단에 의한 상품생산』을 통해 세의 법칙이 실제로 틀렸다고 주장하였다. 스라파의 견해는 네오케인스파에게도 큰 영향을 미쳤다.

149 알프레드 마셜(Alfred Marshall, 1842-1924)은 케임브리지 대학에서 수학과 물리학을 공부하였고 수학적 엄밀성을 추구하면서 경제학에 관한 여러 편의 논문을 발표한 후 케임브리지 대학의 경제학 교수가 되었다. 그의 경제학은 고전파 경제학을 계승하고 한계효용학파의 학설을 수용하면서 오늘날 주류경제학인 신고전파 경제학의 기초를 닦았다. 그는 공급과 수요 곡선을 처음으로 그린 것으로 알려졌다. 그의 『경제학원리』는 영국에서 교과서로서 정평을 얻었다.

150 아서 세실 피구(Arthur Cecil Pigou, 1877-1959)는 케임브리지 대학에서 역사학을 공부하고 시인이 되려다 마셜의 권유로 경제학에 입문하였고 1908년 케임브리지 대학 경제학 교수가 되었다. 당시 득세한 케인스와의 논쟁에서 패배한 후 세상의 관심에서 멀어졌다. 그의 『후생경제학』은 새로운 분야를 개척하였다. 그는 '외부성'이라는 용어를 처음 사용한 것으로 알려졌다. 불황기에 노동의 과잉공급이 벌어지는 경우 임금과 물가가 내리면 사람들이 가지고 있는 화폐적 자산의 실질가치는 올라가 소비를 증가시키는 원인이 될 수 있다는 논지를 전개하였고 이 주장이 '피구효과(Pigou effect)'로 정립되었다.

감될지도 모른다. 그 경우 정부는 재정정책 또는 직접적인 정부지출과 활동을 통해 부족한 수요를 만회하고 경제를 다시 활성화시켜야만 할지도 모른다.

여기에 수요와 공급이 상호조정에 실패하거나 침체된 활동 수준에서만 균형을 이루는 하나의 양상에 관한 하나의 설명과 하나의 이론이 있었다. 수요공급의 상호조정이 실패하는 많은 양상들이 존재한다는 점을 앞의 초보적이고 추상적인 개요에서도 이미 시사하였다. 우리는 케인스가 자신의 일반이론을 출판하기 전 몇 년 동안 가끔씩 쓴 글들을 통해 시대의 위기에 대한 다른 대응들과 위기를 이해하는 다른 방식들을 고려했다는 점을 알게 된다. 그러나 케인스는 실질적이고 이론적인 이유보다는 전략적이고 정치적인 이유로 (예컨대, 투자 부족보다는) 수요 부족을 강조함으로써 침체의 특징을 규정하려고 선택했다. 케인스는 수요 부족을 탓하고 재정확장 정책을 해법으로 요구하는 대응이 투자결정에 대한 정부의 영향력을 주장하는 대응보다 정치적으로 더 매력적이고 따라서 이행하기도 더 쉽다고 생각하였다.

2007년부터 2009년 사이에 미국과 여타 선진국들은 금융위기를 겪었고 실물경제 활동에서 뚜렷한 쇠퇴로 이어졌다. 이러한 혼란이 1930년대에 케인스와 그의 동시대인들이 다루었던 경제적 붕괴만큼 심각하지 않을지라도 이 혼란은 이 시대의 표준적인 "경기순환"의 차원을 초월하였다. 나아가 이 혼란이 재정부양책과 통화확장 정책의 표준적 대응(케인스의 처방들의 취지와는 반대로, 재정부양책보다 훨씬 더 많은 통화확장 정책)을 활용했음에도 불구하고 이 혼란은 케인스가 직면했던 경제적 붕괴와는 결과적으로 다르지 않을지 모르지만 성격과 인과관계에서는 다른 붕괴로 곧 인식되었다. 혹자는 이러한 혼란상을 가계부채와 기업부채가 금융 불안을 촉발하고 이러한 금융 불안이 이어서 실물경제까지 악영향을 끼치게 된 "대차대조표불황"[151]이라고 규정하였다.

미국은 세계의 나머지 국가들이 원하는 충분한 상품과 서비스의 공급을 중단했다. 수십 년 동안 소득과 자산의 급격한 역진적인 재분배가 나타났다. 역진적 재분배는 미국에서 경제성장의 잔여 전략인 저금리정책뿐만 아니라 미국과 중국 간의 통상과 금융 거래에서 나타난 무역 및 자본 적자로 보증된 특히 가계 부분의 부채와 신용의 과도한 팽창을 통해 상쇄되었다. 그 직접적인 원인들의 성격상 이러한 침체는 1930년대의 더 극단적인 위기가 요구했던 것보다 훨씬 더 명백하게 경제의 공급측면에 대한 행동을 요구하였다. 따라서 이러한 침체는 케인스의 걸작의 표제와 상관없이 케인스의 교리가 적중하지 못한 것, 즉 수요공급간 상호조정의 실패들에 관한 일반이론을 요구하였다.

케인스 이론의 두 번째 제약은 그 이론이 구조적 내용이나 제도적 비전을 갖고 있지 않다는 데에 있다. 케인스 이론은 배교를 의도하였지만 영국의 정치경제학 전통의 가장 두드러진 특성들 중 하나(즐겨 쓰는 설명

---

151 대차대조표불황은 가계와 기업이 부채를 줄이는 데 집중함으로써 나타나는 경기불황 현상이다. 가계와 기업은 자산가치가 하락하면 발생한 수입을 최우선적으로 채무변제에 쓰는데 이로 인해 소비와 투자가 위축되게 된다. 대차대조표불황은 일본의 노무라 경제연구소 경제분석가 리차드 쿠에 의해 창안된 용어로서 기원상 경제학자 어빙 피셔의 부채불황과 관련된다. 대차대조표불황의 최근 사례로 1990년대 이후 일본경제와 2007-2009년 미국경제가 거론된다.

방식에서 제도를 심리학에 종속시키는 특징)를 과장하였다. 케인스 체제의 핵심 개념들(유동성 선호, 소비 성향, 장기적 기대상태)은 완전히 심리학적이다. 인간의 충동들은 인간으로 하여금 유동적인 화폐시장 균형들을 다양한 방식으로 활용하도록 유도하고 이렇게 활용함으로써 실물경제의 방향에 결정적인 영향을 미치도록 유도한다.

제도적인 것보다 심리적인 것을 우선시하는 것과 경제의 공급측면을 도외시하고 수요측면에 초점을 맞추는 것 사이에는 밀접한 관계가 있다. 케인스 교리의 심리학주의와 (한계주의 전통과 일치하여) 경제학을 생산이론이라기보다는 시장에 기초한 교환이론으로 파악한 견해 사이에도 밀접한 관계가 있다.

고용과 경제활동의 쇠퇴에 대한 실천적 대응이라는 흥미로운 관점에서 이 문제를 고찰해보자. 경제의 제도적 안배들이나 생산조직에 대한 어떠한 변화를 수반하지 않은 채 공적자금을 투입하거나 민간지출에 영향을 미치는 정부정책을 사용하는 것만으로도 최소한 케인스가 말하는 총수요의 부족 문제에 대처할 수 있다. 경제의 수요측면에 대한 더욱 효과적인 조치는 구조변화(경제적 기회와 능력에 대한 접근을 확장함으로써 경제적 편익의 일차적 분배를 쇄신하는 제도적 혁신)를 필요로 한다. 어쨌든 적어도 구조변화를 유발할 어떠한 시도도 회피하면서 수요 부족을 처리하는 방식을 상상하는 것은 가능하다. 구조변화가 없어도 된다는 시각은 케인스와 그 추종자들에게 견해와 정책적 제안들의 초점을 수요에 맞추게 한 요인들 중 하나였다.

우리가 불황의 원인이 경제의 수요측면과 공급측면에 동시에 존재한다는 사정을 알아낸 이상 우리는 시장의 제도와 생산의 안배에 대한 관심을 스스로 접어버리는 것을 용납할 수 없다. 경제의 공급측면에서의 조치는 필연적으로 구조적인 조치이다. 북대서양의 부국들에서 전통적으로 보수적이거나 신자유주의적인 경제정책이 그러했듯이, 비록 그 목적이 경제적 제도들을 개혁하기보다는 시장경제의 소위 표준적인 형태를 순수한 또는 좀 더 순수한 형태로 복원하는 것이라고 할지라도 그러한 조치는 구조적이다.

케인스 시각의 세 번째 결함은 다른 두 가지 결함에서 비롯된다. 케인스의 견해가 특수한 사례를 일반적인 해명으로 착각함으로써, 궁극적으로는 구조적일 수밖에 없는 문제들을 구조적인 비전도 없이 취급함으로써 싹이 잘려 버렸기 때문에 그의 견해는 미완의 이론이다. 케인스 이론은 노동과 경제의 다른 자원들을 충분히 활용하지 못하는 활동 수준에서 수요와 공급이 어떻게 균형을 이룰 수 있는지에 관한 이론[고전파 경제이론]보다 낫다. 그러나 케인스의 이론은 경제에서 영구적인 불균형이론보다 못하다. 이러한 영구적 불균형, 달리 말하면 붕괴에 대한 취약성은 내가 여기서 포용적 전위주의라고 부르는 구조변혁을 통해서만 종지부를 찍을 수 있다고 주장한다.

케인스 이론은 내가 설명한 처음 두 가지 제약 때문에 그와 같은 이론이 될 수 없다. 첫째로 케인스 이론은 일반이론이 아니다. 케인스 이론은 노동과 자본의 상대적 권력들, 실물경제에서 금융의 위상 나아가 경제주체들의 문화와 의식의 더욱 무형적인 변형들을 통제하는 제도적 법적 안배들이 어떤 모습인지에 따라 가변적인 의미를 지니게 될 임금의 하방경직성이나 퇴장성향과 같은 요인들에 결정적인 비중을 부여한다.

둘째로 케인스 이론은 시장경제의 대안적인 조직방식에 관한 비전을 갖고 있지 않다. 결과적으로 케인스 이론은 실물경제 활동에서 붕괴들(공급과 수요의 상호조정이 자생적으로는 극복할 수 없는 붕괴들)을 유발할 가능성이 높거나 낮은(다소간) 경제조직 방식(어떤 경제조직방식이 실물경제 활동에서 붕괴에 이를 가능성이 높은지 혹은 낮은지)을 공급측면에서도 수요측면에서도 구별할 기준을 갖고 있지 않다.

이러한 이론에서는 경제가 수요와 공급의 상호조정의 실패에 당연히 취약한 것인지 아닌지를 말할 근거가 없다. 어떤 특수한 가정들(예컨대, 임금인하에 맞서 임금을 방어하는 노동의 힘, 투자 결정을 통제하는 자본의 힘, 생산적인 투자에 저축을 유보하는 저축자의 힘 등에 대한 가정들)을 고려할 때, 여건들의 예측가능한 결합 때문에 완전고용은 항상 달성될지는 않는다는 것만 말할 수 있다. 이러한 결합에 대해서는 특수한 처방이 존재한다.

이와는 달리 내가 여기서 요약한 견해에 따르면 경제는 어떤 것이 일어날 때까지는 영구적 불균형(공급과 수요는 서로 조정하지 못하고 수요공급의 제약들에 대한 반복적인 돌파구들을 위한 기제를 제공하지도 못한다) 상태에 있다. 여기서 말한 어떤 것은 전혀 자연스러운 것이 아니다. 그것은 장구한 경제적 진화의 산물이고 또한 이러한 진화를 완성하기 위해 분권적 경제를 조직하는 제도뿐만 아니라 그 생산방식에서도 변화를 요구한다. 나는 이러한 변화를 포용적 전위주의라고 부른다.

3.
수요제약에 대한 돌파구들의 스펙트럼

수요확대에 대한 제약들을 돌파할 수 있는 방법은 다양하다. 각 단계의 돌파구는 그 선행단계의 돌파구보다 경제성장의 자체보강주기를 지속시키고 이에 기여할 더 큰 잠재력을 가지고 있다. 각 단계의 돌파구는 나름의 논리와 한계를 가지고 있다. 한 단계에서 다음 단계로 직접적이고 자연발생적인 이행은 결코 없다. 바로 이것이 돌파구의 단계들 사이에 존재하는 특징적인 불연속성의 의미이다. 또한 [경제의 수요측면에서] 이 사다리를 타고 올라가는 어떠한 움직임도 공급측면에서 불연속적인 진전들의 사다리를 타고 오르는, 상응하는 움직임을 보장하지 않는다. 이는 타율성의 단면이다. 지배적인 관념에 따르면 시장의 실패가 없는 경우 스펙트럼의 맨 끝 또는 사다리 맨 꼭대기에서만 당연히 일어난다고 여겨지는 것(경제성장에 대한 수요제약을 깨뜨리면서 동시에 공급제약을 극복하는 방식)에 대한 깊고 믿을 만한 기초는 존재한다.

제1단계는 소득과 부의 분배에 대한 어떠한 변화도 없이 레버리지(차입자본이용)의 증가를 제외하고 (기업과 특히 가계의) 부채증가를 통한 수요의 확대이다. 이와 같은 신용의 증가와 대중화의 주요한 도구는 통화확장정책일 수도 있으며, 이러한 정책은 다른 국가들과 마찬가지로 미국에서도 연방정부보다는 중앙은행에 의해 주도되는 경제성장의 기본전략으로 점증적으로 복무해왔다. 통화확장 정책의 비실효성과 위험성에 대해 많은 증거들이 있음에도 불구하고 이러한 수단이 줄곧 사용되어 왔다는 사정은 재정부양책 이외에는 마땅한 대안들이 없다는 데에 대한 절망의 표시이다.

이러한 수요확대 방식의 채택방법과 그 불충분성에 대한 분명한 사례는 2007년-2009년 금융 및 경제위기에 선행하던 시기의 미국의 경험이다. 프랭클린 루스벨트의 뉴딜은 1930년대의 위기부터 제2차 세계대전의 종결 사이에 세 단계의 진화과정을 거쳤다. 뉴딜은 루스벨트의 대담성에도 불구하고 경제의 재안정화와 조합주의적 관리 혹은 경쟁의 억제에 협소하게 초점을 맞춘 제도적 실험의 초기국면을 거쳤다. 그 다음 뉴딜은 초점을 경제불안에 대한 해법(이에 대한 상징적인 실례는 사회보장 프로그램이다)에 한정하였다. 이윽고 전시경제의 놀라운 삽화에서 뉴딜은 국가비상사태의 압력 아래 미국에서 소위 신성불가침적이었던 경제적 안배들과 이데올로기로부터 급진적인 이탈을 설계했다. 뉴딜은 이론화되지는 않았지만 실천적이고 매우 성공적인 이러한 이단과 국가적 자원의 대량동원을 결합했다. 전쟁이 끝난 다음에는 전후 정부들은 뉴딜의 여정의 초기 단계가 이미 보여주었던 것(경제성장의 원동력이자 동시에 수요측면에서 경제를 민주화하려는 노력의 가장 구체적이고 실천적인 결과로서 대량소비의 발전)으로 돌아갔다.

그러나 1970년대부터 미국과 여타 부국들은 대량 소비재 시장의 발전과 원칙적으로 양립할 수 없는 소득과 부의 급격한 역진적 재분배를 겪었다. 통화확장 정책과 흑자국가들과의 무역 및 자본 적자에 의해 조장된 부채는 이러한 모순을 (피상적으로 일시적으로 고비용으로) 해결하는 데 일조하였다. 2008년의 금융 위기와 이어진 경제침체는 그 비용의 엄청난 크기를 보여주었다.

부채와 신용에 의해 강화된 경제의 확대가 지속되려면 공급측면에 대한 제약의 완화뿐만 아니라 바로 다음에 내가 수요측면의 제약을 돌파하는 심층적인 방식으로 기술하는 것에도 기초를 발견해야만 한다. 신용과 부채에 의존한 경제 확대는 그러한 돌파구들의 대체수단이 될 수 없다.

제2단계 수요제약을 돌파하는 방법은 누진세와 사회적 권리 및 이전에 대한 공적지출에 입각한 회고적인 보상적 재분배를 통한 부와 소득에서의 불평등의 완화이다. 이러한 시정적 재분배에 의한 구매력 증가는 신용의 대중화에만 의존하는 구매력 증가보다 더 큰 파급력과 자체지속성을 갖는 확대의 기반을 창출한다. 그러나 시정적인 재분배에 의한 구매력 증가는 소득과 부의 일차적 분배(현재 조직된 시장질서에서 발생한 분배)에 영향을 미치는 방식으로 수요를 확대하고 민주화하는 일련의 누적적인 제도적 정책적 혁신들보다 더 큰 자체지속성을 갖지 못한다.

수요확대에 대한 제약을 극복하는 이러한 방식의 효과들은 제한적이고 이러한 효과를 달성하기 위한 조건은 엄격하다. 그 효과가 현재의 시장형태에 의해 확립된 제도 및 인센티브에 역행하기 때문에 그 효과는 제한적이다. 회고적 재분배가 더욱 큰 효력을 발휘하고 기성 시장체제가 전제하고 재생산하는 편익의 분배를 실질적으로 수정하기 시작함에 따라 회고적 재분배는 또한 기성의 경제적 안배들이 제공하는 유인책의 메시지와 충돌하기 시작한다. 어떤 지점에서 회고적 재분배는 기성의 경제적 안배들을 해체하기 시작한다. 실제로 재분배는 이 문턱(공정성이 효율성을 침해할 우려가 있는 문턱)을 거의 넘지 못한다.

누진세와 사회지출을 통한 보상적 재분배의 효과[공정성]와 기성의 제도적 안배들과 가정들의 효과[효율성]간의 길항성으로 인해 보상적 재분배의 효과에 부가된 이러한 장애에 대해서는 하나의 중요한 제약조건이 있다. 이러한 제약조건은 경제적 편익의 일차적 분배를 규정하는 안배들의 쇄신과 보상적 재분배 간의 관계에 존재하는 모호성에서 유래한다. 재분배적 사회지출의 사용이 사람과 그 기술에 대한 투자가 되는 한, 이러한 지출은 [수요]확대의 제2단계와 제3단계의 구분을 넘어선다. 이러한 사회지출은 기회와 능력에 대한 접근확장과 나아가 일차적 분배에 대한 변화의 성격을 갖는다. 결과적으로 재분배적 사회지출의 변혁적 효과는 더 멀리 확장된다.

세금과 이전지출을 통한 시정적 재분배를 효과적으로 이용하기 위해서는 우리는 이 책의 전반부에서 제시한 세 가지 원칙을 준수해야 한다. 이러한 원칙들은 시정적 재분배에 그 고유한 보조적인 역할을 허락함으로써 시정적 재분배를 제자리에 놓는다. 이러한 원칙들은 외견상 역설적 성격과 더 높은 변혁적 야망에 대한 선호로 인하여 사민주의자들과 사회자유주의자들의 재분배적 관행을 일상적으로 지도해 온 관념과 태도에 역행한다.

제1원칙은 회고적 재분배가 경제적 편익의 일차적인 분배(시정하기 이전에 시장의 작동에서 나오는 분배)를 형성하는 제도들의 변화에 대해 항상 보조적이라는 원칙이다. 레버리지에 입각한 성장의 한계들은 경제적 편익의 분배에 대한 변화를 통해서만(피상적으로는 보상적 재분배를 통해서, 더욱 중요하게는 구조변화를 통해서) 극복될 수 있듯이, 조세와 이전지출의 한계는 시장경제의 제도적 구조틀에 대한 혁신을 통해서만 극복될 수 있다. 제1원칙에 대한 이러한 해석은 제1원칙이 경제성장에 대한 수요측면의 제약을 돌파하는 방법의 서열 관념과 어떻게 부합하는지를 보여준다.

제2원칙은 조세와 이전지출을 보조적인 역할의 수행에 내적으로 한정하는 것을 고려할 때 세수의 총계 수준과 공공지출의 재분배적 효과들이 세제의 누진적 측면보다 더 중요하다는 원칙이다. 상대가격에 대한 영향에서 중립적이고 그 재분배적 결과에서 명백히 역진적인 세금[부가가치세]은 기성의 경제적 안배들과 그 유인책들의 혼란을 가장 작게 유발하면서 가장 많은 공적인 재정수입을 발생시킬 수도 있다. 세수는 세금의 역진적 측면을 상쇄하는 것 그 이상을 수행하도록 사용될 수 있다. 이와 같은 역진성과 누진성의 암묵적 교환은 (원리적으로 서로 구별되지만) 사민주의와 사회자유주의의 관행에 중요한 역할을 수행해왔다. 역진적이고 간접적인 소비세는 높은 수준의 사회적 권리들의 자금줄이었다.

제3원칙은 그럼에도 불구하고 조세체계가 보조적이지만 유용한 재분배적 역할을 수행하도록 설계될 수도 있다는 원칙이다. 세제의 주요 목표는 개인적인 소비에서 나타나는바 생활수준의 서열이다. 또한 세금으로 이러한 역할을 수행하는 최상의 방법은 개인의 총수입(자본수입과 노동수입)과 투자된 저축 간의 차이에 대하여 가파른 누진율로 과세하는 것이다.[152] 그 차이는 개인이 사회의 축적된 자본에서 꺼내어 자신을 위해 소비한 것을 말한다.

제2원칙과 제3원칙은 제1원칙에서 언급한 진실의 중요성을 훨씬 더 명확히 표현한다. 즉, 광범위하고 사회적으로 포용적인 경제성장의 조직에서처럼 불평등의 감소에서도 경제의 제도적 안배들에 대한 혁신은 신용확대와 시정적이고 사후적인 재분배를 뛰어넘는다.

이러한 원칙들은 드물게 단편적인 형태로만 지켜져 왔다. 이러한 원칙들이 존중되는 경우에는 원칙들이 다루는 문제들을 일거에 전부 설명할 수 있는 지지관념들의 도움이 없이도 지켜져 왔다. 그 결과는 보상적 재분배(수요확대의 2단계)가 필요로 하는 정도보다 보상적 재분배를 훨씬 덜 효과적으로 만들었다.

지금까지 조세와 이전지출에 의한 신용확장과 보상적 재분배를 논의하였으므로 나는 이제 경제성장에 대한 수요제약을 극복하는 제3단계의 가장 강력하고 지속적인 기초, 즉 생산의 자원, 기회, 능력에 대한 접근을 확대하는 제도적 혁신의 발전에 대해 논의해보겠다. 이러한 확대를 통해 제도적 혁신은 누진세와 사회적 권리를 통한 시정적 재분배적 조치가 그 소임을 이행하기도 전에도 경제적 교육적 편익의 분배에 영향력을 행사한다.

여기서 처음으로 수요확대에 대한 장려책의 사다리를 타고 올라가면서 경제성장의 수요측면에 대한 제약을 깨뜨리는 활동들은 또한 공급측면에 대한 제약을 극복한다. 이와 같은 제3단계 조치들은 앞서 논의한 수

152　이는 칼도세나 지출세로 불리며 종합소득세에 견주어 종합소비세라고 할 수 있다.

요확대 방식들보다 우월한 두 가지 장점을 갖는다. 첫 번째 장점은 제3단계 조치들이 더 광범위하고 더 지속가능하다는 점이다. 제3단계 조치들은 기성의 경제적 안배들과 이러한 안배들이 제공하는 유인책을 부정하는 대신에 그러한 안배들을 재분류하고 유인책을 재조정한다. 두 번째 장점은 이전 두 단계의 조치들과 달리 제3단계 조치들은 수요측면에 국한되지 않는다는 점이다. 제3단계 조치들은 경제의 수요측면뿐만 아니라 공급측면도 다루며 원인과 결과의 동일한 연쇄를 통해 수요공급측면을 다룬다.

19세기 전반기의 미국에서 가족규모의 기업적 영농을 위한 조건을 형성했던 제도적 혁신은 표준적인 사례를 제공한다. 독립 이후에 남북전쟁 이전의 수십 년 동안 미국인들은 19세기에 기업 엘리트들과 마르크스주의자들이 공히 수용한 테제, 즉 (대규모 농지재산의 형성과 농촌에서 소규모 농지보유자들의 추방을 통한) 농업 집중이 "자본주의" 발전에 본질적이라는 테제[153]를 거부하였다.

연방정부와 주정부들은 경작할 의향을 가진 가족들에게 공유지를 분배하는 것으로 그치지 않았다. 이러한 정부들은 특히 노예제의 악몽을 제거한 미국의 일부 지역과 변방 농업지역에 효율적이고 시장지향적인 영농을 위한 제도적 장치와 경제기구들을 조직하기 위해 활동했다. 현대의 언어로 표현하면 우리는 당시 정부들이 창조했던 제도적 틀을 연방정부 및 지역정부와 농민 사이의 분권적 전략적 조정이나 농민들 간의 협력적

---

153 본원적 축적을 의미한다.

경쟁으로 기술할 수도 있다. 이러한 기획 중에는 비교적 작은 규모일지라도 당대의 최고로 선진적인 과학에서 완전히 편익을 획득할 수 있었던 농업의 지적 기반을 랜드-그랜트 칼리지[154]의 형태로 구축하는 것도 포함되었다. 또한 이러한 기획은 경제적, 물리적 위험의 복합적인 결과에 맞서 가족단위 농업을 보호할 수 있는 최저가격 지지, 식량비축, 농작물보험이나 소득보험과 같은 경제적 법적 도구를 도입하였다.

인클로저[155]와 토지집중이라는 영국적인 방식에 대한 프랑스[156]나 네덜란드의 거부나 역사상 나타난 농업개혁 프로그램들과 마찬가지로 그러한 기획들은 오늘날 관행적인 사고가 상상하듯이 정부가 시장경제와 관련하여 취할 수 있는 두 가지 유형의 시책들과는 다른 어떤 것들을 모범적으로 담았다. 그러한 기획들은 농업시장을 규제하지 않았다. 또한 누진

154　랜드-그랜트 대학은 1862년과 1890년의 모릴법(Morrill Acts)에 따라 연방정부의 원조를 받을 자격이 있는 대학을 지칭한다. 이 법에 의해 지정된 기관은 연방이 관리하는 토지를 제공받고 기금을 모집하고 랜트-그랜트 대학을 설립할 수 있었다. 이러한 대학들은 점차 공립대학교가 되었으나 코넬 대학이나 매사추세츠 공과대학과 같은 사립대학교도 있다. 중요한 것은 이러한 대학의 사명이다. 1862년 모렐법에 의하면 랜트-그랜트 대학의 사명은 산업혁명과 변화하는 사회계급에 대한 대응으로서 비록 고전적인 교육을 배제하지는 않지만 실천적인 농업, 과학, 군사과학, 공학 등의 교육에 초점을 맞추는 것이었다. 이와 함께 일련의 자작농육성법(homestead Acts)을 통해 미시시피강 서쪽의 1억 6천만 에이커의 정부소유토지와 공유지를 160만 명의 농민에게 분배하였다.

155　인클로저 또는 종획운동은 토지에 울타리를 친다는 의미로서 영국에서 15세기 후반에 시작되어 19세기 후반까지 지속되었다. 처음에 인클로저는 목축업의 육성을 위해 경작지에 울타리를 치는 것을 의미하다가 점차 토지집중을 목적으로 하게 되었다. 농민계급을 분화시키고 가난한 농민을 도시로 추방함으로써 임노동계급을 창출하였다. 18세기 후반의 인클로저는 의회(議會)의 입법에 의해 다수의 등본보유농(騰本保有農) 및 영세 농민의 반대를 무릅쓰고 강행되었다.

156　프랑스에서는 혁명기에 왕실과 교회보유재산 70만 필지에 대해 경매를 실시하여 토지소유를 분산시켰다. 이에 대해서는 P.M Jones, "Agricultural modernization and the French Revolution", *Journal of Historical Geography*, vol. 16 no. 1(1990), 38-50쪽 참조.

적 과세와 재분배적 사회지출의 형태로 회고적 시정을 활용함으로써 농업시장에서 결과의 불평등을 줄이지도 않았다. 그 기획들은 시장경제의 법적으로 확립된 제도적 안배들을 혁신하였으며 새로운 종류의 농업시장을 만들었다. 그 기획들은 새로운 시장을 창출함으로써 경제적 편익의 일차적 배분을 바꾸었고 경제의 공급측면뿐만 아니라 수요측면에서도 경제성장의 속도전에 강력하게 기여하였다.

토지소유와 생산규모의 극적인 집중을 경험하였던 경제(영국의 19세기 경제)에서의 농업노동생산성과 그러한 집중을 거부하였던 경제(19세기 프랑스 경제)에서의 농업노동생산성을 비교한다면 전자가 후자보다 약간 더 높다는 것을 알 수 있다. 그러나 이러한 잣대는 경제성장을 위한 생산적 자산에 대한 몫들의 광범위한 분산이 수요와 공급의 두 측면에 미치는 결과를 통해 발생하는 분산의 편익을 포착하지 못하게 하거나 널리 분산된 농지소유권이 경제의 다른 부문들에 미치는 결과를 제대로 파악조차 못하게 할 수도 있다. 예컨대, 19세기 영국과 프랑스를 비교했을 때 프랑스는 농업에서 더 낮은 노동생산성을 제조업에서 더 높은 노동생산성으로 보상받았다.

경제적 편익의 일차적 분배를 형성하는 제도적 기획들은 그 자체로 본성상 경제적이어야만 하는 것은 아니다. 그러한 기획들은 교육기회에 대한 접근이나 정치적 권력의 공유와 관련이 있을 수도 있다. 핵심은 동일하다. 정치에서 변혁적 야망의 최고 목표물은 사회가 자신의 미래를 형성하는 방법을 조직하는 제도적 안배들과 이데올로기적 가정들이다. 제도적 안배들과 이데올로기적 가정들 및 그 재구성과 관계를 가진 모든 것

은 이러한 안배들과 가정들을 당연한 것으로 간주하는 그 어떤 것보다 중
요하다.

경제주체가 생산에서 협력하고 타인의 노동을 이용할 수 있는 조건을
포함해서 생산적 자원과 기회의 접근조건을 규정하고 경제적 편익의 일
차적 배분에 영향을 미치는 제도적 안배들과 이데올로기적 가정들 중 일
련의 제도들은 특별한 주목을 받을 만하다. 가장 선진적인 생산방식을 그
관행이 처음 출현한 경제 분야 이외의 분야들로 확산시키는 것을 돕는 안
배들이 거기에 해당한다. 또 다른 제도들은 고전적 발전경제학의 주요 권
고사항에 따라 더 많은 노동자와 자원을 경제의 가장 생산적인 부분에 통
합하는 기획들이다.

20세기 발전경제학의 메시지와 같은 처방들이 작동하던 경우에는 그
러한 처방들은 경제의 수요공급 양 측면에서 경제성장에 기여했다. 이러
한 처방들은 경제의 평균생산성 수준을 높임과 동시에 생산성이 가장 높
은 경제 분야의 임금이 생산비의 절감 부분을 반영하였기 때문에 임금인
상을 통해 상대적으로 특권적인 노동자계급을 창출하였다. 대량생산이
쇠락하고 발전경제학의 실천적 공식이 작동하지 않는다는 사정으로 인해
우리는 더욱 신뢰할 만한 기반에서 수요공급의 확대에 대한 제약을 동시
적으로 타파하지 않을 수 없다. 그 기반은 포용적 전위주의이다.

우리는 이제 경제성장에서 수요에 대한 제약을 돌파할 수 있는 제4단
계인 지식경제의 심화와 보급(이 책의 주제)에 도달하였다. 이는 어떤 면에
서는 제3단계 조치들의 부분집합에 불과하다. 그것은 경제적 편익의 일
차적 분배에 영향을 미치는 제도적 안배들의 쇄신이다. 그러나 이 부분집

합이 첫째, 생산에서 투입의 한계수확체감의 제약을 완화하거나 전복할 것을 약속하기 때문에, 둘째, 일시적 혁신보다는 영구적인 혁신을 이상으로 삼기 때문에, 셋째, 가장 근본적으로 경제생활에서 이전의 모든 선진적인 생산방식이 차지했던 위상과 경제전반에 대한 자신의 잠재적 관계를 구분하는 포용적인 전위주의의 두 가지 특성들을 결합하기 때문에 이 부분집합은 특별한 잠재력을 가진다.

포용적 전위주의의 첫 번째 특성은 이전의 모든 선진적인 생산방식과 달리 포용적 전위주의가 생산의 어느 한 분야와 본질적인 관계를 갖지 않는다는 점이다. 포용적 전위주의가 첨단기술제조업의 품안에 머물러 있다면 포용적 전위주의의 더 심층적인 특징을 드러내지도 못하고 더 큰 잠재력을 개발하지도 못한다. 포용적 전위주의의 두 번째 특성은 대량 생산과 달리 포용적 전위주의가 작은 수량의 공식적인 기계들, 관행들, 숙련기술들로 환원될 수 없기 때문에, 포용적 전위주의는 이러한 관념이 지배력을 발휘하고 있는 사회적, 문화적, 정치적 환경에 무거운 요구들을 부가한다는 점이다.

포용적 전위주의의 인지적-교육적, 사회적-도덕적, 법적-제도적 요구사항들에 대한 나의 전반부 주장은 이러한 요구사항의 내용을 체계의 일부가 아닌 하나의 경로에서의 움직임들로서 탐구한다. 이러한 각각의 움직임은 가장 선진적인 생산방식을 경제전반에 확산시키는 수단 그 이상이다. 각각의 움직임은 더욱 고차적인 협력체제를 만드는 데 대한 기여로서 독립적인 가치를 가진다. 그러한 체제는 경제성장에 대한 우리의 관심과 빈곤, 병약, 고역에서 해방시키겠다는 체제의 약속을 만족시키는 것 그 이상을 수행한다. 그것은 또한 행위주체성, 즉 각 개인이 자신의 상황을 극복하고 새로운 것의 발명에 참여할 능력의 향상에 대한 우리의 이익에 기여한다.

4.
공급제약에 대한 돌파구들의 스펙트럼

이제 경제성장의 공급측면에 대한 제약을 돌파하는 방식들의 계층을 생각해 보자. 다시 한 번, 나는 이러한 제약들을 극복하기 위해 가장 약하고 단명했던 방식에서 가장 강력하고 지속적인 방식으로 나아간다. 각 단계마다 나름의 경제논리, 특징적인 관행들, 뚜렷한 한계점들을 가지고 있다.

이러한 한계점들에 대한 봉착이 결코 자동적으로 다음 단계로 유도하지 않는다. 한 단계에서 다음 단계로 이동하기 위해서는 전략, 태도, 아이디어에서 방향을 재정립해야 할 필요가 있다. 우리가 사다리의 가장 높은 곳에 접근할 때까지는 케인스가 초점을 맞춘 특수한 경우뿐만 아니라 광범위하고 다양한 경제상황과 역사적 순간들에서도 공급은 스스로 수요를 보증하지 못한다. [경제성장에 대한 공급제약을 극복하는] 사다리의 계단을 타고 오르는 것은 경제성장에 대한 수요제약을 극복할 수 있는 사다리를 타고 오르는 것을 보장하지 않는다. 한쪽의 사다리와 다른 쪽 사다리 사이에는 약한 것에 대해서는 약한 것, 그리고 강한 것에 대해서는 강한 것이라는 잠재력의 느슨한 유사성을 관찰하는 것 이외에는 어떠한 일치도 존재하지 않는다.

그러나 우리가 이 스펙트럼의 끝에 도달함에 따라 상황은 변한다. 공급을 확대하는 것은 또한 수요를 확대한다. 단지 투입물의 축적만이 아니라 생산성 증가에 의해서 경제성장을 견인하는 방식으로 공급과 수요는 서로 조정한다. 스펙트럼의 끝에서 우리는 널리 확산된 지식경제의 발전, 즉 포용적 전위주의를 다시 만난다.

이와 같은 공급확대 방법들을 탐구하기 위해 나는 발견적인 장치를 채택한다. 나는 공급측면을 대표적 혹은 양식적 기업(특정한 순간에 전체 생산체계를 가장 특징적으로 보여주는 관행을 가진 기업)의 입장에서 보겠다. 임의의 순간에 경제의 공급제약을 밀어내는 이러한 방식들의 약한 초기 단계에 머물러 있는 기업들과 그 사다리를 더 멀리 타고 오른 다른 기업들이 실제로 존재할 것이다. 그러나 경제는 단지 기업들의 집합체가 아니다. 경제를 그와 같이 보는 것은 구성의 오류를 범하는 것이다. 극심한 방향 상실과 모순의 순간을 제외하고는 일정한 관행들과 이와 관련된 태도와 아이디어들은 경제를 지배하고 경제에 특징적인 충동을 제공한다. 생산주체들의 이러한 지배적인 행동과 의식에서 가장 흥미로운 특징 중 하나는 그들의 노력이 얼마만큼 경제제도를 불변적이고 심지어 비가시적 것으로 방치하는가 아니면 반대로 이러한 제도적 안배의 한계들을 얼마만큼 밀쳐내는가에 있다.

제1단계에서 대표적 기업은 재고를 최소화하면서 명백한 수요에 대응해서만 생산한다. 이러한 기업은 향후 수요를 기대하여 재고를 생산하지 않고 산출물을 확대하지 않는다. 이러한 기업은 자신의 관행이나 기술에 대한 혁신을 추구하지 않는다. 이러한 방향은 경제성장이 일어나려면 경제성장이 오로지 수요에 의해서만 추진되어야 하는 가정적인 한계 사례를 나타낸다.

제2단계에서 그 기업은 장래 수요를 예상하고 재고를 비축한다. 그러나 기업은 신규시장과 신규고객들을 개발하거나 생산방법을 바꾸려고 하지 않으면서 수동적으로 그렇게 한다.

제3단계에서 기업은 원가절감이 재조정을 필요로 하는 정도(예컨대, 더 적은 인력과 더 적은 자본으로 같은 일을 하는 것)를 제외하고는 생산제품과 생산방식에 대한 중요한 혁신 없이 생산을 확대한다. 기업은 신규고객과 신규시장을 발굴하고 동시에 기존 시장에서 경쟁사들을 상대로 입지를 강화하려고 노력한다. 기업의 주요한 관심사는 경쟁과 비용을 최소화하면서 자본수익을 증가시키고 시장점유율을 높이는 것이다.

제4단계에서 기업은 확장과 혁신을 수행한다. 기업의 혁신은 효율성을 높이고 기성의 재화와 서비스의 생산비용을 절감하는 것을 목표로 한다. 즉, 기업의 혁신은 더 높은 자본수익을 가져오는 개선된 형태의 친숙한 제품을 만든다. 그러한 혁신은 효율성을 향상시키고 자본을 절약한다. 혁신은 생산을 혁명적으로 전복하지 않는다. 혁신은 많은 작은 개선들의 축적으로서 전진한다.

제5단계에서 이 기업은 크리스텐슨의 용어로 말하자면 와해성 혁신을 수행한다.[157] 이 기업은 신규기술과 비즈니스 모델을 결합하여 훨씬 더

---

157 크리스텐슨(Clayton M. Christensen)은 하버드 경영대학원 교수이며 혁신이론가로서 국제적인 명성을 얻고 있다. 그는 1995년 『와해성 기술: 흐름을 따라잡기(Disruptive Technologies: Catching the Wave)』를 통해 '와해성 혁신(disruptive innovation)'이라는 용어를 처음 제시하였다. 선도기업들이 꾸준한 연구개발을 통해 점진적인 제품개선과 급진적인 혁신을 동시에 수행하면서 전략적으로 잘 관리하였음에도 불구하고 후발기업들에 의해 몰락하는 현상을 설명하기 위해서 이 개념을 제안하였다. 기존 제품의 생산자가 새로운 혁신가의 도전을 물리치기 위해 혁신을 지속하는 경

낮은 가격으로 기존 제품의 변형을 생산하고 따라서 더 많은 수의 소비자들에게 그것을 이용할 수 있게 하거나 새로운 것을 생산하여 새로운 시장을 창출하고 새로운 소비자들을 찾고 그들의 욕구를 일깨운다. 그러한 혁신은 변혁적이고 또한 새로운 방식으로 새로운 자산을 창출하고 이전에는 존재하지 않았던 시장 및 심지어 욕구까지도 창출하는 데에 도움을 준다.

여기서 양식적 기업은 경제의 수요측면뿐만 아니라 공급측면에서도 작용한다. 그러나 양식적 기업은 경제적 제도와 경제정책이 경제성장에 대한 수요와 공급의 제약에 대한 반복적이고 상호적인 돌파구를 확보하지 못한 맥락에서 그렇게 작용한다. 과거에나 현재에나 시장경제의 모든 실례에 해당하는 이와 같은 경제질서에서 헨리 포드의 불가능한 계약(자신의 노동자들이 포드사 승용차를 살 수 있을 정도로 그들에게 임금을 후하게 지불하겠다는 약속)에 대한 제도적 등가물은 없다.

이러한 의미에서 와해성 혁신은 이 장이 다루고 있는 문제에 대한 경제 전반적인 해법의 결핍, 즉 수요와 공급의 상호조정의 문제에 대한 성장촉진적인 해법의 부재에 대한 저항적이고 기회탐색적이고 혁신적인 기업의 적응을 대변한다. 기성의 사고방식과는 달리 그러한 해법은 경쟁의 실패들을 줄곧 제거해온 시장경제의 현재 형태에 대한 하나의 변종이 작동하는 방식들에서 자생적으로 나오지 않는다.

이러한 노선들을 따라 재해석한다면 와해성 혁신은 거시적 차원, 경

우 이를 '존속적 혁신가'라고 하고, 주변부에서 새로운 기술과 제품으로 기존의 시장을 점차 전복하는 혁신가를 '와해성 혁신가'라고 한다.

제 전체에서 수요와 공급 사이에 상방향의 성장과 상호조정의 부재라는 문제를 해결할 방책이 없다는 사정으로부터 미시적 차원에서, 자신의 사업 분야에서 이윤을 획득하는 와해성 기업의 방식이다. [전체]경제가 와해성 기업을 위해 수요를 창출해주지 않는다는 조건에서 이 와해성 기업은 스스로 수요를 창출한다. 와해성 혁신은 거시적인 문제에 대한 미시적인 접근방식이다. 와해성 혁신가들은 이윤을 추구할 뿐 수요와 공급의 양 측면에서 경제를 확장시키는 심층적인 원인(경제의 제도적 안배, 사람들에 대한 교육방식, 국가조직과 정부권력을 둘러싼 경쟁의 조직)은 이러한 혁신가들의 영향범위와 관심 바깥에 있다.

우리는 더 많은 와해성 기업들의 출현과 발전을 장려하기 위해 우리가 할 수 있는 모든 것을 다하는 것만으로는 이러한 한계점을 보완할 수 없다. 우선적으로 기업의 와해성 혁신은 성공의 보증수단이 아니다. 와해성 혁신을 시도해온 대부분의 기업들은 효율성을 향상시키고 자본절약적 혁신을 추구하는 것으로 만족한 비와해성 기업들과의 경쟁에서 패배하였다. 와해성 혁신은 경쟁적 이점이라는 하나의 요소만으로 경제를 장악할 수도 있는 관행이 아니다.

더욱 근본적으로는 경제의 공급측면에서 기회와 능력에 대한 접근을 넓히고 광범위한 다수대중의 노동수익과 구매력을 향상시키는 과업은 기업가적 창의성을 고도로 발휘한다고 해서 실행할 수 있는 과업이 아니다. 그러한 과업은 시장 바깥에서 시장의 제도적 가정들을 형성하는 정치와 사상의 거대한 요소들에 의해 정해지는 구조변화를 요구한다.

우리는 그저 더 많은 와해성 기업들을 확보하는 대신에 더 많은 와해성 인물, 즉 와해성 혁신의 개인적 실천가들을 확보해야만 할지도 모른다. 그러한 개인들은 포용적 전위주의의 조건들을 통해 형성될 수도 있다. 급격한 변화의 한 가운데에서도 수혜자들이 의연하고 유능하게 대처하도록 만들어주는 교육에 대한 변증법적 접근, 사회생활의 모든 분야에서 실험주의 충동의 전파, 필수적으로 보호받는 이익, 안전장치, 기부재원의 보호 등이 그러한 조건들이다. 와해성 개인들이 성공하기 위해서는 그들의 기질에 적합한 정치적 질서뿐만 아니라 경제적 질서가 필요하다. 그러한 질서는 와해성 개인들의 충동들을 신생기업의 엘리트들에게 국한시키는 질서일 수 없다.

여기서 우리는 대표적 기업에 의해 제공된 발견적인 장치의 한계들에 도달한다. 와해성 개인들의 견해는 경제 전체의 견해로 변모하고 경제질서를 쇄신하고자 정치와 사상에서 분투하는 사람들의 견해로 변모한다.

제6단계 공급의 제약들에 대한 돌파구는 기업의 미시적 관점을 버리고 경제적 안배들뿐만 아니라 그러한 안배들의 배경으로서 교육과 정치의 변화라는 거시적 관점을 취한다. 일단 우리가 이와 같은 전포괄적 입장에서 이 문제를 바라본다면 우리는 이러한 입장의 야망과 복잡성에 주눅이 들 위험도 있다. 어디에서 시작하고 어떤 수단으로 작업할 수 있을까? 과업의 모든 부분은 물질적, 도덕적, 지적 자원들을 전제하는 것처럼 보이는데 실제로 이러한 자원들의 부족은 이러한 과업의 의미조건이다.

고전적 발전경제학의 현재로서는 비현실적이고 결함을 지닌 메시지(성장의 동력이 노동자와 자원을 생산성이 더 낮은 농업에서 생산성이 더 높은 제조업으로 이전함으로써 성취되어야 한다)의 이력은 이러한 난제에 대한 해결의 실마리를 포함하고 있다. 생산의 모든 부분에서 가장 선진적인 생산 방식이 존재한다면, 경제의 부문별 구분이 명료성을 상실한다면 경제의 일 부문(제조업)에 대한 집착은 더 이상 정당화되지 않는다.

과거에 가장 선진적이었던 공장제 대량생산은 지금으로서는 선진적이지도 않고 세계경제의 성장전선에 대한 무조건적인 수렴을 더는 보증해 주지도 못한다. 세계에서 생산적 전위부문들의 네트워크에 대한 참여자들이 장악한 생산사슬에서 상품화되고 부수적인 제품의 공급자(나는 이러한 대량생산을 전위의 짝패라고 불러왔다)인 경우를 제외하고 값싼 노동을 활용하고 그러한 생산적 전위부문들의 네트워크에서 유리된 채로 대량생산을 발전시키고 상대적으로 빈곤하고 낙후한 경제로 생존하는 것[철 지난 포드주의]은 지금도 가능하다. 고전적인 발전경제학이 다루었던 역사적 현실에서조차도 가장 선진적인 관행을 모든 부문에 전파하는 것보다 사람과 자원을 가장 유리한 부문으로 이동시키는 전략은 상황에 대한 하나의 적응을 의미하였다. 현재 우리의 상황에서는 가장 선진적인 관행이 다양한 부문에 존재하지만 고전적인 발전경제학이 다루던 역사적 상황에서는 가장 선진적인 관행이 다른 모든 부문보다 한 부문(제조업)과 더 밀접하게 연관되었다.

이제 발전경제학의 낡은 메시지를 거의 무용지물로 만드는 한계점에도 불구하고 그 메시지는 강력한 진리를 불완전한 형태로 표현한다. 그 진리는 광범위한 경제성장을 창출하는 가장 좋은 방법은 가장 선진적인 생산방식을 경제전반에서 발전시키고 전파해야 한다는 것이다. 오늘날 가장 선진적인 생산방식은 더 이상 어떤 특정 분야에만 관련되지 않는다.

그러한 생산방식이 가장 선진적인 생산방식이 아니라는 증거는 그러한 생산방식이 대부분의 노동자와 기업들의 접근이 봉쇄된 프린지로만 존재하기는 하지만 모든 부문에서 존재한다는 점이다.

경제의 공급측면에 대한 제약을 극복하는 가장 유망한 방법은 포용적 전위주의의 의제를 수용하는 것이다. 우리가 포용적 전위주의의 조건들을 이해한다면 포용적 전위주의를 조각들로 분해하고 이를 실행가능한 프로그램으로 바꿀 수 있다. 우리는 이러한 프로그램을 실행함으로써 경제의 평균생산성을 높일 수 있다. 우리는 새로운 기술의 일회적인 수용(미국에서 1994년부터 2005년까지 [신경제로서] 일어났듯이)을 통해서가 아니라 관행의 일반화를 통해서 그렇게 할 수 있다. 이 관행은 동일한 투입요소의 추가적 투입에 대한 한계수확체감의 제약을 제거하겠다고 약속함으로써 혁신을 습관화하고 혁신의 매력과 보상을 증가시킨다.

포용적 전위주의의 조건들에 대한 앞선 분석에서 내가 탐구하였던 경제의 공급측면에 대한 전진이 또한 수요 확대에 대한 제약을 깨뜨리는 역할을 하는지가 분명하지 않을지도 모른다. 하지만 실제로 그러한 역할을 수행한다. 경제의 공급측면에서의 전진이 어떻게 그 역할을 하는지를 인식하기 위해서는 그 분석의 다른 부분(생산의 자원과 기회의 접근을 위한 법적 제도적 조건뿐만 아니라 지식경제의 급진화와 보급을 수반해야만 하는 노동의 법적 지위에 대한 일련의 변화)을 고려하는 것이 필수적이다.

이러한 변화는 시장 안에서 노동과 자본 사이에서 그리고 자본 이용자들과 자본 제공자들 사이에서 권력(자본배정과 업무조직을 결정하는 권력)의 분배를 쇄신한다. 자본 혹은 노동의 수익에 대한 더 큰 몫을 주장함에 있어서 더 큰 힘을 포함한 경제적 편익은 경제적 권력에서 직접적으로 나온다. 경제성장에 대한 공급제약을 타파하는 제6단계 조치들은 문화와 국가에서의 권력을 재할당하는 교육과 정치에서의 변화들을 배경으로 경제에서의 권력의 재조정을 이루고 있기 때문에 이러한 조치들은 수요제약도 타파한다.

지식경제의 모든 일반화된 형태에서 [주식]회사형식[158]과 통일적인 재산권은 더 이상 생산수단에 대한 접근기회의 분산을 위한 유일한 법적 도구가 아니다. 재산권의 분해(생산장치의 부분들에 대한 광범위하고 다양하고 파편적이고 조건적이고 임시적인 지분들의 창출)는 동일한 생산자원에 대한 다양한 종류의 지분과 지분보유자들이 공존할 수 있도록 허용한다.[159] 재산권의 분해는 또한 균형을 더 훌륭하게 달성하기 위하여 현재의 안배

---

158 자본주의 사회에서 기업형식이 대체로 주식회사 형태를 띠고 있지만 그것이 유일한 것이 아니다. 조합과 같은 인적 성격이 짙은 결합형식에서 시작하여 다양한 회사형태들이 존재한다. 문제는 다양한 기업형식들이 발전하도록 법제도적, 경제적 지원을 국가가 제공하는지에 달려 있다. 실제로 대량생산산업, 사민주의, 노동조합은 하나의 결합체를 이루었기 때문에 나머지 경제적 현상과 활동들은 경제정책에서 오래 동안 무시되었다. 마르크스주의자들조차 중소기업이나 가족기업의 몰락이 자본주의 법칙에 따라 예정되었다는 시각에서 접근하였기 때문에 등한시하였다. 오로지 프루동주의자들이 이러한 문제에 관심을 기울여서 서구헌법에 중소기업의 보호조항을 도입하도록 하였다.

159 분산된 또는 분해된 재산 관념은 재산이 다양한 기능을 가진다는 전제 아래서 각 기능(점유, 이용, 지배, 처분 등)과 그 이해관계자에게 법적 권한을 부여한다. 주택의 경우에도 임대인과 임차인의 관계에서 재산권의 기능이 분리된다. 초점은 재산의 각 기능이 원활하게 수행되도록 법적 제도가 형성되어 있는지이다. 웅거는 『비판법학운동』에서 이러한 분산된 또는 분해된 재산 또는 권리의 묶음(bundle of rights)으로서의 재산이 시장경제의 민주적이고 실험주의적인 재구성에 동원할 수 있는 현대법사상의 천재적 관념으로 규정한다. 이러한 재산 관념은 19세기 후반에서 20세기 초반에 사민주의자, 마르크스주의자, 법현실주의자들의 저작에서 발전하였다. 헨리 조지의 독일추종자들이 이러한 사유의 일단으로서 토지공개념(이익환수)을 바이마르 헌법에 도입하는 데에 기여하였다.

들이 하는 것보다 더 큰 범위에서 경제적 주도권의 분산과 자원의 집중을 결합할 수 있게 만든다. 회사형태는 여타 상이한 당사자들 간의 계약적 관계들이라고 할 수 있는 것까지 수용하면서[160] 간단히 스펙트럼의 한 쪽 극이 된다. [매우 사무적인] 팔길이 쌍무계약은 반대쪽 극에 놓여있다. 스펙트럼의 광범위한 중간 범위에서 우리는 스펙트럼상 계약적 측면으로 기우는 불완전하고 계속적인[161] 관계적 계약이나 스펙트럼상 기업조직 측면을 가리키는 합명회사(partner)[162]와 합작투자(joint venture)[163]까지 계약의 성격과 회사의 성격을 동시에 공유하는 협력형태들을 발견한다.

　이러한 경제에서 경제적으로 종속적인 임노동은 시간이 지남에 따라 더 이상 자유노동의 지배형태가 되지 못할 것이다. 자유노동의 고차적이고 더 순수한 형태(독립자영업과 협동기업)가 점차적으로 우위를 차지한다. 자유노동의 증가는 19세기 중반까지 자유주의자들과 사회주의자들이 공

160　한국의 회사법은 주식회사나 유한책임회사와 같은 유한책임에 입각한 물적 성격이 강한 회사뿐만 아니라 합자회사나 합명회사(partnership)와 같은 무한책임에 입각한 인적 성격이 강한 회사도 있다. 합명회사는 웅거가 본문에서 지적한 계약관계의 회사법적 수용형태라고 볼 수 있다.

161　불완전하다는 것은 약속의 조건들이 보통의 쌍무계약과 달리 명시적으로 미리 확정되지 않았다는 점을 의미이고, 계속적이라는 것은 계약이 일회적인 급부로 마무리되지 않고 상당기간 지속한다는 것을 의미한다. 따라서 관계적 계약은 당사자 간의 높은 신뢰를 전제한다. 변호인과 고객, 본인과 대리인의 관계와 같은 신인관계에서 이러한 계약양상을 볼 수 있다.

162　사원이 회사의 채무에 대하여 무한책임을 지는 기업형태이고, 사원의 기업경영에 대한 참가가 강화되어 사단법인이면서도 조합적인 성격을 띤다.

163　해외투자방식으로 선호되는 기업형태이다. 2개국 이상의 기업·개인·정부기관이 영구적인 기반 아래 특정 기업체 운영에 공동으로 참여하는 국제경영방식으로 전체 참여자가 공동으로 소유권을 갖는다. 공동소유의 대상은 주식자본·채무·무형고정자산·경영노하우·기술노하우·유형고정자산 등에 이르기까지 다양하다.

유한 자유노동형식들의 서열에 대한 관념을 현실화한다. 그러나 자유노동은 자유주의자와 사회주의자들이 성취하지 못했던 것, 즉 시장경제의 제도적 형식과 법적 표현 형태를 다시 상상함으로써 이들의 이상을 실현한다. 떠오르는 그림은 노동자-기업가, 전문가 또는 기술자들의 팀들이 공동으로 작업하는 경제의 상이다.[164] 이러한 팀들은 거의 모두 일회성의 즉각적인 급부이행을 지향하는 팔길이 계약을 넘어서지만 그 대부분은 기업형식에 미치지 못한다.

생산적 자원과 기회에 대한 접근을 분산시키기 위해 시장질서를 이와 같이 제도적으로 개편하는 것만이 심화되고 확산된 지식경제를 가능하게 할 수 있다.

예컨대, 노동자와 기계의 관계를 변화시키기 위한 투쟁을 이러한 경제의 특징의 하나로 고려해보자. 노동자가 대량생산 아래서 기계의 움직임을 모방하는 대신에 인공지능이 광범위한 역량을 통해 현재까지 이미 그래왔고 앞으로도 더 그렇게 되겠지만 기계가 노동자를 이긴다고 하더라도 노동자는 기술적인 장비보다 앞서 간다. 노동자는 우리가 공식의 형태로 변화시키는 방법을 아직 터득하지 못한 까닭에 아직 기계가 수행할 수 없는 일을 위해 가능한 한 많은 시간을 확보한다. 노동의 기술적 분업의 이상은 기계와 반(反)기계로서 노동자의 결합이다.

---

[164] 웅거는 『정치』와 『비판법학운동』에서 시장권(market right)이라는 개념 아래서 이러한 작업팀에 생산경제에 참여할 기회와 자금을 제공하기 위해 사회자본기금, 사회순환기금의 조성과 활용을 강조하고 있다. 프루동주의적 이상을 실현하기 위한 방편이라고 본다.

그러나 생산조직이 회사, 통일적인 재산권, 자유노동의 형식들 중 경제적으로 종속적인 임노동의 우월성에 계속적으로 의존하는 한 기계와 반기계로서 노동자의 결합은 실현시킬 가망이 없는 이상이다. 이러한 조건 하에서 노동자와 기계의 관계에 대한 어떠한 변화도 소유자와 그의 명의로 기업을 지배하는 자들의 영리적, 권력적 이익에 종속되고 말 것이다. 공급측면의 변화는 자본과 노동 간의 힘의 균형을 이동시키면서 수요측면에 영향을 미치는 제도적 법적 혁신들을 통해서만 달성될 수 있다.

나는 이와 같은 장기적이고 다소 요원한 혁신의 사례에서 단기적이고 근접한 변화의 사례로 눈을 돌려보겠다. 포용적 지식경제의 제도적 의제의 가장 이른 조치들도 경제의 공급측면과 수요측면 모두에 영향을 미친다. 그러한 조치들은 생산의 자원과 기회에 접근할 주체와 접근방법을 재구성한다. 중소기업에 유리하게 선진적 관행과 기술의 접근을 조정하는 활동과 (지식경제의 확산을 목적으로) 정부와 신생기업 간의 분권적이고 다원주의적이고 실험주의적인 조정과 기업들 간의 협력적 경쟁을 조직하는 정책들과 제도들로 밑받침되는 성공적인 관행을 확인하고 보급하는 활동이 그러한 조치들에 속한다. 이러한 각각의 활동에 대해서도 역량강화효과[165]를 무색하게 하는 소득효과와 자산효과[166]가 존재한다.

마찬가지로, 자유노동의 주요 형식으로서 경제적으로 종속적인 임노

---

165 역량강화효과(empowerment effect)는 직무수행에서 자율성, 책무, 창의성, 의사결정권, 정보, 기술 등의 향상이 빚어내는 효과를 의미한다.

166 소득효과(income effect)는 소득이 증가함에 따라 소비가 증가하는 현상을 말하고, 자산효과 (wealth effect)는 자산가격이 상승함에 따라 소비가 증가하는 현상을 말한다.

동의 극복은 불안정한 고용관계에서 노동자를 보호하고 조직하고 대표하는 법적 체제의 발전에서 시작될지 모른다. 그러한 체제는 계약상 안배들의 지구적인 네트워크에 기초한 생산의 재편이 노동시장의 유연성이라는 미명 아래 부가되는 급격한 경제불안을 초래하는 것을 막을 수도 있다. 즉, 그러한 법적 체제는 자본에 맞서 노동의 권력을 향상시킴으로써 이중적인 노동시장의 공고화를 방지하는 데에 일조하고 생산성에 복무하도록 혁신을 장려함으로써 노동수익을 증가시키는 경향을 나타낸다.

그리하여 다수를 위한 지식경제는 그 과정의 각 단계에서, 초기 및 중간의 단계뿐만 아니라 미래를 향해 잠재력을 더욱 성취하는 단계에서도 수요확대에 대한 제약을 타파하는 경우에만 공급확대에 대한 제약을 타파한다. 우리가 기존의 시장체제에서 경쟁에 대한 제약들을 제거하기만 한다면 경제학의 지배적인 관념들이 자동적으로 일어날 거라고 주장하는 바를 포용적 전위주의는 시장질서의 조직에 대한 누적적 변화를 통해 달성한다. 지배적인 관념들이 자연스럽고 자생적인 현상으로 간주한 것은 실제로 경제적 제도와 관행에 대한 광범위한 변화의 보상일 뿐이라는 점이 드러난다.

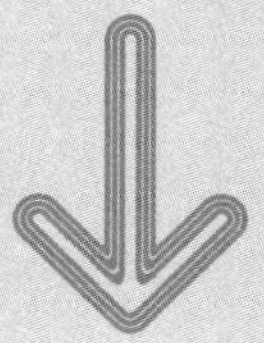

제8장

경제학과 지식경제

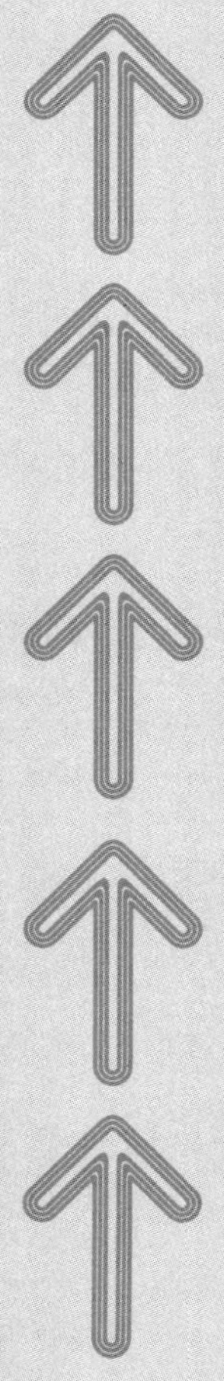

1.
구조적 비전의 필요성

지식경제와 그 대안적 미래를 이해하기 위해서는 우리는 지금 갖고 있는 것보다 더 많은, 더 좋은 아이디어들을 필요로 한다. 스미스와 마르크스가 당시 가장 선진적인 생산방식에 대해 했던 것(가장 선진적인 생산방식을 경제생활의 가장 심층적이고 가장 일반적인 특징에 대한 통찰의 원천이자 동시에 오해된 예언으로 취급하는 것)을 지금 가장 선진적인 생산방식에 대해 수행할 필요가 있다.

필요한 아이디어들의 중요한 특성은 이러한 아이디어들이 우리에게 경제의 구조변화, 달리 표현하면 교환과 생산의 제도적 안배들의 변화에 관한 사고방식을 제공한다는 점이다. 경제는 교환의 체제이자 동시에 생산의 체제인 것이다.[167] 이와 같은 경제생활의 두 측면 중 하나를 배제하고 다른 하나에 초점을 맞추는 이해방식은 온전한 것이 되기를 바랄 수 없다.

---

[167] 경제학에서 생산과 교환을 동시에 고려하거나 생산을 강조하는 사유방식과 시장과 교환(유통)을 강조하는 사유방식으로 나뉜다. 애덤 스미스와 카를 마르크스는 전자를, 한계효용학파는 후자를 대변한다.

교환체제이자 생산체제로서 경제는 특징적인 일련의 제도들과 관행들로 존재한다. 문제는 제도적 세부사항들이다. 수십 년 동안 이데올로기적 논쟁뿐만 아니라 경제적, 사회적 연구의 주요한 전제는 경제조직에 관한 제도적 선택지들의 재고가 매우 제한적이고, 이러한 선택지들은 각기 예정된 법적 및 제도적 내용을 갖고 있다는 것이었다. 시장경제 혹은 자본주의는 그러한 선택지들 중 하나이다. 이러한 테제의 완화된 입장에 따르면, "자본주의의 변형들"[168]에 관한 현대적 문헌에서 논의된 변형들과 같이 각 선택지나 유형에 관해서는 소수의 변형들이 존재한다.

제한적 전위주의와 고립적 전위주의에 관한 나의 논의의 작업가정은 강한 입장이든 완화된 입장이든 위와 같은 견해와 상충한다. 경제를 조직하는 방법들의 재고가 그와 같이 제한되어 있지 않다. 시장경제를 조직하는 자연적이고 필수적인 방식도 존재하지 않는다. 자본주의가 역사에서 일정한 조건 아래서 등장하고 안정적인 법적 제도적 구조를 가지며 기초물리학이 탐구하는 법칙들, 대칭성들, 자연 상수들과 같은 불변적인 규칙들의 지배를 받는 유형들 중 하나를 의미한다면, 그렇다면 자본주의와 같은 것은 존재하지 않는다.

제도적 체제들은 사회생활의 일상을 형성하기 때문에 광범위한 결과를 초래한다. 제도적 체제들은 도전과 변혁에 다소간 저항할지 모른다. 제도적 체제들은 변화에 맞서 공고하게 구축될 수도 있고, 자체적인 쇄신을

168　데이비드 소스키스와 피터 A. 홀이 『자본주의의 변형들』(2001)이라는 책에서 자유주의적 시장경제와 조정된 시장경제로 유형화하였다. 영미식 자본주의와 유럽식 자본주의의 구분에 비견된다.

조직하고 자극하는 것을 도울 수도 있다. 그러나 구축되어 있는 경우에도 체제들은 체제의 유형과 연관된 규칙들에 따라 작동하는 불가분적인 체계들이 아니다. 우리는 추론을 통해 자본주의나 시장경제와 같은 추상적 관념에서 자본주의나 시장경제의 본질적인 안배들을 이끌어 낼 수도 없고 제도적 체제들이 어떻게 작동하고 어떻게 변할 수 있는지를 이해할 수도 없다.

고립적 전위주의에서 포용적 전위주의로 향하는 경로는 시장질서를 규정하고 생산의 안배들을 밑받침하는 제도들의 변화들을 거쳐 간다. 지금 이해되고 실천되고 있는 그대로의 경제학은 이 경로를 여행하려는 노력에서 적절한 지침인가?

이러한 경제학, 즉 미국 유수의 연구대학의 경제학부를 기지로 삼아 세계적으로 영향력을 행사하는 경제학은 주로 경제에 관한 연구가 아니다. 이러한 경제학은 19세기 말에 주로 한계주의 이론가들(누구보다 발라[169], 제번스[170], 멩거[171])이 개척한 방법에 관한 연구다. 어떤 다른 방법에 의한

---

169 레옹 발라(Leon Walras, 1834-1910)는 프랑스 출신의 수리경제학자로서 유명한 일반균형이론을 제시하였다. 아버지의 영향으로 사회개혁에서 관심을 가졌으며 페이비언 사회주의자들과 매우 유사하게 토지의 가치는 항상 상승할 것이므로 토지에서 나오는 지대수입을 거두면 국가의 세금이 필요 없다고 생각하고 토지국유화를 주장하였다. 그는 스위스 로잔 대학의 정치경제학 교수를 지냈으며 후임자 빌프레도 파레토와 함께 로잔학파를 세웠다.

170 윌리엄 스탠리 제번스(William Stanley Jevons, 1835-1882)는 영국 출신의 경제학자로서 한계효용학파를 창시하였다. 영국 공리주의에 의거한 평균적인 시민의 쾌락과 고통의 계산에서 효용이론을 전개하고 재화의 교환가치는 그 최종효용도에 의해 결정된다는 한계효용균등의 법칙을 수학적으로 증명하였다. 수리경제학에 관한 논문을 발표하고 논리학에 관한 저작을 출간하였다.

171 카를 멩거(Carl Menger, 1840-1921)는 오스트리아 출신 경제학자로 한계효용학파를 창시하였다. 그는 경제학에서 경험적 사실을 중시하는 구스타프 폰 슈몰러와 논쟁을 통해서 선험적 이성을 중

경제연구는 경제학으로 인정되지 않는다. 생산과 교환에 직접적인 관계가 없는 주제들에 대한 방법의 적용은 종종 경제학에서의 하나의 실천으로 취급된다.

한계주의는 출범 시점에서도 논쟁의 대상이 되었다. 19세기 후반 영국에서도 한계주의자들과 동시대 학자인 알프레드 마셜과 프란시스 에지워스[172]는 경쟁적인 이론을 제안했다. 에지워스는 그의 『수학적 물리학』(1881)과 여타 저술에서 벤담의 정신으로 경제학을 심리적이고 행태적인 과학으로서 발전시키려고 시도하였다. 마셜은 그의 『경제학 원리』(1890)에서 경제학을 자연사의 방식으로 느슨하게 연결된 경로의존적인 인과적 연쇄들에 관한 과학으로 개혁할 것을 옹호하였다. 이러한 대안적 접근방식은 이후의 경제학 역사에서 덜 명확하지만 더 온건한 형태로 다시 나타났다. 이러한 대안적 접근방식들은 한계주의자들이 시작한 견해와 방법의 우월성에 거의 이의를 제기하지 않았다.

경제학자들이 한계주의 전통 안에서 작업하면서 행하는 연구의 많은

시하는 경제학적 방법론을 개척하였고 경제는 인간만이 생각하고 판단하기 때문에 자연과학과 달라야 한다는 주관주의를 제창하였다. 시장질서는 통치자가 계획에서 만드는 것이 아니라 자신의 목적을 추구하는 개인들의 주관적인 행동으로 의도치 않게 탄생하는 자생적 질서라고 주장하였다. 이러한 자생적 질서 관념은 신자유주의적인 정치경제학자로 추앙받는 하이에크나 미제스에게 큰 영향을 남겼다.

172 프란시스 에지워스(Francis Edgeworth, 1854-1926)는 아일랜드계 영국의 철학자이고 정치경제학자이다. 그는 통계학의 방법의 발전에 기여하였으며 1891년부터 《이코노믹 저널》의 편집자로 활동하였고 킹스 칼리지 런던과 옥스퍼드 대학에서 경제학 교수를 역임하였고 신고전파 경제학의 발전에 크게 이바지하였다. 효용이론을 발전시키고, 무차별곡선, 에지워스 상자 등 미시경제학에 친숙한 개념을 남겼다.

부분은 어떤 엄격한 이론에 대한 투신과 무관해 보이는 수고스러운 경험적 탐구였으며, 이러한 경향은 여전히 증가하고 있다. 이러한 경제학자들은 다른 사회적 혹은 심리적 연구의 다른 분야에서 유입된 인과적 추측들을 포함하여 광범위하고 다양한 이론들과 양립하는 것처럼 보이는 모형들을 정식화함으로써 그러한 경험적 탐구를 추구한다.

그러나 이러한 경향이 지적으로 포용적이며 탄력적일 것이라는 인상은 환상일 뿐이다. 19세기 후반 이후 주류경제학은 뚜렷한 방향을 가지고 있으며, 주류의 한계점들에 대한 아래와 같은 연구가 이러한 방향을 명료하게 해줄 것이다. 주류경제학은 이러한 약점들로 인해 포용적 전위주의의 의제를 두루 사고하는 데에 필요한 지적 장비를 우리에게 제공할 수 없다.

한계주의에서 유래한 경제학은 경제와 그 쇄신에 대한 사유에서 유용하고 심지어 필수적인 도구이다. 이러한 경제학은 특히 이율배반(trade-offs)과 제약요소들에 관한 논리적 명료성에 결정적으로 기여한다. 이러한 경제학은 몽상가에게 청구서를 제시하는 역할을 한다는 점에서 로마의 개선행진에서 개선장군의 곁에서 그의 귀에 '너도 언젠가 죽게 된다는 것을 기억하라'고 속삭이는 노예와 닮았다. 그러나 이러한 경제학은 근본적인 재구성과 방향전환이 없다면 독자적으로 현대사회의 경제생활에서 가장 중요한 쟁점들, 즉 경제적 침체와 불평등에 대한 해법과 고립적 전위주의에서 포용적 전위주의로의 이행요건들에 대한 답변을 제시하는 데에 필요한 아이디어를 제공할 수 없다.

이용할 만한 더 나은 대안도 없고 경제에 대한 일반적인 접근방식과 엄격하게 전개될 수 있는 분석적 관행을 결합하는 대안은 전혀 없다고 항의함으로써 경제이론의 기성관행을 옹호하는 것은 흔한 일이다. 지난 100년 동안 경제학에서 가장 성공적인 이단인 케인스 경제학조차도 그 신봉자들에 의해 경제현상에 대한 대안적이고 동시에 종합적인 설명으로 발전되지 못했다. 대신에 케인스 경제학은 (특히 미국의 추종자들에 의해) 전통적인 이론에 대한 단순한 보조자의 배역에 채용되었다. 경기순환에 대응하는 경제운용을 위한 이론적 근거로 대표된 케인스주의[173]는 "미시경제학"으로 개칭된 한계주의 사고의 전통적인 체계에 별 고민 없이 덧붙여진 "거시경제학"으로 위축되었다. 케인스류 경제학은 이미 이렇게 위축된 역할에서 처음에는 경제정책의 믿을 만한 지침인지에 대해 공격받았고, 마지막에는 타당하더라도 한계주의 견해로 호환할 수 없는 통찰을 가졌다고 공격받았다. 한계주의자들에 의해 수립된 경제학에 대한 성공적인 대안이 없기 때문에 이러한 대안을 마련하기 위해 분투하는 것은 더더욱 중요하다.

우리에게 필요한 지적 도구를 만들기 위해서는 우리는 주류 경제이론의 결함들이 무엇인지 이해해야만 한다. 기성 경제학에 대한 가장 흔한 비판들은 이러한 통찰을 제공하지 못한다. 이러한 비판들은 기껏해야 반쪽짜리 진실이다. 마치 선별성의 형태를 띠는 단순화가 이론적 작업의 조건이 아닌 것처럼 이러한 비판들은 실물경제를 단순화시켰다는 구실로

---

173 케인스주의(Keynesianism)는 케인스 자신의 경제학보다 케인스의 통찰을 계승한 케인지언들의 경제학을 의미한다.

이러한 경제학을 공격한다. 이러한 비판들은 마치 기성의 분석관행의 목표들 중 하나가 실물경제 모형들의 의도적인 단순화와 실물경제의 작동방식 간의 차이들의 내용과 의미를 탐구하지 않는 것처럼 시장질서를 이상화하는 설명모형을 사용한다는 이유로 이러한 경제학을 공격한다. 그러한 비판은 마치 [이익]극대화 관념이 논리적으로 명료한 도구도 아니고 경제적 행동이 극대화하려는 자동기계의 대본에서 이탈하는 현상이 수십 년 동안 경제학자들의 주요 관심사가 아니었던 것처럼 경제주체를 계산하는 자동기계로 표상한다고 이러한 경제학을 비난한다. 경제학에서 또 다른 기획을 구성하기 위해서는 우리는 한계주의자들과 그 후계자들로부터 물려받은 경제학에 대한 또 다른 비평을 필요로 한다.

나는 이제 한계주의 경제관념의 핵심을 서술하겠다. 이어서 나는 한계주의 전항에서 비롯된 경제학의 네 가지 중심적 결함들을 논의해보겠다. 이러한 결함들을 바로잡는 것이 지식경제의 제한적 형태를 이해하고 지식경제의 포용적 형태를 상상하기 위해 우리가 필요로 하는 경제학의 개혁과 전환을 위한 프로그램의 개요다. 그 다음 나는 이 기획에서 두 가지 영감의 원천의 용도와 한계점들을 다루어 보겠다. 두 가지 영감의 원천은 케인스의 통제된 이단과 경제사상사에서 가장 위대한 두 사상가인 스미스와 마르크스에 의해 특별히 대표된 전(前)한계주의 경제학을 말한다.

경제학에 대한 나의 주장은 내가 이 장에서 명시적으로 제안하고 이 책의 논의에서는 암묵적으로 기대해온 지적인 의제를 추진할 두 가지 방법을 제안하는 데에서 끝을 맺는다. 첫 번째 경로는 전문적인 문화와 방법들을 출발점으로 취하면서 내부로부터 착수한 경제학의 발전과 재구성이다. 두 번째 경로는 기성 분과 그 절차들 바깥에서 온다. 후자의 접근은 접근도구들을 찾을 수 있는 곳이면 어떤 분야에서도 그 도구를 수집한다. 이러한 접근은 경제학을 생산과 교환의 현상에 적용되는 사회이론으로 이해한다.

우리는 이 두 경로들 중 어느 것이 우월한지를 확인할 근거를 갖고 있지 않다. 우리는 이 두 경로를 모두 시험하고 그 경로들이 앞으로 더 나아가 수렴할 수도 있다는 희망으로 우리가 얼마나 멀리 전진할 수 있는지를 지켜보아야 한다.

이 책은 두 번째 경로, 즉 외부로부터의 경로를 여행한다. 이 책은 두 번째 경로를 경제적 문제에 대해 사유할 방법의 명시적인 제안과 결합된 경제학의 일반적인 연구방식으로 여행하지 않는다. 이 책은 경제와 사회의 미래에 대해 지대한 결과를 갖고 우리의 경제적 아이디어들을 재고할 자극으로서 특별한 가치를 갖는 주제, 즉 지식경제의 성격과 미래와 같은 특수한 주제를 다루면서 두 번째 경로를 여행한다.

나는 지금 이 책의 아이디어를 경제에 관한 일반적인 사고방식으로 발전시키기 위한 요구사항들을 명료화하겠다. 그리고 포용적 전위주의의 프로그램이 현재의 제한적이고 피상적인 지식경제에서 시작하듯이, 사유방식에 관한 이러한 진술은 우리가 물려받은 경제학(사회과학의 가장 잘 조직되고 가장 영향력 있는 분과)을 해석하고 비판하는 데에서 시작할 수 있다.

2.
사회경제사상의 거시사 :
구조적 비전의 절단과 회피

경제사에서 한계주의 전향을 다루기 전에 이러한 전향과 그 결과들을 사회이론과 사회연구의 더 넓은 역사의 맥락에 두는 것이 유용하다. 경제학자들은 자신들에게 불리한 방향으로 작용하는 데도 관념의 역사에 대한 무관심을 일반적으로 표명해왔다.[174] 그러나 이러한 지적, 역사적 배경을 고려하지 않고 그들의 분과에서 일어난 바를 이해하고 평가하는 것은 거의 불가능하다.

유럽의 고전적인 사회이론에서 연구의 중심 대상은 경제, 정치, 사회 체제들(사회의 표층적 일상을 형성하고 현재 안에서 미래를 만들기 위해 경제적 자본, 정치적 권력, 문화적 권위가 사용되는 방식을 조직하는 제도적 안배들과 이데올로기적 가정들의 심층적인 구조)의 본질, 기원과 변혁이었다.

사회와 역사에 관한 마르크스의 이론은 유럽 사회이론의 최고 성과였다. 이 이론적 전통의 핵심은 사회의 기본적 안배들이 인공물이라는 혁명적 통찰이다. 우리는 한정된 이해의 혼미 속에서 우리가 선택하지 않는 여건들의 제약 아래서 기본적 안배들을 만든다. 사회의 제도적 체제나 구

---

[174] 이를 이론경제학과 경제사의 결별로 부르기도 한다.

조를 일종의 동결된 투쟁[175]으로 생각하는 데에는 이러한 관념을 넘어 딱 한 걸음만 필요할 뿐이다. 제도적 체제들이나 구조들은 인간 상호관계의 조건들을 놓고 벌이는 우리의 투쟁이 중단되거나 억제되는 경우 사회생활을 형성하는 안배들과 가정들이다.

동결된 투쟁의 관념은 구조가 존재하고 도전과 변화에 맞서 구축되어 있다는 의식이 가변적이고, 이러한 의식이 실제로 역사에서 가장 중요한 변수들 중 하나라는 점을 시사한다. 그러한 제도적, 이념적 체제들이 수정에 빗장을 걸어 잠그고 결과적으로 자연성과 필연성의 그럴싸한 외관을 더욱 더 획득할수록, 그러한 체제들은 현재뿐만 아니라 미래를 결정하는 데 그 만큼 강력해진다. 그러한 체제들은 우리에게 낯선 운명처럼 보이며 마치 별과 바위를 연구하는 방식으로 연구해야 할 것처럼 보인다. 그러한 체제들은 본디 우리에게 속한 힘을 우리에게서 빼앗는다. 우리가 변화에 대한 체제들의 저항성을 역전시킬 수 있다면 우리는 그러한 힘을 회복할 수도 있다.

이론적으로 인공물로서의 체제의 성격을 확인하는 것만으로는 우리는 체제를 탈구축시킬 수 없다. 우리는 제도와 관행이 자체 변혁을 촉진시키고 우리가 당연시하는 제도적, 이념적 구조틀 안에서 우리가 행하는 일상적인 운동[맥락보존적 운동]과 그 구조틀의 부분에 도전하고 이를 바꾸는 방식으로 수행하는 비상적인 운동[맥락변경적 운동] 간의 격차를

---

175 법과 제도가 동결된 투쟁(투쟁의 동결상태)이라면, 웅거가 주장하는 고에너지 민주주의는 그러한 법과 제도를 해동하는 수단이다.

줄이도록 제도와 관행을 개혁하는 경우에만 체제를 탈구축시킬 수 있다. 구조틀의 일부를 바꾸는 비상적인 실천이 보통 사람들의 경험과 역량을 더 높은 수준의 맹렬함과 힘으로 향상시키는 데에 일조하면서 일상적이고 심지어 평범한 일과로 변하는 즈음에 우리가 성공을 거두었다는 사실을 알게 된다.

심층적이고 널리 확산된 형태의 지식경제는 이러한 이상과 밀접한 친화성을 가지며 따분한 생산활동에서도 이러한 친화성을 범례적으로 보여준다. 지식경제는 직간접적으로 이러한 친화성을 갖는데, 직접적으로는 영구적 혁신을 유도하는 관행을 채택함으로써 간접적으로는 교육적, 도덕적, 제도적 조건을 채택함으로써 그렇게 한다.

사회체제가 만들어지고 상상된 것이라는 점에 대한 혁명적 통찰은 고전적 사회이론과 가장 분명하게는 마르크스주의에 내재한 일련의 환상들로 제약되었으며, 이러한 환상들은 사회사상의 후속적인 발전에 결정적인 결과를 빚어냈다. 첫 번째 환상은 완결된 목록 테제이다. 이에 따르면 마르크스의 "생산양식[176]"과 같은 경제 및 정치 조직의 대안적 체제들의 완결된 목록이 있다는 것이다. 역사는 이러한 목록을 따라 달린다. 목록의 구성과 관련하여 우리가 가진 혁신의 권능은 어떤 것이든지 간에 심각하게 제약되어 있다. 두 번째 환상은 불가분성 테제이다. 이에 따르면 체제

---

[176] 마르크스는 생산력과 여기에 조응하는 생산관계를 생산양식으로 설명한다. 생산력은 생산수단과 노동력을 의미하고, 생산관계는 이러한 생산수단을 소유하고 통제하고 협업하는 관계를 의미한다. 마르크스와 마르크스주의자들은 원시공산제, 고대노예제, 중세봉건제, 자본제, 공산제라는 생산양식의 목록을 일정하게 제시한다. 웅거는 이러한 목록의 완결성을 부정한다.

들은 각각 안정적인 제도적, 법적 내용을 가진 분리불가능한 체계라는 것
이다. 따라서 정치는 하나의 체계를 다른 하나의 체계로 혁명적으로 교체
하는 것이거나 이러한 체계 중 하나를 개량주의적으로 관리하는 것 사이
에 양자택일이라는 결론이 나온다. 결과적으로 불가분성 테제는 내용과
결과에서는 구조적이지만 방법에서는 점진적이거나 부분적인 변화를 아
예 배제한다. 세 번째 환상은 역사법칙 테제이다. 이에 따르면 우리가 탈
출할 수도 없고 변경할 수도 없는 고차적인 규칙들이 이러한 불가분적인
체계의 계기(繼起)를 지배한다는 것이다. 이러한 사고 아래서는 프로그램
적인 상상력을 위한 주요한 자리는 존재하지 않는다. 역사가 우리에게 중
요한 유일한 프로그램을 제공하기 때문이다.

　사회이론의 후속적인 진화는 이러한 믿음들에 관한 신앙의 상실에 대
한 기록이다. 역사적 학습과 정치적 경험은 모두 이러한 믿음들을 불신하
였다. 그러나 후속적인 진화의 결말은 고전적 사회이론의 환상이 제한하
고 심지어 공동화하였던 중심적 통찰(사회의 만들어지고 상상된 성격)을 재
확인하고 급진화하는 것이 아니었다. 단지 환상에 내재된 주장들을 점진
적으로 희석시키는 것이었다. 마르크스의 이론과 고전적 사회이론의 전
통의 계승자들은 고전적 사회이론과 특히 마르크스주의에 대한 비판을
통해 마르크스의 견해에 버금가는 야심찬 이론적인 견해를 이끌어내는
대신에 그 어휘를 보존하면서 원래의 사상을 희석시켰다. 예컨대, 이러한
계승자들은 자신들의 용법을 의미 있게 해주는 가정들을 더는 믿지 않음
에도 불구하고 그들은 여전히 "자본주의"를 그 예정된 제도적, 법적 논리
와 초기 단계에서 후기 단계를 거쳐 예정된 위기에서 마침표를 찍는 운명

적인 이행논리를 가진 체계라고 말한다.

포용적 지식경제는 자본주의의 연속이 될 것인가 아니면 자본주의와 단절을 이룰 것인가? 지식경제의 법적 제도적 요구사항들은 다른 많은 변화들 가운데 자유노동의 지배적인 형식으로서 경제적으로 종속적인 임금노동을 극복하고 또한 생산의 자원과 기회에 대한 분산적 접근의 형식들을 다각화하는 데에서 절정에 도달함으로써 마르크스와 그 추종자들이 이해했던 자본주의와는 양립할 수 없는 경제체제를 함축한다. 그러나 어떠한 경우에도 한 체계에서 다른 체계로 갑작스럽고 전면적인 변화는 존재할 수 없다. 임금노동은 사라지지 않지만 더 이상 지배적인 지위를 갖지 않을지도 모른다. 통일적인 재산권은 경제적 분산을 위한 많은 수단들 중 하나로 남을 수도 있다. 시장질서는 더 이상 그 자체로 시장의 유일 형태에 얽매이지 않을 수도 있다. 이 책에서 탐구한 지식경제의 형태가 여전히 자본주의로 남을 것인가의 문제는 포용적 전위주의의 옹호론이 자본주의 개념의 기초적 전제들과 양립할 수 없는 사회이론적인 전제들에 의지하기 때문에 답변될 수 없다.

20세기에 발전한 사회과학들[177]은 환상들이 훼손한 중심적 통찰(일상적인 활동 가운데서 불변적이고 견고하고 심지어 비가시적인 제도적, 이념적 구조들의 결정적인 영향력)을 포기하는 경우에만 환상들을 거부하였다. 이러한 과학들의 지배적인 충동은 줄곧 구조적 현실을 이해하고 구조적 대안들을 상상하는 과업을 회피하는 것이었다.

177　여기서 사회과학은 구조적 통찰을 결여한 얕은 실증주의적 사회과학을 의미한다.

이러한 과학들은 각기 그 나름대로 역사적인 시기마다 형성적 안배들과 가정들의 심층적인 구조틀과 이러한 구조틀에 의해 형성된 일상적 활동 및 갈등의 표층적 삶 간의 차이를 부인해 왔다. 이러한 과학은 구조적 불연속성과 대안들에 대한 상상을 억제해 왔다. 이러한 과학은 사회생활의 각 부분을 조직하는 방식들의 현재적 목록을 자연화하였다. 이러한 과학은 기성의 안배들을 최상의 작동방식을 향한 진화적 수렴의 결과로 또는 문제를 해결하고 이해관계를 수용하는 우리의 일상적인 관행들의 지속적인 잔여로 표상하였다. 이러한 과학은 비개연적인 역사에 자연성, 필연성, 권위의 회고적인 후광을 더하는 데에 이바지해왔다.[178]

각 사회과학은 사회의 조직을 자연화하고 현실적인 것에 대한 통찰과 인접한 가능한 것에 대한 상상력의 연결고리를 단절하고 구조적 이해의 작업을 각각의 방식으로 회피하였다. 경제학이 취한 방법은 독특하게 성공적이었다. 19세기 후반에 한계주의 이론가들에 의해 재정립된 경제학은 그 분석적 성과들과 실질적인 영향력에서는 다른 모든 사회과학을 압도하였다. 그 모든 한계점들에도 불구하고 경제학은 여전히 우리가 포용적 전위주의의 프로그램을 개발하는 데 필요한 실체적인 관념들은 아닐지라도 사유방법의 가장 중요한 유일한 원천이다. 그러나 현재의 모습으로서의 경제학은 아직은 충분하지 않다. 경제학이 지금 우리에게 주지 못한 것을 공급하기 위해서 우리는 경제학의 유산을 고려해야 한다.

---

178 웅거는 시장질서나 대의민주주의를 역사의 완성태로 취급하는 입장을 제도적 물신숭배나 민주적 완전주의로 비판한다.

3.
포스트-한계주의 경제학에 대한 평가:

이론과 경험주의 간의 단절

발라, 제번스, 멩거 그리고 그들의 동맹과 추종자들은 경제를 일련의 연관된 시장들로 볼 것을 제안했다. 공급은 수요에 대응하고 수요는 공급에 대응한다. 수요와 공급의 상호균형은 시장작동의 본질을 형성한다. 수요공급의 상호조정을 위한 매체는 상대가격의 체계다.

상대가격에 대한 설명은 한계주의의 발전과 관련된 가정적인 연습이 되었다. 상대가격의 설명은 한계주의자들이 생산한 분석기구가 어떤 실물경제에서 현실적인 상대가격을 설명하는 데 사용된 적이 없기 때문에 가정적이었다. 소비나 이득을 향한 개인적인 욕구가 수요와 공급을 견인한다. 따라서 경제학에 대한 이와 같은 접근법은 처음부터 방법론적 개인주의[179]를 의미하였다. 그 관점은 소비나 이득이라는 자신의 목표를 가장 효율적으로 달성할 수 있는 희소한 자원을 처분하는 문제를 개인이 결정한다는 관점이었다.

---

[179] 방법론적 개인주의의 기원을 홉스, 존 스튜어트 밀, 포퍼 등에서 찾는다. 복잡한 사회현상을 인간 개인에 대한 설명으로 공식화하려는 입장이다. 방법론적 개인주의는 경제학이나 사회학의 구조적 설명을 개인주의 심리학이나 합리적 행위의 모형에 입각한 설명으로 환원시킨다. 신고전파 경제학에서 뚜렷하게 나타난다. 이러한 사유는 자유주의적 정치철학과도 깊은 관계를 가진다.

단순하지만 엄청나게 비옥한 이러한 사고방식은 (상대가격에 의해 조직된 시장에 기반을 둔 교환으로 이해된) 경제생활을 매우 정밀하게 도표화하는 것을 가능하게 했다. 그 철저한 단순화는 분석의 많은 부분을 수학적인 형태로 만들 수 있게 했다. 나는 여기서 이를 포스트-한계주의 경제학이라고 부르겠다. 그러나 한계주의를 극복하려고 제안한 경제학이라는 의미에서라기보다는 한계주의 전향에서 성장하였고 그 중심적인 노선을 공유해온 경제학이라는 의미에서 그렇게 부른다.

한계주의 전향의 계기들 중 두 가지는 특별히 강조할 가치가 있다. 첫 번째 계기는 스미스와 마르크스의 경제학을 포함한 전(前)고전파 경제학을 괴롭혀온 가치와 가격에 대한 혼란을 단번에 극복하는 것이었다. 전고전파 가치이론은 수요와 공급을 넘어서 자산(부의 궁극적인 원천)의 가치를 설명하는 요소들에 대한 탐색과 상대가격에 대한 해명을 결합하고 혼동하였다. 거기서 예컨대, "교환가치"와 "사용가치"의 관계에 대한 논쟁으로 나타난 끝없는 난제로 귀결되었다. 가치라는 학구적인 개념을 버리고 궁극적인 가치를 고려하지 않고 상대가격에 대하여 사고하는 길을 제공하는 것은 새로운 경제학의 강점이었다.

한계주의 전향의 더 중요하고 덜 이해된 두 번째 계기는 한계주의자들이 지적 성숙기에 이르던 당시 세계에서 매우 첨예한 인과적이고 규범적 논쟁에서 취한 입장과는 무관한 분석적 힘을 가진 경제과학을 창조하는 것이었다.[180] 오스트리아 경제학자들이 이 경제학을 인과과학보다는

---

180 독일 역사학파(구스타프 폰 슈몰러)와 오스트리아 한계효용학파(카를 멩거) 간의 논쟁이 중요

논리학에 더 가까운 탐구형식으로 이해한 것은 옳았다. 경제학의 본질적 운동은 연관된 시장들에서 경쟁적 선택을 중심적으로 고려하면서 경제학 외부에서 경제학으로 공급된 사실적 약정, 인과적 추측이나 이론, 공약들과 결합되는 경우에 한하여 설명이나 결론을 생성하는 분석장치를 제공하는 것이었다. 분석적 관행이 더 엄격하게 전개될수록, 관행은 이러한 약정, 추측, 이론 및 공약을 더욱 결여하게 된다. 분석적 관행의 내용적 빈약성은 관행의 자랑스러운 중립성과 견고성의 대가였다. 분석 기계를 작동시키는 연료는 기계 안에서 나올 수 없다. 지난 2백 년 간 사회연구의 역사에서 한스 켈젠의 "순수법이론"[181]이라는 유일한 사례를 제외하고는 이러한 지적인 전략에 가까운 학문은 없었다.

이러한 접근방식의 결과들은 경험적 연구에 대한 현대경제학의 강조

하다. 멩거는 1883년 『사회과학, 특히 정치경제학의 방법에 대한 탐구』에서 구스타프 폰 슈몰러와 독일 역사학파에 대하여 포문을 열었고, 이에 슈몰러가 격렬하게 반론을 펼쳤다. 이 논쟁은 제자들을 통해 대를 이어 전개되었다. 그 둘 간의 논쟁의 쟁점은 첫째, 연역적 방법과 귀납적 방법의 중요성, 둘째, 발견한 법칙의 보편성 여부, 셋째, 인간행위의 합리성의 정도, 넷째, 경제학의 윤리적 성격과 과학적 성격 등 네 가지였다. 멩거는 연역적 방법, 법칙의 보편성, 인간행위의 합리성(호모 이코노미쿠스), 과학으로서 경제학을 옹호함으로써 이론경제학의 기초를 보여주었다. 멩거는 귀납보다는 연역을 중시하고 역사적 차이와 무관하게 하나의 보편적인 이론이 존재할 수 있다고 보았다. 멩거는 경제의 순수한 모형을 제시하는 것이 역사적 연구에 선행하는 작업이라고 보았다. 반면 슈몰러는 귀납적 방법, 일반이론의 상대성, 인간행위의 비합리적 측면, 경제학의 윤리적 성격을 강조하였다. 슈몰러는 문화과학과 자연과학의 구분 논쟁에서 경제학을 문화과학으로 자리매김으로써 독일적 사회과학의 특징적인 전통을 반영하였다.

181 켈젠의 순수법학은 법탐구에서 자연법, 도덕과 고차원의 규범적 고려사항이나 사회적 정치적 심리적 경험적 요소들도 일체 배제한다. 그의 순수이론은 순수한 법에 관한 이론이 아니라 법의 순수한 일반이론이다. 그는 일종의 순수한 법률주의를 탄생시켰다. 그의 법학이 이론적으로 치밀하다고 평가하더라도 정치적으로 매우 불충분한 것이었다. 오스트리아인으로서 켈젠은 비엔나에서 순수한 이론모형에 집착하는 학풍의 영향을 받았으리라고 추정된다.

에 의해 현재 가려지고 있음에도 불구하고 광범위하고 다면적이었다. 이러한 결과들은 경제학에서 이론과 경험주의가 있지만 서로 거의 무관하다는 명제로 요약될 수 있다.

이러한 경제학에 중심적인 유사-논리적 도식(희소성의 조건 아래서 이익을 극대화하는 선택)은 하나의 이론에 이르지 않는다. 이러한 도식은 인과적 주장들을 수립하지 않는다. 이러한 도식은 남용되지 않은 한 논쟁적인 규범적 공약에서도 자유롭고 또한 논쟁적인 인과적 주장들에서도 자유로운 분석절차를 형성한다. 이러한 분석절차를 발라가 저술하던 시기에 에지워스가 제안한 이론이나 심지어 현대의 행태주의적 또는 신경(神經) 경제학[182]의 덜 야심적이고 더 경험적인 작품과 같은 행태주의적인 또는 심리학적인 이론으로 해석하는 것은 경제학자들이 종종 담합해온 흔한 오해다.

희소성의 여건 아래서, 경쟁적 선택과 극대화 선택이라는 유사-논리적 개념을 배경으로 한 설명은 수학적인 표현에 민감한 분석모형을 형성하는 데에서 시작된다. 모형이 현상을 정확하게 묘사하거나 예측하지 못하면 모형의 요소들이나 그 매개변수들에 주어진 값을 변경하여 또 다른 모형을 만든다. (또 다른 마르크스는 이렇게 말했다. "나는 원칙을 가지고 있다. 만약 당신이 그것들을 좋아하지 않는다면, 나는 다른 원칙들도 가지고 있다.") 만

---

182 신경경제학은 인간 의사결정, 다양한 대안들을 처리하고 행동경로를 따르는 능력을 해명하려는 학제간 분야를 의미한다. 이러한 경제학은 경제적 행동이 뇌의 이해를 어떻게 형성하고 신경과학적 발견이 경제학 모형을 어떻게 통제하고 지도하는지를 연구한다.

약 모형들이 인과적 설명을 지지할 만큼 다양한 경제적 삶이나 경제적 변화를 포괄한다면, 필요한 인과적 이론들을 임시적으로 만들거나 심리학과 같은 여타 명백한 인과적 분과로부터 도입해야만 한다. 기초이론이 한계주의의 정신에서 매우 엄밀하고 엄격하게 이해되는 경우에는 모형들의 확산은 이러한 이론을 전혀 의문시하지 않는다.

초기 한계주의자들 이래로 주류 경제이론의 역사는 두 방향으로 이동해왔다. 문제는 이 두 방향이 서로 모순된다는 데에 있는 것이 아니라 오히려 서로 모순되지 않는다는 데에 있다. 두 가지 방향이 서로 드잡이를 하지 않고 평화롭게 공존한다. 첫 번째 방향은 유사-논리적 견해를 전향적으로 일반화하는 것이다. 그 절정은 20세기 중반의 일반균형분석이었다. 두 번째 방향은 경험적 연구였다.

경험적 연구와 한계주의의 분석절차의 결합은 새로운 것을 낳지 못한다. 인과적 이론화 작업은 반드시 경험적 연구를 지도해야 한다. 이러한 분석적 접근의 초기 또는 후기 형태에서 어떠한 인과적 이론이나 그와 같은 일련의 이론들도 찾을 수 없다. 분석적 접근을 주도하는 야망들 중 하나는 분석적 접근 내부에 인과적 이론들을 수용하지 않으려는 것이었다.

인과과학에서 대립적인 사실들의 축적은 결국 이론을 훼손한다. 예컨대, 기초물리학의 역사에서 지배적인 시스템들과 같은 추상적이고 야심찬 과학이론들은 사실에 근거한 반박에 오랫동안 저항할 수 있다. 그러한 시스템은 중심명제들 간의 관계들을 재조정하고 맥락에 구속된 제약요소들을 배가시킴으로써 불편한 사실들을 소화할 수 있다. 그러나 결국 둑은 터지고 지배적 이론은 떠내려간다.

이와 같은 경제적 분석관행이 이론적 탐구와 경험적 조사의 변증법을 억제하거나 회피하기 때문에 이러한 분석관행의 매우 순수하고 엄밀한 형태에서는 이러한 균열들이 일어날 수 없다. 어떤 모형은 경제의 기본적인 이론적 설명에 문제를 일으키지 않은 가운데 다른 모형에 양보할 수 있다. 이러한 설명은 항상 인과관계나 과학보다 논리학에 더 근접했으며, 따라서 놀라운 인과적 발견의 도구로서의 수학보다는 논리적 명확성의 도구로서의 수학에 더 접근했다.

한계주의 이론가들과 그 계승자들이 상정해왔듯이 기초이론을 비판에서 면책시키는 것은 장점이라기보다는 잘못이다. 기초이론은 자칭 과학을 영원한 유아상태라고 힐난한다. 포용적 전위주의 프로그램을 통해 더 훌륭하게 사유하기 위해 우리가 필요로 하는 경제학은 논쟁적인 인과적 이론들에 근거한 반증가능한 인과적 주장들을 수립해야만 한다. 경제학의 모형과 그 수학은 경제학의 설명적 야망에 종속되어 있어야만 한다.

4.
포스트-한계주의 경제학에 대한 평가:
제도적 상상력의 결핍

한계주의 경제학의 두 번째 결함은 제도적 상상력의 빈곤이다. 이러한 빈곤의 가장 중요한 형태는 이 경제학이 시장경제의 제도적이고 법적인 형태에 대해 품고 있는 가정들을 고려한다. 한계주의 경제학이 그 가장 엄격한 형태에서도 시장의 제도적 형식에 대해 침묵하지 않은 경우에는 이러한 경제학은 자신이 다루고 있는 경제에서 발전하였거나 지배적 지위를 차지하게 된 특수하고 역사적으로 우연적인 일련의 시장 안배들과 시장의 관념을 그릇되게 동일시한다.

우리는 시장질서의 제도적 형태를 어떻게 다루는지를 기준으로 세 가지 유형의 포스트-한계주의 경제학[183]을 구별할 수 있다. 첫 번째 유형을 순수경제학으로 부르자. 순수경제학은 시장의 제도적 형태에 대해 불가지론적인 태도를 취하고 자신이 발언하고 제안할 수 있는 범위 안에서 이와 같은 불가지론에 대해 대가를 지불한다. 두 번째 유형의 근본주의 경제학과 세 번째 유형의 모호한 경제학은 북대서양 국가들의 역사에서 진화한 사법과 경제적 안배들과 시장의 관념을 부당하게 동일시하는 또 다

---

[183] 문맥상 신고전파 경제학을 의미한다.

른 형태들이다. 두 번째 유형은 명백하고 공격적으로 동일시하고, 세 번째 유형은 확신이나 일관성을 결여한 채 그렇게 한다. 이 이야기의 주요한 교훈은 단순하다. 한계주의에 의해 창조된 경제학은 순수하고 (설명과 제안의 능력에서) 무능하거나 혹은 유능하고 (시장의 관념과 시장경제의 특정한 제도적 형태를 부당하게 동일시함으로써) 타협적이다.

초기 한계주의자들과 그들의 가장 비타협적인 후계자들에 의해 지지된 순수경제학은 제도적 가정에 대한 모든 약속을 회피한다. 희소성의 조건 하에서 경쟁적 선택의 절차는 어떤 분산적 경제나 시장경제에 구현될 필요가 없을지도 모른다. 순수경제학은 20세기 중반에 펼쳐진 논쟁[184] 결과에 따라 중앙통제경제에 의해 모방될지도 모른다. 순수경제학은 이익 극대화를 추구하는 합리성과 특정한 제도적 안배를 동일시하는 데에 무관심하듯이 시장경제의 대안적 형태들을 상상하는 데에도 무관심하다. 이러한 엄격성으로 인해 순수경제학은 내가 다음에 기술하는 경제학의 경우에 해당하는 두 종류의 과오를 면하게 된다. 그러나 같은 이유로 순수경제학은 기성의 경제적 제도들을 설명하거나 그 대안을 모색할 수 있는 수단을 스스로에게서 박탈한다. 순수경제학이 자신의 엄격성에 대해 치른 대가는 설명적 프로그램의 부재이다.

근본주의 경제학은 사법과 그 안에서 통일적인 재산권과 쌍무계약을

---

184 1950년대 후반부터 1960년대 초반까지 소련에서 수리경제학이 기존의 주류경제학에 대하여 도전장을 내밀고 승기를 잡은 과정을 지적하는 것 같다. 당시 소련 경제학계의 주요 쟁점은 첫째, 가격책정의 과학적 기반, 둘째, 고정자산, 자본투자 및 신기술의 경제적 효율성, 셋째, 물질적 자극과 생산의 수익성, 넷째, 경제조사와 계획에 수학과 계산 기술의 도입 문제 등이었다.

중심으로 한 19세기 재산법과 계약법에 의해 가장 충실하게 표현된 특정한 제도적 체계와 추상적인 시장개념을 동일시한다. 그 가장 명료한 이론적 정식화는 하이에크가 20세기 중반에 가장 포괄적으로 전개한 견해였다. 그 견해는 "자유롭고 동등한 행위자들 간의 자생적인 교환은 자동적으로 똑같은 시장질서를 발생시킨다."는 것이다.[185] 우리는 시장에 기반한 경쟁적인 교환관행에 대한 정부의 간섭이 자생적인 조정의 본질적 구조에 대한 이러한 자연스러운 회귀성을 중단시키거나 왜곡시키는 것을 막기만 하면 된다. 이와 똑같은 믿음이 시장은 시장이고 계약은 계약이고 재산은 재산이라는 실무경제학자의 확신 속에 다소 불명료하지만 매우 집요하게 생존한다.

150년의 법분석은 그 반대가 참이라는 점을 보여주었다. 19세기 중반부터 20세기 말까지 법학자들은 종종 그들의 의도와 기대에 반하여 시장관념의 법적, 제도적 불확정성을 발견하였다. 그들은 계약, 재산, 나아가 시장교환의 체제의 여타 측면에 대한 일반적인 견해들을 세부적인 규칙, 기준, 원리 및 관행으로 변형할 때마다 선택지들(구체성의 사다리를 타고 내려가는 데에 있어서 다양한 방식들)이 존재한다는 점을 알았다. 그러한 대안들은 경제적 이익의 분배뿐만 아니라 생산과 교환의 안배들을 형성한다. 달리 말하면, 그러한 대안들은 시장경제의 분배적인 결과뿐만 아니라 시

---

[185] 미제스와 하이에크는 이러한 자생적 질서로서의 시장을 카탈락시(catallaxy)로 표현하였다. 이 말의 어원인 그리스어 katallasso는 교환하거나 공동체로 수용하거나 적을 친구로 만드는 것을 의미한다.

장경제의 구성과도 관련된다.

분산적 경제질서의 상세한 법적 조직으로 향하는 다양한 경로의 선택지들은 이해관계의 갈등과 비전의 갈등뿐만 아니라 변화의 각 방향의 결과에 대한 상충하는 가정이나 추측 간의 갈등에 의존한다. 우리는 추상적인 시장 관념에서 또는 심지어 제도적이고 법적인 세부사항의 사다리의 다음 더 높은 단계에서 갈등의 해법을 이끌어냄으로써 그러한 분쟁을 해결할 수 없다.

두 번째 근본주의 테제는 두드러진 결론을 내포한다. 이 테제는 생산의 제도적 구조틀을 다시 상상하고 다시 구성하려는 어떠한 시도도 배제한다. 바로 그와 같이 제도적 구조틀을 다시 상상하고 재구성하려는 시도는 지식경제를 확산시키고 심화시키는 데에 필수적이다. 사실 그러한 재상상과 재구성은 생산의 특성 및 가장 선진적인 생산방식의 특성에서의 중요한 변화에 불가피한 것으로 입증된다. 경제적, 기술적 요인들은 형성적, 제도적 맥락에서 작용한다.

근본주의 테제는 희석된 형태이든 순수한 형태이든 계속 영향력을 발휘한다. 그 희석의 사례는 경제정책과 경제조직에 관해 보편적으로 적용가능한 일련의 실천적 원칙이 존재한다는 견해다. 그러한 원칙들은 순수경제이론과 상세한 제도설계의 중간에 있는 사고층위를 차지한다. 그러한 원칙들은 순수경제이론에 의해 뒷받침되고 다양한 형태의 상세한 제도설계와도 양립가능하다. 그 목적은 일련의 최고 관행들과 제도들(북대서양 부국들에서 높이 평가되는 제도들)로의 제도적 수렴의 교리에서 보듯이 독특한 제도적 프로그램의 근본주의적 방어를 위해 투쟁하는 것이다.

그러나 그 목표는 또한 제도들의 설계에 대한 포스트-한계주의 경제학의 실천적인 가치를 증명하는 것이다.

우리는 근본주의적 견해의 약점을 약화시키는 것으로는 그 약점을 탈피하지 못한다. 우리가 한계주의 경제학의 순수한 방법이나 관념들과 순수한 경제분석에 외부적인 사실적 약정들, 인과적 이론들, 규범적 공약들을 결합하지 않는다면 그러한 방법이나 관념들은 제도적 재구성에 대한 어떠한 실천적 지침도 전혀 탄생시킬 수 없다. 나아가 자칭 보편적인 적용가능성을 향유해야 한다고 주장하는 원칙들은 그와 같은 특권을 보유하지 못한다. 그러한 역할을 수행할만한 몇 가지 지침 후보들을 고려해 보자.

투자자에게 투자수익을 보장하기 위해 재산권과 거래안전을 중시하라. 그러나 어떤 구조적 변화도 기득권을 전복할지 모른다. 시장에서 기존 참가자들의 권리는 신규진입자들의 필요와 상충된다. 나아가 재산은 사회의 자본재와 생산의 자원과 기회에 대한 접근을 세세하게 조직한 것에 대한 이름에 불과하다.

화폐를 건전하게 유지하고 합당한 인플레이션에서 명목적 화폐수요의 증가를 초과하는 유동성을 창출하지 말라. 그러나 현재 정부, 은행, 중앙은행 간의 부수적인 권력분립을 고려할 때, 통화공급의 관리는 (관련된 미국법이 분명히 인정하는 바와 같이) 여러 가지 목표들을 따른다. 중앙은행은 불경기에는 통화공급을 확대하고 호경기에는 감소시키면서 경기순환에 대응하며 통화를 관리할 수도 있다. 혹은 국가발전의 반란적인 전략을 더 훌륭하게 착수하기 위해 자본시장의 이익과 선입견에 대항하려는 정부의 욕망은 경기순환에 대응하는 정책을 자극하는 사유들을 극복할지도 모른다.

국가는 금융적 신뢰에 영합하기보다는 의존하지 않기 위하여 긴축재정을 실천할 근거를 가질지도 모른다. 우리는 통화논쟁에 관한 하나의 입장을 포스트-한계주의 경제이론에 내재된 어떤 일반적인 원칙에서 이끌어낼 수 없다. 우리는 특정한 상황에서 서로 다른 정책과 안배들의 가능한 결과들에 대한 일련의 추측이나 이론과 정치적, 경제적 프로그램을 결합하는 경우에만 하나의 입장을 형성할 수 있다.

재분배적 권리를 의도하는 빈곤한 수혜자들에게 가능한 한 가까이 겨냥하라. 그러나 유럽의 사민주의자들과 미국에서 집권한 진보파들의 경험은 그 반대를 보여주었다. 정치와 경기의 순환들에서 하방 움직임의 압력에 대처하려면 재분배적 의제는 고립적인 극빈자 집단보다는 노동하는 보통 가계들에게 혜택을 주어야만 한다. 포스트-한계주의 방식의 순수한 경제분석은 일련의 상식적인 편견에 지나지 않은 표적 접근방식을 추천하지 않는다. 실제 경험은 사민주의자들과 진보파들의 평판을 떨어뜨린다.

경제이론의 제도적으로 공허한 명제들과 소위 보편적인 제도적 설계 원칙들의 형태를 취한 특정한 제도적 안배들에 대한 공약 사이에서 안정적인 중도적 입장을 발견하려는 시도는 실패한다. 우선 제도적으로 공허한 명제들은 제도적인 결과를 생성시키지 않는다. 소위 보편적인 지침들도 제한된 역사적 경험들과 논쟁적인 정치적 목표들을 통해 고무된 주먹구구 규칙일 뿐이다. 포용적 지식경제의 발전에 필요한 혁신과 같은 중요한 제도적 혁신들은 그러한 주먹구구 규칙을 무시하라고 요구할 가능성이 높다. 한 시대의 상식은 그보다 앞선 시대에나 그 다음 시대에는 논쟁의 여지가 있는 철학일 뿐이다.

　세 번째 모호한 경제학은 그 경제학이 원리에서는 결정적이라고 인정하지만 분석적 제도적 실제에서는 무시하는 바로 그 제도적 배경 아래서 경제생활의 규칙성을 수립하려고 시도한다. 이러한 경제학의 관행적인 적용 영역은 거시경제학이었다. 모호한 경제학자는 고용과 인플레 수준들과 같은 대규모 경제적 총계치들 간의 법칙적인 규칙성들을 확립하기 시작한다. 그 한 예로서 필립스곡선[186]의 관념은 실업율과 인플레이션율 사이에 안정적이고 수량화 가능한 관계를 보여준다. 통화정책 및 다른 정책들이 실업률을 "자연실업률"[187] 이하로 떨어뜨리면, 인플레이션이 야기될 것이다. 그 규칙성들은 법칙으로 나타날지도 모른다. 경제학은 이러한 규칙성을 발견함으로써 인과과학으로 전환될 수도 있다. 반면 순수경제학은 인과과학이 되기는 어려울 것이다. 그러나 근본주의 경제학은 확실히 인과과학이 될 수 없다.

　모호한 경제학은 안정적이거나 불변적이라고 간주하는 제도적 가정들과 무관하게 그러한 규칙성을 통상적으로 연구한다. 이에 대한 비판가는 실업과 인플레이션 간의 소위 법칙적인 관계를 도표화하는 필립스곡선상의 규칙성과 같은 규칙성들이 매우 다양한 상세한 제도적 안배들에

---

186 영국 경제학자 올번 윌리엄 필립스(Alban William Phillips)는 1958년에 영국의 경제학술지인 *Economica*에 발표한 논문에서 1861년에서 1957년 사이의 영국의 자료를 분석하여 명목임금상승률과 실업률 간에 역(逆)의 상관관계가 있음을 발견하였다.

187 자연실업률이란 경기의 흐름과는 관계없이 구조적으로 존재하는 장기균형상태에서의 실업율을 말한다.

의존하고 있다는 반론을 제기할 수 있다. 소위 규칙성들을 변화시키기 위해서는 이러한 배경의 어떤 요소를 바꾸는 것으로도 충분하다. 필립스곡선에서 보자면 형성적, 제도적 안배들은 예컨대 노동법 체제와 이러한 체제가 유지하는 노조의 조직 유형, 실업보험의 성격과 수준, 통화정책을 수립할 권한의 배정과 범위 등과 관계를 가진 안배들을 포함할 수도 있다. 그러한 설명에서 역할을 수행하기 위해서 경제생활의 제도적 체제는 자본주의나 시장경제와 같은 추상적 관념들에는 결여되어 있는 세부사항들로 규정되어야만 한다. 세부사항들은 가변적이고 또한 지속적인 논란과 갈등의 대상이기 때문에 우리가 그러한 형성적 구조들을 불가분적 체계나 사회경제적 조직의 회귀적 형태로 착각하는 것은 어려운 일이다.

모호한 경제학자는 제도적 배경에서의 모든 변화가 자신이 발견했다고 주장하는 규칙들의 법칙적인 성격을 박탈하면서 이러한 규칙들을 훼손할 수 있다고 양보할지도 모른다. 그러나 이러한 배경이 오늘날 북대서양 국가들에서 그렇듯이 실제로 비교적 안정적이라면 이러한 경제학자는 분석적이고 설명적인 작업에서 이러한 양보를 고려하지 않을 것이다. 그는 계속해서 모호한 경제학을 수행할 것이다.

순수하고 근본주의적이며 모호한 경제학들의 결함을 극복할 수 있는 경제적 분석관행은 일상적인 경제활동과 경제적 제도들의 관계에 경제이론이 접근하는 방법을 바꾸어야 한다. 이러한 분석관행은 생산과 교환의 현상과 이러한 현상이 일어나는 제도적 이데올로기적 맥락(구조)뿐만 아니라 이러한 구조를 상상하고 형성하고 또 다시 상상하고 형성하는 방식 간의 관계에 그 초점을 맞추어야 한다. 순수하고 근본주의적이고 모호한 경제학들은 모두 이러한 척도를 만족시킬 수 없다. 이러한 경제학들은 구조적 통찰의 필요성을 회피하는 세 가지 방법을 제공한다.

_5._

포스트-한계주의 경제학에 대한 평가:

교환이론에 종속된 생산이론

한계주의 전향에 의해 시작된 경제학의 세 번째 한계는 적절한 생산이론의 빈곤이다. 한계주의 경제학은 어떤 생산이론도 갖지 못한 경쟁적 시장교환의 이론이다. 경제학 입문서의 생산에 관한 장을 들추면 누구나 알 수 있듯이, 한계주의 생산이론은 교환이론의 솔직한 연장이다. 산업조직의 하위분야조차 경제의 다양한 부문들의 시장형태를 주요 주제로 삼는다. 이와 같은 한계에서 나오는 이들의 실천적인 태도와 경험은 다시 이러한 한계를 강화시킨다. 이러한 경제학자는 공장보다 헤지펀드에 더 큰 관심을 둘 가능성이 높다.

19세기 후반부터 주류 경제사상은 생산을 교환과 상대가격의 시각에서 관찰해 왔다. 새로운 경제학이 다루는 경제들의 일정한 특징, 즉 생산현실에 중요한 노동이 이러한 경제 안에서 매매될 수 있다는 특징으로 인해 생산관점은 교환관점에 더 용이하게 종속되었다. 임노동이 자유노동의 압도적인 지배형태가 되는 경우, 생산의 안배들을 단지 상대가격의 작동을 위한 또 다른 대지로 보는 길이 열린다.

특히 애덤 스미스와 카를 마르크스의 저작에서 보는바 전(前)한계주의 경제학은 생산과 그 역사적 변혁에 대한 설명을 제시하였다. 이러한 설명은 교환이론으로 환원될 수 없었다. 생산은 이러한 경제학자들의 관념에서 적어도 시장, 가격, 경쟁에 대한 관념만큼 중요한 위치를 차지하였다. 스미스와 마르크스는 공장을 연구했다. 당시 가장 선진적인 생산방식(기계화된 제조업)을 따르는 공장들이 그들의 사유에서 영감의 주요한 원천들이었다.

현재 가장 선진적인 생산방식으로서 지식경제의 성격과 미래를 다루는 이 책에서 가장 적절한 경제학 분야는 생산에 관한 연구다. 가장 선진적인 생산방식이 현재뿐만 아니라 장차 도래할 노동자와 기계의 관계와 과학에 의해 지원받고 기술로 구현된 자연의 변화에 대한 우리의 실험들과 우리가 협력하는 방식에 대한 실험들 간의 관계 등과 같은 경제생활의 기본적이고 일반적인 특징들에 대하여 무엇을 계시하는지를 보여주는 것이 이러한 생산연구의 몫이다. 이러한 주제들은 생산과 그 진화를 이해하는 데에 결정적으로 중요하다. 우리는 이러한 주제들을 시장에 기반한 교환의 단순한 사례 정도로 처리하는 것을 바라지 않는다. 이러한 주제들은 상대가격의 관점에서 자신의 비밀을 공개하지 않는다. 이러한 주제들은 또한 수학적인 표상의 대상이 아니며, 더구나 포스트-한계주의 경제학에 봉사해온 상대적으로 단순한 수학적 표상의 대상은 전혀 아니다.

[포스트-한계주의 경제학에서] 누락된 생산이론의 모든 주요요소는 가장 선진적인 생산방식의 성격과 대안적인 미래들에 관한 논의에서 반드시 존재해야만 한다.

6.

포스트-한계주의 경제학에 대한 평가:

경쟁적 선택이 선택하는 소재의 다양성에 대한 설명을
수반하지 않은 경쟁적 선택이론

한계주의 경제학의 네 번째 결함은 경쟁적 시장선택의 이론으로서 이 경제학이 선택적 기제가 선택하는 다양한 소재들의 창출에 대한 설명을 갖고 있지 않다는 점이다. 선택에 제공되는 다양성은 경제학의 관심에 외부적인 것으로 취급된다. 포스트-한계주의 경제학은 자신의 범위, 풍부함 및 그 존재 자체를 당연시한다. 포스트-한계주의 경제학은 부담스러운 실패작이다. 경쟁적 선택방법의 다산성은 경쟁적 선택이 작용하는 자료들의 다양성에 의존한다.

폴 새뮤얼슨[188]은 리카도의 비교우위론[189]을 경제학의 최강의 독보적

---

188 폴 새뮤얼슨(Paul Samuelson, 1915-2009)은 "현대 경제학의 아버지"로 평가받는다. 그는 하버드 대학에서 슘페터, 레온티예프, 한센에게서 가르침을 받았고 MIT에서 경제학 교수로 근무하였다. 1947년 『경제 분석의 기초』에서 다룬 비교 정태분석에 대한 일반적인 서술을 비롯하여 경제학의 다양한 분야에서 기여하였다. 그는 케인스 이전의 신고전파 경제학과 케인스 경제학을 종합하였다(신고전파적 종합). 그는 1970년에 노벨 경제학상을 수상했으며, 그의 『경제학』은 20세기 후반 대학교재로서 정평을 얻었다.

189 영국의 경제학자 데이비드 리카도(David, Ricardo, 1772-1823)는 애덤 스미스와 더불어 영국 고전파의 이론적 체계를 완성하였다. 그는 1817년 저서인 『정치경제학 및 과세의 원칙 연구』에서 비교우위론에 기초해 영국과 포르투갈 간 포도주와 직물 무역 사례를 처음 설명하였다. 절대우위론으로 설명되지 않은 국제교역을 생산의 기회비용에 입각한 비교우위론으로 해명함으로써 국제무역이론의 체계를 수립하였다.

인 통찰로 묘사했다. 리카도의 비교우위론은 직관에 반하기 때문에 더욱 더 강력하다. 무역이론의 전체가 그렇듯이 비교우위론도 주권국가의 엄호 아래 작동하는 상이한 경제들로 세계가 분할되는 것을 전제한다. 세계 분할은 이제 특징적인 제도적 안배들의 채택을 가능하게 하고 인류의 문화이기도 한 인간성의 독특한 방식들을 지지한다. 상이한 경제적 제도들은 인간의 생산능력의 계발에서, 즉 우리가 무엇을 어떻게 생산하는가에 있어서 다양성을 우대한다.

19세기 후반 이래로 주류 경제이론에서 보자면 세계가 국경선으로 분리되고 상이한 법률로 통제되는 경제들로 분할되는 현상은 어쨌든 값비싼 장애물이라고 할 수는 없다고 하더라도 경제적 의미가 없는 사건이다. 국가주권에서 발생하는 무력충돌, 무역전쟁, 실제 전쟁을 포함하여 거래비용, 복잡성과 위험들에서 벗어난 세계정부와 그 법률의 보호 아래 통일적인 세계경제도 마찬가지로 존재할 수도 있다.

진화론에서 신(新)다윈주의적 종합[190]은 그 현재적 구성요소의 절반(유전적 돌연변이와 재조합에 관한 나머지 절반은 없고 다윈적 자연선택에 관한 절반만 있다)으로 축소되었던 것처럼 보인다. 경쟁적 선택 기제의 다산성은 기제의 효과뿐만 아니라 선택된 재료의 다양성에도 달려 있다. 나머지 절반이 없이 그러한 설명의 절반을 보유하는 것은 불확실한 가치를 갖는 견해를 유지하는 것이다. 활용 가능한 절반의 가치는 나머지 절반과의 관

---

190 신다윈주의는 다윈의 자연선택(자연도태) 이론과 유전학자 멘델의 유전적 돌연변이를 통합한 체계를 가리킨다. 신다윈주의라는 용어는 조지 로마네스가 처음 사용하였다.

계에 달려 있다.

경쟁적 선택이 선택하는 소재의 다각화[돌연변이]에 대한 설명을 전개하지 못한 것은 (교환의 어렴풋한 연장으로서 생산관점 이외의) 생산관점의 부재와 (특히 시장질서의 가능한 제도와 관련하여) 제도적 상상력의 결핍과 밀접하게 연관된다. 무엇을 어떻게 생산하는가에 있어서 다소간 실험적인 편차가 존재할지도 모른다. 시장경제를 규정하는 제도들은 새로운 방식으로 새로운 자산을 창출하는 것을 우대하거나 억제할 수도 있다. 그러한 제도들은 자연에 대한 실험과 인간의 협력에 대한 실험의 연결을 단단하게 하거나 느슨하게 할 수도 있다.

다양성의 창조는 상수나 소여가 아니라 과제다. 이러한 과제의 실행을 이끄는 가장 중요한 원칙은 어떤 유형의 다양성이 다른 유형의 다양성을 생성하는 데에 조력한다는 원칙이다. 최상의 시장질서는 시장의 유일한 형태에 얽매이지 않고 생산의 자원과 기회에 대한 다양한 분산적 접근(즉, 상이한 재산제도)이 동일한 경제 안에 공존하도록 허용하는 질서이다. 이러한 질서의 수립이 제도적 설계(생산의 자원과 기회에 대한 분산적 접근을 위한 다양한 일련의 안배들을 수용하는 체제의 설계) 작업에서 우리의 부담을 덜어주지 않는다. 도리어 그러한 설계 작업을 더욱 어렵게 만든다.

이와 같은 언급들은 지식경제의 성격과 미래를 설명할 수 있는 어떠한 경제이론에도 특별한 효력을 가지며 적용된다. 경쟁적 선택이 선택하는 자료의 다각화에 큰 역할을 하는 정치경제학과 현재 가장 선진적인 생산방식의 친화성은 지식경제의 확산과 심화의 모든 측면에서 명백하게 나타난다. 생산공학의 미시적 특징에서 거시적 구조(경제활동의 제도적 구조틀)에 이르는 스펙트럼의 두 극단에서 이 문제를 고찰해보자.

제한적이고 고립적인 형태에서도 지식집약적인 생산방식은 상품과 서비스의 탈규격화나 맞춤제작과 대규모 생산을 결합한다. 동시에 지식집약적인 생산방식은 생산과정의 참가자에게 허용되고 요구되는 재량과 신뢰의 수준을 높임으로써 제품뿐만 아니라 생산과정에서도 실험적 혁신과 다양성의 여지를 증대시킨다.

지식경제의 심화 및 보급은 분산된 경제활동의 조직과 자금지원을 위한 광범위하고 다양한 안배들과 나아가 재산과 계약체제의 다원성을 요구한다. 시장경쟁의 방어와 확대는 경제활동의 방법과 결과에서 실험적인 다양성을 확장하는 것을 그 보충수단으로 확보해야만 한다. 경제의 제도들뿐만 아니라 생산방식은 이러한 다양성을 가정하는 대신에 추구하고 달성해야만 한다.

그러한 의제에 유용한 경제학은 누락된 부분(선택에 이용할 수 있는 자료들에 대한 부분)을 경쟁적 선택이론에 제공하는 경제학이어만 한다.

7.
케인스적 이단의 유용성과 한계

우리가 포스트-한계주의 이론의 한계와 씨름할 때 우리가 활용할 수 있는 자원들 중 하나가 20세기에 가장 두드러지고 영향력 있는 경제적 이단인 케인스 경제학이다. 케인스 경제학의 가장 큰 강점들로 들 수 있는 것은 화폐의 중요성과 화폐시장균형들의 이용에 대한 태도의 중요성을 강조한 점, 경제활동이 지속적으로 침체된 수준뿐만 아니라 많은 다양한 수준에서도 수요공급이 균형을 이룰 수 있다는 관념을 도입한 점, 사회가 시장의 자체 회복력의 부족에 대해 끔찍한 대가를 치르는 것을 막으려는 정부조치를 일관되게 정당화한 점 등이다.

어쨌든 케인스 경제학은 포용적 지식경제 프로그램을 통해 생각하고 포스트-한계주의 경제학의 한계점을 보충하기 위해 우리가 필요로 하는 경제학에 대한 길잡이로서 네 가지 서로 연관된 결함을 가지고 있다.

발라의 경제학과는 달리 케인스의 경제학은 그 가장 일반적이고 가장 엄밀한 연구에서도 유사논리적 연구가 아니다. 케인스 경제학은 부분적으로는 명시적인 인과적 이론에 근거하여 인과적 추측을 제공한다. 그러나 케인스 경제학은 제도와 구조에 불리하게 심리학에 입각한 영국 정치경제학의 강조를 과장하는 방식으로써만 한계주의자들과 그 후계자들의 형식주의에서 이탈한다. 케인스의 이론적 체계의 모든 주요한 범주들 (유동성 선호, 소비 성향, 장기적 기대의 상태)은 제도적이거나 구조적이라기보다는 심리적이다. 재정 및 통화 정책에서 정부의 적극주의가 민간 경제주체와 국가 간의 권력의 재할당을 의미하는 경우를 제외하고는 모든 범주들이 시장 경제의 불변적인 제도적 법적 구조를 가정한다는 점을 기억하라. 케인스에서의 제도적 논의는 거의 전적으로 경제생활의 특정 부문(특히 주식시장)에 국한되어 있으며 또한 논의가 공포, 탐욕, 환상, 그리고 "야성적 충동"[191]과 같은 대단한 요소들이 지도적인 역할을 수행한다는 더 거대한 시각에 보조물로 제시된다. 시장체제의 제도적 조직과 재조직을 논의하지 않으면서 지식경제의 현재 및 대안적 미래들을 다루는 것은 허망한 일이다.

우리가 필요로 하는 아이디어의 원천으로서 케인스 경제학의 두 번째 결함은 첫 번째 결함과 밀접하게 관련되어 있다. 케인스는 공급측면이 아니라 주로 수요측면에서 경제와 경제회복을 다루었다. 그러나 생산을 변혁하고 경제에서 가장 선진적인 생산방식이 수행하는 역할을 변혁하는 것은 제도적 사고와 제도적 상상력을 요구한다.

케인스주의자는 케인스의 직접적인 관심이 생산과정에서 변화를 설명하거나 제안하기보다는 1930년대 그와 동시대인들이 직면했던 대공황

---

191 야성적 충동(animal spirits)은 케인스가 『고용, 이자 및 화폐의 일반이론』에서 인간행동에 영향을 끼치고 이를 지배하는 본능, 성향, 정서를 기술하기 위해 사용하였다. 경제학자 조지 애커로프와 로버트 실러가 2009년 『야성적 충동』이라는 제목의 책을 간행하였다.

을 주목하면서 경제학을 성찰하는 것이었다고 반론을 펼지도 모른다. 그러나 경제의 수요측면과 공급측면을 동시에 주목하지 않는다면 어떠한 침체도 이해할 수 없고 어떠한 회복도 조직할 수 없다. 공급과 수요의 제약들에 대한 연속적인 돌파구들의 발생은 지속적인 경제성장을 위한 근본적인 요건이다.

공급측면의 돌파구가 수요측면에서의 조응하는 돌파구를 확보하지 못하고 역으로 수요측면의 돌파구가 공급측면에서의 조응하는 돌파구를 확보하지 못하는 상황은 경제성장을 방해하면서 경제불안의 주요한 원인이 된다. (경제불안의 부차적인 원인은 금융과 실물경제 간의 가변적이고 위험스러운 관계다.) 포용적 전위주의는 무엇보다도 대응하지 않으면 이론적 수수께끼로 보일지도 모르는 것들에 대한 실천적인 대응이다. 즉, 포용적 전위주의는 경제의 공급측면뿐만 아니라 수요측면에서도 성장제약적인 제약들을 돌파한다. 포용적 전위주의는 누진세와 재분배적 사회적 권리와 이전지출로 경제적 편익을 사후적으로 시정하려는 대신에 경제적 이익의 일차적 분배를 쇄신한다.

케인스 체제의 이러한 두 번째 한계점은 이제 세 번째 결함에 이른다. 내가 앞서 주장했듯이, 경제붕괴에 대한 설명으로서 케인스 경제학은 공급과 수요가 완전고용과 지속적인 경제성장 안에서 균형을 달성할 수 없는 양태에 대한 일반이론이라기보다는 특수 사례이론이다. 케인스 경제학은 불충분한 수요, 저축의 비생산적인 퇴장으로의 전향, 그리고 특수한 가격, 즉 노동가격의 하방경직성으로 특징지어지는 특수한 사례를 다룬다. 수요와 공급이 경제성장을 촉진시키는 다음 단계까지 서로를 견인하지 못한 상황들에 대한 일반이론이 되기 위해서는 케인스 경제학은 생산과 그 쇄신에 대한 견해를 포함해야만 할 수도 있다.

이러한 결함은 많은 추종자들이 케인스주의를 21세기 초의 "대차대조표불황"에 대한 부적절하거나 최소한 불충분한 대응이라고 판단해온 이유를 설명한다. 이러한 불황은 부분적으로 부채, 신용, 금융완화 정책이 국제적인 자본 및 무역 불균형의 맥락에서 지속적인 생산성 향상과 광범위하고 사회적으로 포용적인 경제성장의 부족을 만회할 수 없었기 때문에 촉발되었다. 이러한 결함은 케인스 교리가 장기침체에 대한 현대적 담론에 대한 대응의 기반으로서는 빈약한 것으로 밝혀진 이유이기도 하다. 장기침체 테제[192]는 현대사회의 경제침체에 자연성과 필연성의 사이비 외관을 부여하려고 시도한다. 이러한 테제는 예컨대 100년 전의 기술혁신과 비교할 때 현대기술의 잠재력이 더 작다는 둥 침체를 우리의 통제력이 미치지 않는 원인들로 돌림으로써 그렇게 한다.

세 번째 결함이 두 번째 결함에서 나오고 두 번째 결함이 첫 번째 결함에서 나오듯이 네 번째 결함이 세 번째 결함에서 나온다. 케인스 경제학은 낮은 수준의 경제활동과 고용에서의 특수한 불균형에 대한 설명(특수 사례이론)과 경제에서 지속적인 불균형에 대한 이론 사이에 있다. 케인스 경제학의 정신과 주장에서 많은 것은 이상화되고 물화된 시장질서(시장을 보호하고 시장의 불변적인 법칙을 시행하기 위해 국가가 필요한 경우를 예외로 하고 원칙적으로 국가 없는 시장)의 자체 회복력에 대한 믿음[한계주의

---

192 케인스파 경제학자 앨빈 한센이 제시한 테제이다. 이 책 서문 참조.

자들의 고전적인 주장]을 언제 어디서나 훼손한다. 영구적 불균형이론[193]으로 변화되기 위해서는 케인스 경제학은 불황의 일반이론이 되는 것이 필요했을지도 모른다. 그러한 이론이 되고자 했다면 케인스 경제학은 경제의 수요측면뿐만 아니라 공급측면도 다루고, 아울러 경제주체들의 충동과 환상뿐만 아니라 기성 시장질서의 제도적 구조와 가능성들까지도 다루어야만 했을지 모른다.

이러한 한계점들로 인해 케인스적 이단은 포스트-한계주의 경제학에 맞서 우리가 필요로 하는 대안이 될 수 없다. 이러한 한계점들은 또한 20세기에 주류 경제학이 걸었던 과정을 설명하는 데에 일조한다.

미국에서 케인스를 추종한 학자들은 케인스의 교리를 재정정책과 통화정책을 통해 경기순환에 대응하는 경제운영방식을 정당화하는 이론으로 위축시켰다. 이들은 케인스의 교리를 20세기 중반 규제받는 혼합경제의 지적 정책적 수단으로 바꾸었다. 이와 같은 목적에서 이들은 케인스의 교리를 거시경제학(한계주의가 창조한 경제학에 대한 일반적인 대안이 아니라 국가와 경제의 관계를 조종하는 일련의 전문화된 관념들)으로 재규정하였다. 이들은 이윽고 미시경제학으로 개칭된 불변적이고 더욱 일반화된 포스트-한계효용학파 경제이론 체계에 케인스 경제학을 덧붙여 놓았다. 물론 케인스의 교리가 내가 지적해온 약점들로 인해 이와 같이 위축되지 않았

---

193 영구적 불균형이론은 웅거 자신의 경제이론의 잠정적 표현이다. 경제는 영구적인 불균형상태에 있으며 이를 타파하기 위해 지속적인 개입이 필요하다는 발상이다. 웅거는 시장을 주요한 매체로 이용하지만 시장의 자체적인 회복력에 대한 믿음을 갖고 있지는 않다.

더라면 이들은 케인스의 교리를 이와 같이 순치하는 일에 성공할 수 없었을 것이다.

케인스의 가르침이 한계주의 경제학에 대한 대안의 출발점으로 복무할 권리를 빼앗기게 되고 대신에 이러한 경제학을 보완하는 배역을 맡게 되었던 이래로 제국(주류 경제이론)은 자신의 위축된 적수에게 반격을 가할 수 있었다. 20세기 말엽 실천적 경제학에서 "합리적 기대"[194]와 "실물적 경기순환이론"[195]과 같은 이름으로 발전한 우파의 제안들은 케인스류 거시경제학이라는 상부구조가 잘못되었거나 불필요한 것이라고 공격했고, 케인스의 이론에서 (즉 경제분석의 표준적인 체계에 내재되지 않은) 새로운 모든 것이 오류라고 주장하였다. "거시경제학의 미시적 토대"[196]라는

---

194 1970년대 등장한 '합리적 기대이론' 또는 '합리적 기대가설'은 로버트 루카스 미국 시카고대 교수의 이론으로서 케인스 학파에 일격을 가했다. 합리적 기대이론이란 가계나 기업 등 경제주체들은 활용가능한 모든 정보를 활용해 경제상황의 변화를 합리적으로 예측하여 행동함으로써 정부의 재량적 금융정책과 재정 정책을 무력화한다는 것이다. 이러한 사고는 '정책 허무주의'를 조장하였다. 그러나 역으로 이 이론은 정부정책이 장기적 전망에 입각하여 합당한 시퀀스를 가져야 한다는 것을 시사한다.

195 실물적 경기순환이론은 경기변동이 대체적으로 명목적인 충격이 아니라 실물적인 충격에 의한 것이라고 보는 신고전파의 거시경제학 모형의 일단이다. 1982년 핀 키들랜드와 에드워드 프레스콧의 논문에서 소개된 것으로 알려졌다. 이 이론은 기존의 경기순환이론과 달리 경기변동을 실물경제적 환경에서의 외생적인 변화에 대한 효율적인 대응으로 파악한다. 또한 국민적 생산수준은 필연적으로 기대된 효용의 극대화에 도달하므로 정부는 단기적 변동을 능동적으로 완화시키기 위한 재량적인 재정정책과 금융정책을 삼가고 장기적인 구조정책에 집중해야 한다고 주장한다. 이론은 대체로 프리드만과 루카스 등 시카고학파의 사고(노동자들이 실제로 일하는 것보다 임금이 높다고 생각할 때 호황이 오고 낮다고 생각할 때 불황이 온다)와 연결되어 있다.

196 2006년 노벨 경제학상을 수상한 에드먼드 펠프스가 1970년 「고용 및 인플레이션 이론의 미시적 토대」라는 글에서 이러한 용어를 사용하였고, 이러한 제목의 글은 계속 쏟아지며 논쟁의 대상이 되고 있다.

이름 아래 작성된 저작은 케인스류의 주장들을 지배적 관념에서 흡수하는 것을 용인하는 식으로 재해석함으로써 그 파괴 작업을 완수하였다. 이 간략한 서사는 20세기 후반과 21세기 초반의 경제사의 너무 많은 부분을 소략하게 다루고 있다.

이러한 간략한 서사가 경제이론의 방향뿐만 아니라 북대서양 사회의 경로에 대해 어떤 깊은 것을 드러낸다는 점은 법과 법이론의 역사에서 동시에 일어났던 것과 긴밀한 유사성을 통해 확인된다. 20세기의 법개혁과 이를 뒷받침하는 법학의 가장 큰 실천적인 관심사는 사민주의적 타협안의 설계에 참여하는 것이었다. 권력과 생산의 기성 안배들에 대한 반대자들은 자신의 도전을 포기할 수도 있다. 그 대가로 국가는 시장을 더 영구적으로 규제할 수 있는 힘을 획득할 수도 있다. 국가는 회고적이고 보상적인 세금과 이전지출을 통해 기존 시장체제가 야기한 불평등을 완화시키는 권한을 가질 수도 있다. 나아가 국가는 투자결정에 대한 정부나 대중의 상당한 영향력을 인정하려고 시도하지 않으면서 재정정책과 통화정책을 통해 경기순환에 대응하여 경제를 운영하는 권한을 얻을 수도 있다.

규제적이고 재분배적인 국가의 법으로서 공법의 새로운 체계는 재산과 계약의 규칙, 시장경제의 구성적 안배들과 같은 대체로 불변적인 사법체계에 덧붙여질 수 있다. 나중에 20세기 마지막 몇 십년간 이러한 공법과 공공정책의 상부구조는 유연성, 효율성, 심지어 자유라는 이름으로 공격받고 제한받기 시작하였다. 근본적인 약점은 실천적 케인스주의에서 나타난 것과 동일하였다. 즉 그저 새로운 공법구조 속에 사법과 시장경제의 안배들을 배치하는 것이 아니라 사법과 시장경제의 안배를 다시 상상하고 다시 만드는 것에서 실패하였다.

그러한 경제적 또는 법적 이론은 포용적 전위주의 프로그램의 공식화와 발전을 지도하는 데 거의 무용지물일 수 있다. 이 과제는 현재 형태의 경제적 및 법적 이론이 제공하지 못하는 지적 지원을 요구한다.

8.
전(前)한계주의 경제학이 제공한 사례의 유용성과 한계

한계주의자들이 창조한 경제학의 한계점을 다루는 노력에서 또 다른 영감의 원천은 때로는 고전경제학으로 불리는 한계주의 이전의 경제학이다. 주제 범위와 야망의 범위에서 차이가 나는 두 가지 유형의 고전경제학, 즉 세니어[197], 리카도, 맬서스[198], 세 같은 경제학자들이 수행한 전문적인 과학으로서 정치경제학과 애덤 스미스와 카를 마르크스가 대표하였던 생산과 교환의 현상에 응용한 종합적인 사회이론으로서의 정치경제학이 존재한다. 한계주의 이전의 경제학의 유용성과 한계점에 대한 나의 논평은 두 번째 더욱 야심적인 형태의 고전경제학에 초점을 맞춘다.

스미스와 마르크스는 그 의도, 방법, 관념에서 근본적으로 달랐다. 그럼에도 불구하고 한계주의자들이 창조한 경제학과 다르다는 점에서 그 둘은 서로 닮았다. 우리는 스미스와 마르크스의 사례를 모방할 수 있다고

---

[197] 세니어(Nassau Senior, 1790-1854)는 영국의 변호사로서 수십 년 동안 영국의 경제정책에 대한 정부의 자문관으로서 활동하면서 경제문제와 사회문제에 대하여 많은 저술과 보고서를 발간하였다. 구빈법 위원회의 일원으로 활동하였고, 『아메리카 민주주의』를 저술한 토크빌과 교유하였다.

[198] 맬서스(Thomas Malthus, 1766-1834)는 영국의 성직자로서 정치경제학과 인구론에서 두각을 나타내었다.

하더라도 모방할 이유가 없다. 고전경제학은 그 결함으로 인해 한계주의 전향에서 유래한 경제학에 대한 대안적 재고로서 쓸모가 없다. 그럼에도 고전경제학에 대한 비판은 우리에게 결여되어 있고 우리가 필요로 하는 경제학으로 가는 길을 제시하는 데에 일조한다.

고전경제학은 한계주의자들에 의해 시작된 경제학의 네 가지 결점 중 적어도 세 가지 결점에서 자유로왔다. 고전경제학은 인과적 이론과 설명을 제안했다. 고전경제학은 인과적 논쟁에 대하여 면책을 추구하고 자신의 권위를 논리적 명확성과 엄격성에 의존시키는 유사논리적인 탐구가 아니었다. 고전경제학은 다른 학문에서 인과적 관념들을 도입하거나 즉석에서 그러한 관념들을 만들어 내는 것으로 만족해하지 않았다. 고전경제학은 경제의 인과적 작동뿐만 아니라 경제생활의 장기적인 진화에 대한 설명을 제공하였다. 그 핵심 관심사는 제도적 체제와 생산방식의 관계였다. 고전경제학은 가장 선진적인 생산방식의 연구에서 경제생활의 가장 심층적이고 일반적인 특징을 이해하는 관문을 발견하였다. 고전경제학은 경제사를 제도적 체제의 역사로 보았다. 제도적 체제들은 각기 인간 권능의 발전에 특징적인 제약을 가했고 또한 특징적인 일련의 경제적 규칙성들을 동반하였다. 가장 선진적인 생산방식의 역사는 또한 제도적 체계들의 역사였다.

스미스와 마르크스가 실천한 경제학은 제도적인 상상력을 가지고 있었다. (경제체제와 그 형성에 대한) 구조적 접근방식은 유럽 사회이론의 중요 전통을 특징지었던 필연주의적 환상들(대안적 체제들의 간단한 목록, 각 체제의 불가분성 및 예정된 계기 등에 대한 믿음)로 인해 손상되었다. 그들에게 경제학은 그 가정, 규칙성, 결과를 가진 경제생활의 특징적인 체제의 이해와 하나의 체제에서 다른 체제로 이어지는 거대한 요인들(역사적 변화의 법칙들)의 명세표에서 시작되고 끝난다. 그들의 경제학은 구조적 불연속성과 진보에 대한 관심을 포기하지 않았다. 그들의 경제학은 실현되지 않은 인간의 기회에 대한 엄청난 비전을 제공했다. 경제학의 충동은 설명적이면서도 예언적이었다.

스미스와 마르크스에게 경제학은 적어도 교환이론이었던 만큼 생산이론이었다. 그들은 경제를 거대한 공장으로 보지도 않았고 은행처럼 취급하지도 않았다. 그들은 생산활동이 시장에서 공급과 수요의 작동으로 환원하기 불가능하고 우리가 협력하는 방법과 우리의 이익을 위해 자연을 동원하고 변화시키는 방법 간의 관계에 연관된 일련의 문제들을 경제학에 제기한다고 보았다.

스미스와 마르크스의 경제학은 내가 서술한 포스트-한계주의 사유의 세 가지 결점, 즉 형식적인 분석과 인과적 탐구의 분리, 제도적 상상력의 빈곤, 교환연구를 위한 생산연구의 포기 등에서 (약간의 대가를 치렀지만) 자유로웠다. 그러나 스미스와 마르크스의 경제학도 한계주의자들이 창조한 경제학의 네 번째 결함에서 빠져나오지 못했다. 그것은 경쟁적 시장에 기반한 선택메커니즘이 선택하는 다양한 재료의 창출에 관한 설명을 갖고 있지 않았다.

스미스와 마르크스의 손으로 빚어진 대단한 형태로서 고전경제학은 (다각화의 설명을 제공하지 못하는 점 이외에도) 오늘날 포스트-한계주의 사유에 대한 대안으로서 그 유용성을 제약하는 세 가지 결함을 추가적으로 안고 있었다. 나는 그 결함을 중요도의 역순으로 제시하겠다. 세 번째 결함이 결정적으로 중요하다. 세 번째 결함을 시정하기 위해서는 스미스와 마르크스의 경제이론과는 매우 다른 경제학이 필요하다.

전(前)한계주의 경제학의 첫 번째 결함은 경제 분석에서 사라진 대의 (가치론의 정식화)에 대한 헌신이었다. 가치론은 두 가지 목적, 상대가격을 설명하는 목적과 경제생활에서 가치총계의 궁극적 원천을 알아내는 목적에 봉사하였다. 가치론은 경제생활의 표층(상대가격의 체계)과 심층(부의 창출의 원천)을 가교한다고 주장하였다. 그러한 다리를 결코 건설할 수 없었다. 가치실체에 대한 유사—형이상학적 개념은 결코 정확하고 양화가능한 의미를 갖지 못했다. 한계주의자들은 수요공급의 수학적 표현이 근본적인 가치를 언급하지 않고서도 원칙적으로 상대가격을 해명할 수 있다는 점을 보여주었다. 상대가치와 가치총계를 동일한 기초에서 설명하려는 시도에 의해 유발된 혼동은 가치론 자체 안에서 사용가치와 교환가치라는 두 가지 상상적 실체들의 관계에 대한 학구적인 논쟁에서 재현되었다. 비록 가격과 가치에 대한 모호성이 고전경제학의 결점들 중 중요도가 가장 덜할지라도 이러한 모호성의 결함에 대한 해결은 한계주의 전향의 즉각적인 자극제를 제공하였다. 이러한 노력에서 한계주의자들은 분명하게 성공적이었다.

고전경제학의 두 번째 결함은 두 거장의 손에서 경제에서 강제 (coercion)의 역할에 대한 과대평가와 짝하여 상상력의 위상에 대한 과소평가이다. 기능주의적 설명(시스템의 결과는 고전경제학의 존재이유이다)과 유럽의 고전사회이론에서 전형적인 구조 및 구조변화에 대한 견해를 결합시키는 것은 이러한 과장을 자극하였다. 마르크스에게 있어서 사회의 계급적 성격과 나아가 인류진화의 특정한 단계에서 자본주의에 대한 기본적인 설명은 현재의 소비를 초과하는 잉여의 강제추출[착취]을 보장할 필요성이었다. 스미스에게 있어서 기술적 노동분업에서 인간의 비인간화는 생산성에서 약진의 불가피한 대가였다.

스미스와 마르크스는 오류를 범했다. 18세기 후반 영국과 이어서 미국과 서유럽이 산업혁명의 터전이 되었던 것은 높은 총저축률 때문이 아니었다. 역사적 연구는 이러한 경제들에서의 총저축이 그러한 진전을 겪지 못했던 나라들보다 더 높지 않고 더 낮다는 것을 보여주었다. 서양의 장점은 특정한 사회적, 정치적, 문화적 출구들을 배경으로 일련의 기술적, 조직적, 제도적, 개념적 혁신에 있었는데, 그러한 배경들이 혁신의 공간을 제공하였다. 이러한 장점은 방어와 공격을 동시에 수행하는 군대의 모습에도 있었다.

기계적인 제조업 기술은 노동자가 끊임없이 똑같은 특정한 동작을 반복하면서 마치 기계인 것처럼 행동하도록 작업을 조직할 수 있게 한다. 노동을 이렇게 기계와 같은 활동으로 위축시키는 것은 노동의 교육적 요구사항을 최소화함으로써 이러한 생산모형의 확산을 촉진하는 장점을 가질 수 있다. 그러나 복잡한 능력을 가진 사람들이 규칙화하는 방법을 터득한 일이라면 무엇이든지 수행하기 위해 기계가 투입될 수 있고, 기계는 다른 활동을 위해 시간을 절약할 수 있다. 스미스가 핀공장에서 언급한 비인간화는 기술, 인적 자원, 재산권의 이름으로 행사되는 경영권에 의존하는 이러한 생산방식의 제도적 법적 체제의 공진화(共進化)를 통해서만 설명될 수 있다.

스미스와 마르크스가 자신들이 연구한 경제에서 강제의 필요성을 과장하였듯이, 그들은 혁신의 역할과 상상력을 과소평가했다. 지식경제가 보급되고 심화됨에 따라 지식경제는 상상력을 경제생활의 중심에 둔다. 지식경제는 나의 논의가 탐구한 모든 방식으로 상상력의 모형에 입각하여 협력을 최상으로 쇄신하는 관행을 가장 선진적인 생산방식으로 여기는 경제이론을 요구한다. 그러나 혁신과 상상력은 가장 원시적인 축적조건을 제외하고는 강제적인 잉여추출이나 독재적인 노동통제보다 경제에는 항상 더 중요했다. 우리에게 필요한 경제학은 혁신과 상상력의 중요성을 인정하는 경제학일 수밖에 없다.

고전경제학의 세 번째 가장 중요한 결함은 고전경제학의 가장 야심찬 형태도 경제체제들에 대한 그릇된 이해로 오염되어 있다는 점이다. 스미스에게는 "상업 사회"와 그 전의 사회에 대한 이해가 문제되고, 마르크스에게는 "자본주의"와 여타 생산양식들에 대한 이해가 문제된다. 그 이해들은 19세기와 20세기 초에 다수의 유럽 고전사회이론이 포용했던 것과 똑같이 구조를 체계로 보는 관점이었다.[199] 이러한 사회이론 전통의 초기 역사에서 글을 쓴 스미스는 이러한 관념을 느슨하게 제시하였다. 이러

---

[199] 실존주의자들(사르트르적 이단)이나 포스트주의자들은 구조들에 대한 인간의 무력함에 한탄하지만 웅거는 전혀 그렇지 않다. 웅거는 이들의 체념을 구조물신숭배(structural fetishism)라고 규정한다. 웅거는 구조의 해체가능성과 부분적이고 지속적인 재구성 가능성을 인정하고 변혁을 추구한다. 웅거는 거의 모든 저작에서 구조(structure), 맥락(context), 구도(setting), 구조틀(framework), 때로는 안배(arrangement), 제도(institution)를 자유자재로 호환한다. 그러나 웅거는 특정한 구조를 논리적으로 완결되고 불가분적인 것으로 사유한 결과로서 체계(system) 관념에 대해서는 항상 즉각 전면적인 비판을 가한다. 그가 프로그램적 사고를 말할 때 현존체제(regime)를 언제나 점진적으로 변혁할 수 있다는 것을 전제한다. 우리가 체제나 구조를 체계로 사고할 때에는 체제를 개량주의적으로 땜질하거나 아니면 체제를 혁명적으로 전복하고 다른 체제로 교체하는 양자택일뿐이다. 웅거는 역사적으로 특수한 대분수령을 제외하고는 일반적인 양자택일적 실천의 방식을 거부한다.

한 관념을 가장 강력하게 표현한 마르크스는 구조에 가장 체계적이고 포괄적인 형태를 부여하였다. 두 사상가는 모두 그 체제(그 작동방식, 성격, 결과)를 자신들의 경제이론의 주요 주제로 삼았다.

그들은 상업사회나 자본주의를 경제조직의 회귀적 유형이자 역사의 확립된 단계로 표상하였다. 이러한 유형이나 단계는 스미스보다는 마르크스에게 더 강력하게 본질적인 제도적 법적 내용을 갖고 있었다. 그들은 이러한 유형을 불가분적 체계라고 묘사했다. 우리는 이러한 체계를 관리하거나 역사의 제약과 규칙성이 허락한다면 다른 체계로 대체할 수 있다. 그러나 우리는 체계를 점진적으로 부분적으로 새로이 상상하고 쇄신할 수 없다. 이들에게 경제학의 가장 중요한 과제는 역사에서 경제체제들의 계기(繼起)를 설명하는 것이었다. 이 과제는 또한 그들이 직접적으로 다루었던 상업적 사회나 자본주의와 같은 체제의 법칙적 작동방식과 이러한 체제가 떠받치는 기계화된 제조업과 같은 가장 선진적인 생산방식을 해명하는 것이었다.

스미스와 마르크스는 자신들이 다룬 경제체제들의 기본적 성격을 이런 식으로 오해했다. 경제의 제도적, 이념적 구조틀은 엄청난 영향력을 행사한다. 그러한 구조틀은 교환과 생산의 일상적 규칙들을 형성한다. 그러나 구조틀은 자연의 한 조각의 원자구조와 같은 하나의 자연현상이 아니다. 심지어 구조틀이 존재한다는 인식조차도 가변적이다. 구조틀의 힘은 체제의 제도적 안배들과 담론적 관행들이 수정에 저항하도록 조직되어 있는지 혹은 수정을 촉진하도록 조직되어 있는지에 달려 있다.

어떠한 체제도 불가분적 체계가 아니고 전부 수용하거나 아니면 전부 거부해야 하는 방식으로 구성되지 않았다. 제도적 이념적 질서들은 허약한 구성물이다. 즉 이러한 질서는 이익들 간의 갈등과 관념들 간의 갈등을 느슨하게 연결한 다수의 시퀀스들의 결과물이다. 이러한 질서들은 변하고 우리는 그 질서들을 단계별로 조금씩 변화시킨다. 부분적이고 점진적이고 불연속적인 변화는 그러한 구조들의 변혁과 양립할 수 있으며, 나아가 그러한 변화방식이 구조들이 변화하는 유일한 방식에 가깝다.

구조들은 제약 아래서 변하지만 역사법칙에 의해 통제받는 대본에 따라 변하지 않는다. 상이한 체제들은 마르크스가 말한바 생산력의 발전을 위한 가능한 구조들로서 서로 경쟁한다. 그러나 경제력과 군사력의 동일한 기능적 장점은 항상 대안적인 제도적 토대들을 가질 수 있다. 실제적 보수를 위해 수용된 제도적 혁신은 지배적인 이익과 우세한 선입견을 최소한으로 동요시키는 형태(우리가 최소저항의 경로로 부르는바)로만 구현되는 경우가 빈번하다. 지식경제의 현재 형태인 고립적 전위주의(경제의 모든 분야에서 가장 선진적인 생산방식이 배타적인 프린지로 한정된 상태)는 우리 시대에 최소 저항의 경로를 대표한다.

최소저항의 경로의 적들은 사상과 민주주의다. 그것은 유럽의 고전사회이론이 제시한바 사회생활이 만들어지고 상상적인 성격을 갖는다는 통찰을 훼손하였던 [필연주의적] 환상들에서 해방된 구조 및 그 변혁에 관한 사상을 말하고, 변화의 조건으로 복무할 위기를 요구하지 않으면서 기성 구조를 극복하기 위해 쇄신된 민주주의를 말한다.

9.
필요한 관념들을 계발하는 두 가지 방법:
기성 경제학의 내부로부터 그리고 그 외부로부터

포용적 지식경제의 프로그램을 공식화하는 데 유용한 경제 분석과 논증의 관행은 전(前)한계주의 경제이론의 오류를 되풀이하지 않으면서 한계주의가 전개한 경제학의 결함에서 벗어난 관행이다. 이러한 목표의 달성을 위한 통찰과 방법의 유일하고 가장 위대한 원천은 기성 경제학 그 자체다. 그러나 기성 경제학의 보호 아래서 수행된 작업은 내가 토론했던 방식으로 제약되어 있다. 그러나 기성 경제학의 결함에도 불구하고 이러한 경제학은 경제에 대한 가장 강력한 일군의 관념들로 남아 있다. 그 과업을 완수하기 위해서 우리는 경제학의 도움을 통해 경제학의 결함들을 교정하는 것이 필요하다.

우리는 이러한 작업을 여러 방법으로 시작할 수 있다. 우리는 이러한 작업을 포괄적인 이론으로도 할 수 있고 단편적인 이론으로도 수행할 수 있다. 나아가 우리는 기성 경제학과 그 담론의 공동체 안팎으로도 작업할 수 있다. 우리는 이러한 지적 선택지들을 다양한 방법으로 결합할 수 있다.

지적 대안은 포괄적인 이론적 기획의 형태를 취할 수 있다. 그러한 기획의 가장 야심찬 형태는 강제의 중요성에 대한 과대평가 없이 또한 경제생활에서 상상력의 역할에 대한 과소평가 없이, 체제들, 구조적 불연속들,

구조적 대안들에 대한 필연주의적인 환상들 없이 고전경제학의 관심사들을 탈환하면서 스미스와 마르크스가 중단한 곳에서 계속할 수도 있다. 그러한 기획은 스미스와 마르크스의 경제학의 옛 위상(생산과 교환의 현상에 적용되는 사회이론)을 찾고자 열망할 수도 있다. 종합적인 이론으로 전개된 이러한 지적 대안이 19세기 말 한계주의를 낳은 운동이나 20세기 중반 케인스의 제한된 이단처럼 경제학의 내부 운동에서도 귀결될 수 있다.

기성 경제학을 출발점으로 삼든 그렇지 않든 종합적인 이론은 항상 예외적일 것이다. 경제학 내부나 외부로부터 경제이론의 진로를 바꾸는 정상적인 방법은 포괄적이기보다는 단편적이다. 그 방법은 가장 선진적인 생산방식을 고립적인 전위들과 기술적 및 기업적 엘리트들에게 국한시키는 것과 같은 특정한 문제를 탐구하는 데 필요한 새로운 아이디어와 방법을 발전시킨다.

그러한 방법은 현재의 시장안배를 자연스럽고 필연적인 것으로 받아들이기보다는 그 안배들의 제도적 배경(경제 체제)과 생산 및 교환 현상의 관계에 초점을 맞추는 범위 안에서 단편적인 성격에도 불구하고 심오함을 달성할 수 있다. 급진개혁의 상상력(기성 구조의 점진적이지만 잠재적으로 누적적인 변화)은 급진개혁의 가장 중요한 이론적 실천적 관심사이다. 급진개혁의 지적 희망과 실천적인 정치적 희망은 단편적인 이론과 급진개혁의 결합에 있다.

이 책은 단편적인 이론의 한 사례이다. 이 책은 하나의 사고방식을 탐구하고 범례화한다. 그러한 사고방식에 근거하여 이 책은 경제조직에서 점진적으로 성취되어야 할 급진개혁을 제안한다. 이 책은 단편적 이론과 급진적 개혁의 결합을 기대한다. 이 책은 경제와 그 변화에 대한 일반적인 설명을 제공하지 않는다. 그러나 이 책은 지식집약적인 생산의 성격과 대안적 미래라는 주제를 다루면서 우리의 경제관념에서 대안적 방향의 일부 요소들을 제시하는 것을 소명으로 여긴다.

이론화 작업이 포괄적이든 단편적이든 간에 우리는 경제학의 전문적인 담론과 전문적인 세계 안으로부터 혹은 경제학 바깥으로부터, 즉 내부에서 외부로 또는 외부에서 내부로 과업의 수행에 착수할 수 있다.

경제학 내부로부터 과제를 수행하는 것은 현재 지배적인 관념들과 방법들에 대한 투항을 의미하지 않는다. 경제학 내부로부터 과제를 수행하는 것은 지배적인 관념과 방법을 사용하고 이에 저항하고 동시에 이를 수정하는 것을 의미해야 한다. 경제학에서 그러한 제한적인 참여관행이 가능하다는 점을 부정하는 것은 한계주의자들이 모든 시대를 위해 경제학의 방향을 정해버렸다고 상정하는 것일 수 있다. 그것은 우리가 한계주의자들처럼 지적 반란과 방향전환을 반복할 수 없다고 우려하는 것일 수도 있다. 또한 그것은 한계주의 프로그램에 대한 19세기 후반의 경쟁이론들, 즉 벤담의 전통에서 경제학을 심리과학으로 다룬 에지워스의 방식이나 자연사와 조수나 기후과학에 유비하는 방식으로 느슨하게 연결되고 맥락에 구속된 인과적 연쇄들의 과학으로서 경제학을 발전시키자던 마셜의 제안이 보여준 경제학사의 다양성을 경시하는 것이다.

경제학 내부로부터의 이와 같은 단편적 이론 관행 아래서 사상가는 수학의 기준과 모형구축의 기준들을 포함하여 (사상가 자신의 분과로 부상하는 것을 전문적인 분과가 거부할 것이기 때문에) 분과 나름의 조건과 기준에 따라 전문적인 분과에 참여해야만 하지만, 다른 조건과 더 높은 기준을 고수해야만 한다. 사상가는 기성 경제학이 그 비전을 확대하고 그 도구를 확장하며 아울러 어떤 것을 이해하는 것이 항상 그것이 무엇으로 변할 것인가를 파악하는 것이라는 전제에서 현실적인 것에 대한 통찰과 인접한 가능성에 대한 상상력을 연결시킬 수 있는 조치들을 보여주어야만 한다. 사상가는 자신의 의도가 혁명적이라고 하더라도 실제로 관념의 영역에서 급진개혁을 실천하고 연후에 이러한 관념을 실천의 영역에서 급진개혁의 지침으로 삼아야만 한다. 사상가는 심지어 자신의 아이 디어를 두 가지 형태로(기성 분야에서 수용 가능한 형태로, 기성 분야의 제약들에서 더 자유로운 형태로) 제시하는 것이 유용하다고 생각할 수도 있다.

이런 기준은 어려움과 고난, 희생이 있어야만 겨우 충족될 수 있다. 그러한 기준은 만족시키려고 하는 사람들에게 골칫거리를 야기할 수밖에 없다. 그러나 노력이 즉각적인 성공은 아니더라도 적어도 후대의 여론에서 성공한다면 그 효과는 지속되고 더 큰 파급력을 가질 수 있다. 까다로운 분과, 그 관행과 방법과의 교전에 대한 보상은 철학자들의 사변에 대한 의탁이라기보다는 다수가 공유할 수 있는 사유방식의 발전이다

안에서 바깥으로 그 너머로 이어지는 방법은 결코 지식경제의 본질과 대안적 미래와 같은 경제학의 주요 문제를 다룰 수 있는 유일한 길은 아니다. 경제학은 한계주의자들이 개척한 방법에 대한 연구가 아니라 경제에 대한 연구이어야 한다. 전문적 실행자들이 경제학으로 인정하지 않고, 그들이 이왕 참여한 경우에는 경제학보다는 철학이나 사회이론으로 기술하기 좋아하는 방식으로 경제학을 수행하는 것은 항상 가능할 것이다.

이와 같은 외부로부터의 작업이 갖는 이점은 이러한 작업이 기성 경제학의 담론에서 할 수 있는 것만 말할 필요가 없다는 점이다. 그러나 경제학 외부로부터의 작업이 그 자체의 엄격한 기준을 만들어내지도 못하고 참여 조건으로서 천재성을 요구하지 않지만 다수가 공유할 수 있는 지적 관행 속에 표현되지도 못한다면 이러한 작업의 이점은 실제로 부질없는 것이 될 수도 있다. 또한 야망, 허영심, 무지가 이러한 매력을 기성 경제학의 성취와 외부로부터 기성 경제학에 반항하는 사람들에 대한 기성 경제학의 통찰과 방법의 가치를 과소평가하도록 오도한다면, 이러한 작업의 이점은 가치 있는 어떤 것도 이룰 수 없을 것이다.

예컨대 경제이론에서 수학의 역할에 대한 성가신 질문을 고려해보자. 한계주의자들이 시작한 분석적 관행에서 수학은 중심적 기능을 획득했다. 수학은 인과과학보다 논리학에 더 가까운 경제학의 관행에서 바람직한 도구였다. 포스트-한계주의 경제학이 의탁하는 모형구축에서 수학은 근본적인 도구로 남았으며, 사실의 약정들과 인과적 이론에 기초하여 나아가 경제적 분석장치 외부에서 제공되는 규범적 공약들의 관점에서 경제활동의 부분에 대한 각 모형의 함축을 드러내었다.

이 책과 앞의 경제학 토론과 그 역사가 지목하는 경제학에서 수학의 지위는 확정적이지 않다. 수학의 사용은 인과적 견해들을 소급적으로 표현하는 것뿐만 아니라 수학이 기초물리학의 역사에서 하는 것처럼 인과적 견해들을 기대하고 자극함으로써 기성 경제학에서 하는 것보다 인과적 탐구와 훨씬 더 친밀한 관계를 유지하는 것이 필요할 수도 있다. 수학은 때로는 유용하고 때로는 유용하지 않을 수도 있다. 그 유용성의 한계는 아마 양적이기보다는 (성장의 수요측면과 공급측면의 통제들에 대한 돌파구의 상이한 수준들 간의 불연속성들에서처럼) 질적인 것에, 초시간적인 경제적 진실보다는 역사적 경로의존성을 따르는 것에, 그리고 주어진 제도적 틀을 통한 자원의 할당과 재할당보다는 제도적 구조와 제도적 변화에 관련된 것에 있을지 모른다.

이러한 경제학은 기존의 경제분석 방식보다 더 선택적으로 수학을 사용할 수 있다. 수학을 숭상하는 현대경제학이 선호하는 비교적 원시적인 수학(수학의 거의 모든 것은 19세기 중반 이전에 발전하였다)은 이러한 경제학에서는 거의 쓸모가 없을지도 모른다. 이러한 경제학은 경제활동의 수학적 표상을 질적인 것, 구조적인 것, 그리고 역사적인 것의 전선데 더 가깝게 접근시킬 수 있는 고등수학을 요구할 수 있다.

이 책은 포괄적인 이론보다는 단편적인 이론의 사례이며 또한 기성 경제학의 내부로부터의 경로가 아니라 외부로부터의 경로의 사례이다. 이러한 방법들 중 어느 하나를 우선시하는 것은 예컨대, 단편적인 것보다 포괄적인 것, 내부적인 길보다 외부적인 길을 우선시하거나 혹은 그 반대의 것을 우선시하는 것은 순전한 독단주의일 수 있다. 이 접근법들은 각각 장단점을 갖고 있다. 우리는 각각의 접근법들이 그 이론가들과 실무자들에게 의존하기 원한다. 그러면 우리는 접근법이 가능하게 하는 통찰들을 기준으로 각각의 접근법을 판단할 수 있다. 우리는 경제연구를 우리 각자가 가장 잘 하는 것을 이해하는 수준에 이를 정도로 구체화하는 점수표를 기준으로 경제학을 변화시키는 이와 같은 방식들을 서열화하는 일을 피할 수 있다.

포용적 지식경제의 더 높은 목적

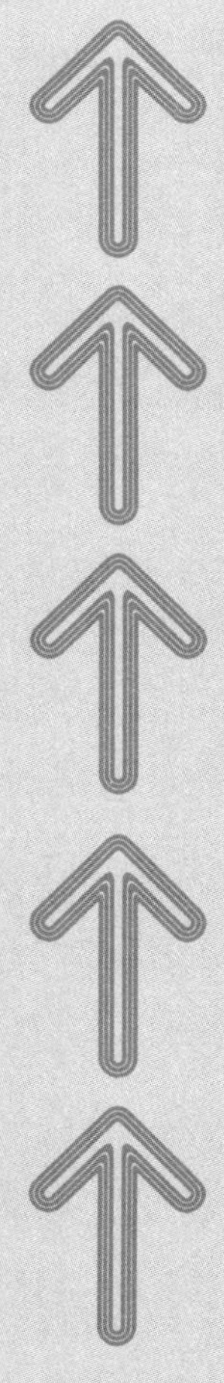

가장 선진적인 생산방식의 고립성은 경제적 침체와 불평등과는 다른 폐해를 낳는다. 이러한 고립성은 또한 교육을 가장 잘 받은 인구를 가진 최고 부국에서조차 노동자의 대부분을 생산성이 낮은 일자리에 속박시킴으로써 이들을 왜소화시킨다. 이러한 고립성은 대부분의 노동자에게 능력을 계발하고 인성을 표현하는 데에 불충분한 기회를 제공함으로써 위축된 삶을 강요한다. 포괄적인 지식경제의 더 높은 목적은 일상적인 경험을 변혁함으로써 왜소화의 폐해를 극복하는 것이다.

현재 고립적인 형태의 지식경제 밖에 머무는 다수의 사람들은 타인을 돌보도록 요구하는 역할을 통해서 왜소화를 실제로 회피할지도 모른다. 그러나 이러한 돌봄경제[200]가 현재 가장 선진적인 생산방식의 특징들을 갖게 된다면 돌봄경제는 또한 변혁될 수 있고 그 경제주체와 수혜자들의 역량을 동시에 더 훌륭하게 강화할 수 있다.

---

[200] 돌봄경제는 보통 장애인, 노인, 아동 등의 돌봄 서비스 수요를 충족시키는 분야를 의미한다. 국내에서 복지정책의 차원에서 돌봄경제의 강화정책이 시행되고 있다. 웅거는 『주체의 각성』에서 경제활동이 가능한 사람은 생산경제 안에서 일자리를 잡고 수행해야 함과 동시에 돌봄경제 안에서 자신의 생애의 일정 시간 동안 봉사해야 한다고 제안한다.

더 깊고 광범위한 형태의 지식경제의 원대한 가치에 대한 통찰을 심
화시키는 한 가지 방법은 인성의 자체 형성에 대한 경제활동의 위상에 관
한 마르크스와 케인스의 견해를 고려하고 비판하는 것이다. 마르크스와
케인스 둘 다 가까운 미래에 희소성의 정복을 예견하였고 이러한 정복을
인류 역사의 결정적 전환으로 보았다. 두 사람은 모두 희소성의 극복을
통해 우리는 생계(개인과 사회의 유지)를 위해 노동해야 할 혐오스러운 짐
을 벗어버릴 수도 있다고 믿었다. 두 사람은 생산적인 노동이 모두 희소
성의 지배가 종언을 고할 때까지는 불가피한 도구적인 필연이라고 생각
하였다.

『우리 손자들의 경제적 가능성들』의 저자인 케인스에게 도래할 희소
성의 극복은 우리가 경제적 필요에 의한 일로 우리 자신을 낭비하지 않고
사적인 숭고함들(최고의 경험형태)에 헌신하도록 허용해줄 것이다.『독일
이데올로기』와『고타강령비판 서문』의 저자인 마르크스에게는 일련의 생
산양식들의 시련에 의해 가능해진 생산력의 발전은 희소성의 극복과 더
불어 종점에 도달할 것이다. 희소성의 극복은 계급사회의 종말을 의미할
것이다. 현재소비를 초과하는 잉여의 강제추출을 확보하기 위한 계급구
조는 지금까지 필수적인 것이었다. 일단 희소성의 제약에 놓인 계급구조
의 기능적 기반이 사라지면 경제적 필요에 의해 인성의 한 측면만을 표현
하는 데에 대부분의 시간을 바침으로써 개인에게 거세를 강요하는 노동
의 분업은 더 이상 존재할 필요가 없다. 우리는 다시 우리 자신을 전인격
적으로 만들게 된다는 것이다.

이 책의 나머지 지면에서 나는 이러한 희소성 개념과 노동 관념을 모

두 다 거절할 이유를 제시하겠다. 우리는 인류가 예견할 수 있는 어떤 미래에 희소성을 극복할 것이라고 기대할 근거가 없다. 그러나 희소성의 그늘 아래서 노동을 계속할 필요성이 결과적으로 우리의 전망들이 위축시켜야 할 필요도 없다. 지식경제의 더 깊고 보급된 형태 아래서 우리는 도구적 노동관이 허용하는 것보다 더 많은 것을 노동에서 기대할 수 있다. 우리는 마르크스와 케인스의 견해에서 이러한 주제를 재고함으로써 포용적인 전위주의의 더 높은 목적을 더 명확하게 이해할 수 있다.

희소성의 부담이 곧 제거될 것이라는 견해를 의심할 세 가지 이유가 있다. 지식경제는 생산과정에서 투입변수의 증가에 대한 한계수확체감의 제약을 완화시키거나 심지어 역전시킬 잠재력을 가지고 있다. 그러나 이러한 잠재력의 달성은 희소성의 종말을 의미하지는 않는다. 심지어 경제의 많은 영역에 대한 지식집약적인 생산의 확산조차도 충분하지 않을 것이다.

희소성의 지속을 예상하는 한 가지 이유는 모든 역사적 사회들이 낡은 형태를 교정하는 경우에도 끊임없이 새로운 형태의 예속과 배제를 발생시킨다는 점이다. 모든 역사적 사회들은 국가 내부에서 또한 국가들 간에 권력투쟁의 결과로 새로운 형태의 예속과 배제를 발생시킨다. 희소성은 더 이상 승자들을 괴롭히지 않는 순간에도 패자들에게는 여전히 존재할 것이다. 하나의 실례가 대량생산의 사양길에서 불안정고용의 증가현상이다.

오늘날 우리가 경제성장을 가속화하면서 새로운 형태의 예속과 배제의 발생을 방지할 가장 좋은 전망은 경제에서의 포용적 전위주의의 전진과 정치에서의 고에너지 민주주의의 발전을 서로 결합하는 것이다. 그러나 이러한 결합은 안전한 집이라기보다는 하나의 방향이다. 우리는 앞으로도 줄곧 자본과 노동 사이에서의 투쟁이든 다른 형태로든 권력투쟁에서 새로운 전향들과 구축된 이익과 불이익의 새로운 사례들로 놀라게 되리라고 예상할 수 있다.

불평등의 영구적 발생은 경제사에서 맬서스의 이론[인구론]에 의해 심화된다. 이러한 시련의 희생자들은 아동을 노년의 경제적 불안에 대한 안전장치로서 나아가 희망의 징표로 삼을지도 모른다. 이제 [인구] 다산성은 희소성이 극복될 날을 (심지어 무기한으로) 지연시킬 것이다.

희소성의 장구한 여파를 예상하는 두 번째 이유는 지식경제가 욕구와 소비를 인정하는 데에 더 큰 기회를 창출하더라도 욕구와 소비의 모방적이고 충족불가능한 성격이 여전하다는 점이다.[201] 상대적으로 피상적인 생산공학 수준에서 지식경제의 특징 중 하나는 제품과 서비스의 탈규격화와 맞춤제작을 허용하고 소규모의 비교적 비싼 장인적 제조형태보다는 저가제품의 대량시장도 허용하는 것이다.

이러한 선진적인 제조업과 지식심화적인 서비스의 이와 같은 특징적인 잠재력은 모방적인 욕구에 더 큰 여지를 제공한다. 대체로 우리는 다른 사람들이 원하는 것을 원한다. 생명의 보존과 재생산이라는 근본적인

201　웅거는 『미래종교』에서 죽음, 시간의 시원과 종말에 대한 무지(무근거성), 욕구의 충족불가능성을 교정할 수 없는 인간의 실존적 약점으로 기술한다. 웅거는 『미래종교』에서 욕구의 모방적이고 투영적인 성격에서 문예이론가 르네 지라르와 신학자 칼 라너의 견해를 참조한다.

필요성들을 넘어서는 인간의 욕구는 고정된 내용을 갖지 않는다. 인간의 욕구는 타인들의 본보기에 의해 쉽게 납치당하고 이러한 본보기는 본디 내용을 갖지 않은 욕구를 충전시킨다. 새로운 가장 선진적인 생산방식에 의해 가능하게 된 맞춤제작은 모방을 구실로 개인적 갈망의 겉모양을 유지하면서 거기에 욕망할 수 있는 더 많은 것이 그리고 모방할 더 많은 욕구가 존재할 수 있도록 만든다.

인간의 욕구는 단순한 모방일 뿐만 아니라 공허하고 부동(浮動)하며 충족불가능하다. 생존의 필요를 넘어서 특정한 물건에 고착됨으로써 인간의 욕구는 어떤 재화나 서비스도 우리에게 보장할 수 없는 것(우리 각자는 각자가 선택한 것이고 세상에는 그를 위한 무조건적인 장소가 있다는 것)에 대한 선불금으로서 특정한 물건을 원하기 때문에 인간의 욕구는 충족불가능하다. 우리는 유한한 것에서 무한한 것을, 조건적인 것에서 절대적인 것을, 무상한 것에서 영원한 것을 추구한다. 우리는 우리가 원하는 것을 얻을 수 없다. 특수한 것들이 우리에게 줄 수 없는 것을 거기에서 얻어내려는 욕구의 좌절은 우리를 영원한 추격전으로 몰아세운다. 나아가 지식경제 시대의 생산의 새로운 특징들은 추격전을 계속해야 할 구실을 배가시킨다.

욕구가 충족불가능하다면, 희소성은 종말에 이를 수 없다. 우리에게 더 이상 원하는 바가 없는 상태는 결코 존재하지 않을 것이다. 희소성은 욕구와 견주어서만 측정할 수 있다. 무제한의 욕구는 무제한의 수요를 의미하지 않는다. 수요는 욕구를 구매력으로 전환한 것이기 때문이다. 그러므로 경제성장에 대한 수요제약과 동시에 공급제약이 존재한다는 점과 경제성장에서 공급측면의 제약에 대한 돌파구가 수요측면의 제약에 대한 조응하는 돌파구를 보장하지 않는다는 점을 인식하면서 욕구를 무제한적 것으로 취급하는 데에는 모순이 없다.

희소성의 무기한 존속을 예상할 수 있는 세 번째 이유는 지식경제가 출현하는 사회에서 욕구들과 수요들(타자의 개인화된 서비스와 배려에 대한 우리의 청구와 관련된 욕구들과 수요들)의 부분집합이 상대적으로 더 중요하다는 점이다. 맞춤제작의 경우에도 사물에 대한 우리의 욕구는 필경 쇠퇴할지도 모른다. 기계는 그것을 생산하는 사람들에게서 많은 직업을 앗아갈지도 모른다. 그러나 인간 상호간에 서비스와 배려에 대한 우리의 욕구에는 한계가 없다. 만약 서비스와 배려가 공짜로 우리에게 제공되지 않는다면, 우리는 그것들을 구입하려고 할 것이다. 우리가 타자로부터 확보한 모든 특수한 이익은 우리 각자가 가장 원하는 것(그가 자기 인정의 기초이자 타인에 의한 인정의 기초로서 세상에 하나의 안식처를 가지고 있다는 보장)의 대용품의 역할을 수행할 것이다.

우리가 서로에게 제공할 수 있는 서비스의 증가하는 상대적 중요성은 희소성이 종식되지 않으리라는 것을 보증한다. 모든 서비스는 그 즉각적이고 가시적인 역할뿐만 아니라 우리가 추구하는 세상의 무조건적인 장소의 징표로서 숨은 역할도 동시에 수행하기 때문에 우리는 이용 가능한 서비스의 한정된 재고에서 결코 만족을 얻을 수 없다. 경제적으로 종속적인 임노동이 자유노동의 지배적 지위를 독립자영업과 협동기업의 결합에 양보한 경제에서 배려에 대한 필요도 역시 충족불가능한 것일 수 있다.

로빈슨 크루소는 자신의 섬에서 타인에 대한 자신의 의존성을 줄이고 자신의 삶에서 타인들의 부재를 보상하기 위해 물건들을 비축했다. 그는 우리 모두가 하는 일을 했다. 그는 사물들의 비축을 타인에 대한 의존성의 기능적 대체물로 복무하도록 만들었다. 그 대체품의 결점과 불만은 곧 분명해진다. 심지어 로빈슨 크루소조차도 [하인] 프라이데이가 필요했고 집으로 돌아갈 계획을 꾸몄다. 그조차도 사물의 비축을 친구나 동포의 사회로 대체하고 싶었다.

지식경제의 융성은 이러한 사실들을 바꾸지 못한다. 그것은 이러한 사실들에 훨씬 더 많은 힘을 제공한다. 지식경제의 융성은 우선적으로 선진적인 제조업에서 개인화된 서비스로 노동력을 이동시킴으로써 그렇게 한다. 그것은 또 다른 방식으로 더 많은 물건들에 대한 우리의 필요(이러한 필요는 시간이 흐르면 약화된다)와 타인과 그 서비스에 대한 우리의 필요(이러한 필요는 시간이 지나면서 증가한다)에 더 큰 집단적이고 개인적인 누적적 자산효과를 통해 그렇게 한다.

마르크스와 케인스가 생각했던 것과는 반대로, 현재까지도 경제생활에서 가장 집요하고 보편적인 규칙으로 남아 있는 한계수확체감의 제약을 완화하거나 역전시키는 생산형태 하에서 희소성의 중요도가 달라진다고 하더라도 우리는 희소성을 극복할 전망을 갖지 못한다. 그러나 우리는 기존의 어떠한 노동분업 하에서 도구적 노동관을 수용해서는 안 된다. 마르크스와 케인스는 생산체계에서 노동을 희소성에 의해 우리에게 부과되고 우리를 더 큰 가능성에서 멀어지게 하는 적나라한 필연성으로 파악하면서 도구적 노동관을 당연시하였다.

도구적 노동관은 일종의 세계 포기에 해당된다. 우리가 희소성의 부담을 제거하지 못한다면 또한 이를 제거할 때까지는 이러한 노동관은 우리의 물질적 생활에서 표현되는 인간의 고차적 속성들을 통찰할 가능성을 보지 못한다. 우리가 세상의 한 부분을 바꾸려고 노력함으로써 노동이 우리 자신을 만들고 변화시킬 수 있게 한다는 이상은 이러한 노동관에 따르면 물질적 욕구가 우리를 생산의 수레바퀴에 더 이상 묶어두지 않은 사회에서만 적실성을 갖는 것처럼 보인다. 그때까지는 혜택을 받은 사람들조차도 자유롭지 못할 것이다. 그들은 사회질서에서 배교자로 살아가는 고립된 예술가나 사상가들이 아니라면 자신의 특권을 유지하고 특권에 수반된 권력을 행사하기 위한 투쟁으로 소진될 것이다. 이 행복한 소수의 사람들은 자신들이 누리는 편익들로 타락하지 않기 위해 통찰력, 미덕, 행운을 필요로 할 것이다.

이런 식으로 이해되는 경제생활은 항상 제약의 영역이다. 자유는 이제 경제 안에서의 자유라기보다는 경제로부터의 자유이다.

어떠한 경제체제나 생산방식도 제약 없는 자유를 제공하지 않는다. 그러나 생산이 제약뿐만 아니라 자유의 영역이 될 수 있는 범위는 경제적-정치적 체제에 따라 다르고 생산방식에 따라 다르다. 지식경제는 내가 설명한 수단과 방향으로 심화됨에 따라 자유의 경험에 대한 개방의 사다리를 타고 오른다. 지식경제는 현재 고립적인 형태에서 보여주는 표층적 특성보다는 그 심층적 특성(수확체증의 잠재력, 발견으로서의 생산의 재구성, 신뢰와 재량의 강화)을 통해 더 많은 것을 한다. 지식경제는 그러한 심층적인 특성의 결과라기보다는 지식경제의 심화와 보급에 대한 인지적-교육적, 사회적-도덕적, 법적-제도적 요구사항들 덕분에 더 많은 일을 한다. 나아가 지식경제는 그러한 요구사항의 충족의 결과라기보다는 그러한 조건의 충족에 우호적인 배경조건의 결과(문화에서 실험주의적인 충동의 급진화와 정치에서의 고에너지 민주주의)로서 더 큰 역할을 한다.

지식경제는 경제로부터의 자유[해방]보다는 경제 안에서의 자유를 제공할 잠재력을 가진 하나의 분리된 생산방식으로 파악되기보다는 지식경제의 전진을 반드시 야기하는 실천과 사유에서의 원대한 운동으로 파악된다. 우리가 생산노동에서 그 지지구조로 더 멀리 나아갈수록, 경제생활에서 제약과 자유 간의 균형을 이동시킬 잠재력은 그만큼 더 커지게 된다. 지식경제는 그 요원한 잠재력을 달성하기 위한 유인책들의 맥락에서 하나의 생산방식으로서, 종합 패키지로서 해방적 약속을 견지한다.

이 약속의 내용을 노동의 성격과 지위라는 관점과 생산방식과 정신적 경험 간의 관계라는 관점에서 보완적으로 고찰해보자.

문명의 역사에는 세 가지 주요한 노동관이 있었다. 처음 두 가지 노동관은 역사를 통틀어 인류를 뒤덮고 있다. 세 번째 노동관은 최근의 혁명적인 발명이다. 첫 번째 노동관은 도구적 노동관이다. 희소성의 멍에 아래서 압도적 다수의 사람들이 역사가 목격해온 불평등한 사회에서 부담해야 했던 노동에 관한 관점이다. 구원과 인간성은 다른 곳, 즉 불가피한 노동 감옥 바깥에 있는 가족생활과 인격적 관계들 속에 존재할 것이다.

두 번째 노동관은 명예로운 직업으로서의 노동관이다. 사회적 노동분업 아래서 존경과 자기존경 또한 생계수단까지 제공해주는 지위, 전문직, 특수직 노동에 대한 견해이다. 그러한 지위를 차지하는 것은 사회와 경제에서 일련의 안정된 일상과 예정된 역할을 수용하는 대가를 치러야 함에도 불구하고 물질적 욕구와 도덕적 욕구를 조화시킬 수 있다. 그러한 직업을 차지하기 위해서는 우리는 상실을 불가피하게 수용해야 한다. 즉 사회에서 무언가 되기 위해 노동의 분업에서 엄격히 제한된 장소를 받아들이고 달리 선택했더라면 되었을 법한 자신을 포기하면서 우리는 우리 자신을 특정한 사람으로 전환한다.

세 번째 노동관은 변혁적 소명관이다. 민주주의와 낭만주의의 시대의 발명으로서 나중에 지구적 낭만주의와 자유주의, 사회주의, 민주주의의 정치적 교리들[202]의 날개를 달고 전 세계에 전해진 노동관이다. 우리는 우리를 에워싼 세상의 일부를 바꾸려고 노력함으로써 스스로를 더 위대하고 자유롭게 만든다. 우리는 우리의 지위와 여건에 대한 우리의 초월성을 긍정한다. 우리는 우리가 살고 있는 사회적 개념적 세계에게 마지막 결정권을 넘기는 대신에 그 결정권을 우리 자신에게 유보해야 한다.

변혁적 소명관을 그저 환상으로만 간직하지 않고 이를 실천하는 일은 소수 엘리트 혁신가들과 지도자들의 전유물로 남아 있다. 그러나 지식경제는 이러한 실천의 경험을 많은 사람들이 접근할 수 있도록 하겠다는 약속을 견지한다. 지식경제는 현재의 고립적 형태로는 그러한 역할을 수행할 수 없다. 게다가 지식경제가 그러한 약속을 지킬 전망은 가장 선진적인 생산방식을 심화시키고 확산시키려는 운동에 달려 있다. 이 운동의 요

---

202 웅거는 『미래종교』에서 과거에 출현한 철학과 종교를 세계초극, 세계인간화, 세계와의 투쟁으로 유형화하고 지난 200년간 서구에서 출현한 낭만주의, 자유주의, 민주주의, 사회주의를 세계와의 투쟁의 세속적인 버전으로 다룬다.

건 중 가장 직접적으로 이러한 희망을 걸고 있는 것은 노동의 법적 지위의 변화, 즉 경제적으로 종속적인 임노동을 점진적으로 (위장된 임노동이 아닌) 독립자영업과 (대안적인 재산권체제에 의해 조직된) 협동기업의 결합으로 교체하는 것이다. 경제의 안배들, 교육의 성격, 정치의 조직에서 다양한 변화들이 경제현실에서 변혁적 소명관이 살아남을 수 있는지를 결정한다.

변혁적 소명관이 살아있는 한, 그러한 소명관은 자유의 기본적인 측면(우리 활동의 습관적인 구조틀의 형세를 전환함으로써 우리의 권능을 강화하는 능력)을 공유할 전망을 보유한다. 그 가장 급진적이고 포괄적인 의미에서의 자유는 우리가 만들고 참여하는 사회적 개념적 세계들과 우리가 수행하는 역할들 속에 있거나 심지어 있을 수 있는 것보다 더 많은 것이 개인으로서나 집단으로서 우리 자신에 존재한다는 것을 말이 아닌 실제에서 긍정한다.

지식경제는 심화되고 확산됨에 따라 생산방식을 상상력의 작용과 더욱 근사한 형태로 만든다. 정신의 이중성에 대한 개념을 기억하라. 한 측면에서 정신은 기계와 닮고 공식과도 같다. 그러나 또 다른 측면에서 상상력의 양상으로서 정신은 반기계적인 것으로서, 나름의 정립된 전제들에 도전하고 정신이 습관적으로 의존하는 방법을 넘어서 앞으로 밀고 나간다. 정신은 형성하거나 정당화할 수 있는 것보다 더 많은 것을 발견한다. 정신은 우선 직접적인 현상으로부터 거리를 두고, 그 다음 그러한 현상을 (관심의 대상이 인접한 가능성의 영역에서 변모하는 양상들의) 다양한 변형들 아래서 포섭함으로써 현상을 파악한다.

상상력은 정신의 작동방식에서 초월이기 때문에 자유다. 이전의 어떤 생산방식보다 상상력에게 더 많은 여지를 제공하는 생산형태는 자유의 진보를 나타낸다. 그것은 우리가 오로지 경제로부터 자유[해방]보다는 경제 안에서 자유를 찾을 수 있다는 희망을 정당화한다.

많은 사람들이 참여할 수 있는 지식경제는 생산성을 증가시키고 불평등을 줄이는 것 그 이상을 수행한다. 지식경제는 우리를 함께 끌어올리고 우리에게 공유된 위대함을 제공할 수 있는 잠재력을 가진다. 미래의 시각에서 보자면 우리의 물질적 삶의 기록은 상상력의 길고도 머뭇거리는 승리에 관한 역사이다.

지식경제의 도래

초판 1쇄 찍음 2021년 4월 26일
초판 1쇄 펴냄 2021년 5월 3일

지은이 로베르토 M. 웅거
옮긴이 이재승
펴낸이 이래경
펴낸곳 사단법인 다른백년
출판등록 2017년 12월 4일 제2019-000051호
주소 서울시 성동구 고산자로12길 7-1(행당동 258-3) 지층
대표전화 02-3274-0100(편집·주문)
팩시밀리 02-3275-0100
전자우편 thetomorrowassoc@gmail.com
다른백년 홈페이지 http://thetomorrow.kr/
다른백년 페이스북 https://www.facebook.com/thetomorrow100/

ISBN 979-11-962897-7-5 93300
책값은 뒤표지에 있습니다.